"十三五"高职院校财经精品系列教材

管理基础与应用

主　编◎傅　宝

西南财经大学出版社
Southwestern University of Finance & Economics Press
中国·成都

图书在版编目（CIP）数据

管理基础与应用/傅宝主编．—成都：西南财经大学出版社，2021.9
ISBN 978-7-5504-4693-9

Ⅰ.①管…　Ⅱ.①傅…　Ⅲ.①管理学—高等学校—教材　Ⅳ.①C93

中国版本图书馆 CIP 数据核字（2020）第 244637 号

管理基础与应用

主编　傅宝

责任编辑：植苗
封面设计：何东琳设计工作室
责任印制：朱曼丽

出版发行	西南财经大学出版社（四川省成都市光华村街 55 号）
网　　址	http://cbs.swufe.edu.cn
电子邮件	bookcj@swufe.edu.cn
邮政编码	610074
电　　话	028-87353785
照　　排	四川胜翔数码印务设计有限公司
印　　刷	四川煤田地质制图印刷厂
成品尺寸	185mm×260mm
印　　张	15.25
字　　数	330 千字
版　　次	2021 年 9 月第 1 版
印　　次	2021 年 9 月第 1 次印刷
印　　数	1—2000 册
书　　号	ISBN 978-7-5504-4693-9
定　　价	39.80 元

前言

QIANYAN

2019年6月，教育部发布的《教育部关于职业院校专业人才培养方案制订与实施工作的指导意见》明确指出，要突出职业教育的类型特点，深化产教融合、校企合作，推进教师、教材、教法改革，规范人才培养全过程，加快培养复合型技术技能人才。

职业教育的学习领域课程与普通教育的学科课程有着根本性的区别，学科课程是基于学科知识的系统化，而学习领域课程是基于工作过程的系统化。学科课程的内容主要是基于知识体系的渐进，由知识点构成“章、节”，工学结合变成工学分离，很难实现理实一体化。学习领域课程的内容则是由基于典型工作任务分析转换而成的“学习情境”组成，工学结合可以在学习情境中实现。学习情境的载体是“学习与工作的任务”，也即“内容是工作的学习任务”。学习任务是学习情境的物理化表现，它来源于企业生产或服务实践，能够建立起学习和工作的直接联系。

高职教育的教材建设必须满足时代发展的需要，既要实现职业教育复合型技术技能人才的培养目标，又要体现职业教育学习领域课程与学科课程的差异。由于之前出版的《新编管理学教程》一书主要是以知识体系作为课程设计的逻辑起点，其内容不再适应新时代高职教育的“双需求”，于是编者结合多年教学实践经验，在《新编管理学教程》原内容的基础上对原书的结构体系进行了重新编排，将基层综合管理岗位的关键技能点融入学习任务，以期更加突出任务导向的学习思路，由此形成了现在的《管理基础与应用》一书。

“管理基础与应用”是高职院校一门职业技术基础课程。本课程教学旨在通过课堂展示、技能训练、案例分析和社会实践活动，培养学生具备基层管理岗位人员的综合管理技能及素质，使学生能够运用所学的管理技能去指导管理实践。

本教材共分为七个学习情境，每个学习情境均采用“学习任务呈现、学习案例导入、学习知识拓展、学习案例分析、学习技能实训”的模式进行编排。学习情境一包含五个学习任务，分别是认知管理内涵、认知管理者、认知管理方法、认知管理思想和认知管理学；学习情境二包含四个学习任务，分别是知悉决策方法、认知计划职能、制订工作计划和践行目标管理；学习情境三包含四个学习任务，分别是认知组织职能、设计组织结构、配备组织人员和建设组织文化；学习情境四包含三个学习任务，分别是认知领导职能、遴选领导方式和培育领导艺术；学习情境五包含三个学习任务，分别是认知激励内涵、领悟激励理论和编制激励措施；学习情境六包含三个学习任务，分别是认知控制职能、鉴别控制过程和精选控制方法；学习情境七包含三个学习任务，分别是认知管理创新、识别创新过程和探究创新方法。

与国内现有管理学教材相比，本教材具有以下特色：

（1）以“双需求”作为教材设计的逻辑起点。“双需求”即岗位需求和技术活动全过程需求。本教材突出对基层管理者综合管理技能的培养，基本涵盖了基层管理者必须具备的关键技能要求。

（2）以完成学习任务作为学习的基本路径。本教材严格按照“管理基础与应用”课程标准进行设计，将管理职能转化为学习情境，整个学习领域来源于工作过程，而学习过程则是通过完成学习任务得以实现。

（3）以新颖的案例分析培养学生的管理思维。案例教学是管理类课程教学最有效的方法之一。本教材呈现了丰富的教学案例，学生在学习过程中，通过认真研读案例、分析案例，可以达成培养管理思维的目的。

（4）以模拟目标对象工作内容进行管理技能训练。本教材技能训练环节要求以目标企业为蓝本，不同专业可以选择与本专业方向一致或相近的中小企业作为参考对象。学生在学习过程中，通过多次实地调研这些目标企业，从而获取更多的管理信息，以便在实训环节解决管理问题时更具有操作性。

本书编纂得到了姚志存、刘圣春、陈俊、王华巍、王自红、刘亚男、史冬防、张俊、文勇、胡俊杰、邹伟、王克铸等多位同事的鼎力支持，在此一并表示感谢！

本书在编写过程中，参阅了国内外大量著作和文献，吸收了许多学者的研究成果，限于篇幅等原因，书中未能一一列出，在此也一并表示感谢！

本书是安徽省2017年高等学校省级质量工程项目（规划教材）的研究成果（项目编号：2017ghjc283）。

由于编者水平有限，加之管理科学在不断发展，书中难免存在不完善之处，恳请各位学者、专家和广大读者给予批评指正。

傅宝

2021年5月

目录

MULU

学习情境一　认知管理

【学习任务】

◇ 从管理特征、管理性质和管理职能等方面认知管理内涵。

◇ 从管理者素质、管理者类型和管理者角色等方面认知管理者。

◇ 从管理的教育方法、管理的行政方法、管理的经济方法和管理的行政方法等方面认知管理方法。

◇ 从中国传统的管理思想、西方传统的管理思想和西方现代管理思想的发展等方面认知管理思想。

◇ 从管理学的科学性和艺术性以及管理学的二重性等方面认知管理学。

【关键术语】

管理；管理者；管理职能；概念技能；人际技能；技术技能。

【引言】

1900年6月23日，法国工程师法约尔在国际采矿和冶金大会闭幕式上的演说中，有这样一段话："……现在我必须谈谈管理问题。这是我想引起你们注意的问题，因为在我看来，我们工作中在技术方面行之有效的互相学习同样可以应用在管理方面。一个企业的技术和供销的职能是有明确规定的，而管理职能却不是这样。很少人熟悉管理的结构和力量，我们意识不到它怎样工作……"经营管理之父法约尔在演讲中如此强调管理及其职能，想引起当时的人们对此问题的关注。随着时间的推移和社会形态的发展，新的管理问题不断出现，究竟什么是管理？管理的作用又是怎样的？

管理活动是人类最重要的一项活动，在社会生活中广泛存在，任何组织都离不开管理，管理是组织活动必不可少的组成部分。在社会生活中，我们有必要了解什么是管理、管理从哪里来、管理的意义以及怎样进行有效的管理。学习情境一的主要学习任务就是认知管理，包含五方面的内容，分别是认知管理内涵、认知管理者、认知管理方法、认知管理思想和认知管理学。

任务一　认知管理内涵

【案例导入】

管理者一日

日本某劳动密集型企业有员工500多人，效益良好，员工积极性高。老板是董事长兼总经理。我国一位考察专家真实记录了这位老板一天的工作。

（1）早上7:00，准时到达自己的办公室，开始批阅前一天放在他桌上的文件。

（2）7:30，出现在企业门口，迎接上班的员工。

（3）8:00，上班时间到，自己一人到企业各处走马观花地转了一下。

（4）8:30，开车离开，车后备厢中有钓竿，去钓鱼了。

（5）11:30，钓鱼归来，把鱼送到企业内的自办食堂，回自己办公室看报（报纸、杂志等外部资料10:00准时送到他的办公桌）。

（6）12:00，到内部食堂与员工一起吃工作餐。

（7）12:15，回办公室休息（内有一张午休床）。

（8）13:00，上班时间到，又自己一人到企业各处走马观花地转了一下。

（9）13:30，开车离开，同朋友或客户喝茶。

（10）16:00，回办公室将为当天生日的员工订购的蛋糕（刚好16:00准时送到企业门口）装上车，并将所有的生日蛋糕一一送到员工的家中，同时走访了三家计划走访的员工的家，还临时到当日观察到情绪不正常的两个员工的家中去看了一下。

（11）17:00，回企业，又站在企业门口欢送员工下班。

（12）17:10，开车回家。

资料来源：叶萍主编的《管理学基础》（第二版），2013年10月由电子工业出版社出版。

案例讨论题：

（1）结合案例，分析该老板在这一日内的管理活动有哪些？

（2）结合案例，谈谈你心目中的管理应该是怎样的？

一、管理的定义

管理作为一种社会行为，可以说与人类群体俱生，与人类的社会文明历史一样悠久。古今中外对“管理”一词的定义一直众说纷纭，时至今日人们对管理的概念还未形成一个普遍而统一的定义。人们通常倾向于按自己某种实践的需要，从某种特定的角度或特定的学科领域谈管理。因此，不同历史时期、不同学派的学者对“管理”一词有着不同的理解。

弗雷德里克·温斯洛·泰勒（1903）强调了管理对效率的意义和管理的目的性。他认为，管理就是对工人进行挑选和培训、对生产和操作进行统计和记录以及制定并执行定额的过程。

赫伯特·A. 西蒙（Herbert A. Simon，1939）认为，决策贯穿于管理的全过程和所有的方面；组织是由一些决策者构成的系统；决策正确与否直接关系到组织工作的成败。因此，管理就是决策。这一定义强调了决策在现代管理中的主导地位，说明了决策与管理的内在联系。

哈罗德·孔茨（Harold Koontz，1941）认为，管理就是设计和保持一种良好环境，使人们在群体里高效率地完成既定目标。这说明了管理是一种资源配置过程，也是一种服务，主要服务于组织成员。

法国著名管理学家亨利·法约尔（Henri Fayol，1908）最早在一般意义上概括了管理的含义。他指出管理是由计划、组织、指挥、协调和控制等职能为要素组成的活动过程。这一观点强调管理是一个过程。

彼得·德鲁克（2006）认为，管理是一种以绩效责任为基础的专业职能。管理是一种实践，其本质不在于“知”而在于“行”；其验证不在于逻辑，而在于成果；其唯一权威就是成就。

斯蒂芬·P. 罗宾斯（2004）认为，管理就是同别人一起或通过别人使活动完成得更加有效的过程。这里的过程是指管理者发挥的职能或者从事的主要活动，这些职能包括计划、组织、领导和控制。

杨文士等（2009）对管理的定义是，组织中的管理者通过实施计划、组织、人员配备、指导与领导、控制等职能来协调他人的活动，使他人同自己一起实现既定目标的活动过程。他们只强调了人的作用，而忽视了对其他资源的作用。

周三多（2000）认为，管理是社会组织为了实现预期目标，以人为中心进行的协调活动。

综合各种观点，我们对管理进行一个比较系统的定义：管理是管理者或管理机构，在一定范围内，通过决策、计划、组织、领导和控制等工作，对组织所拥有的资源（包括人、财、物、科技信息等）进行有效的决策、计划、组织、领导、指挥和控制，用最有效的方法去实现组织目标。

二、管理的特征

管理作为一种组织活动，有其鲜明的特征。为了更加全面地理解管理的内涵，理解管理学研究的特点、范围和内容，我们可以从以下几个方面来进一步把握管理的一些基本特征：

（一）管理来源于共同劳动，并且具有明确的目标

管理的产生来自社会活动组织的要求，有组织的地方，才有管理。管理存在的社会活动不是单个人的活动，而是两个及以上的人的社会活动。共同劳动的规模越大，劳动分工和协作越复杂，管理工作就越重要。因此，管理是一种文化现象和社会现象。这种现象的存在，必须具备两个必要条件：一是两个人以上的集体活动；二是有一致认可的目标。管理是一种有目的的活动，引导集体活动指向预定目标。管理本身不是目的，管理活动是服从和服务于组织的既定目标。

（二）管理的对象是组织中的资源

管理的对象包括存在于组织中的各种资源，如人力资源、财力物力和信息时间等。我们通过决策、组织、领导和控制手段，去实现组织资源的合理配置。

（三）管理的载体是组织，管理的主体是管理者

从原始社会到现代社会，从工商企业到政府机关、事业单位及其他一切组织，从治国安邦到生产经营、社会生活，无不存在管理，无不需要管理，无不依赖管理。因此，管理具有普遍性。管理活动存在于组织活动中，即管理的载体是组织。管理者无论是对管理还是对组织，都将承担重大的责任。

（四）管理的核心是人际关系的处理

单纯以财、物、信息为对象的管理不是真正的管理，管理是一种人际管理，存在管理者和被管理者。管理的核心是处理人际关系。管理不是个人的活动，它存在于一定的组织中，对管理者来说，管理就是要在职责范围内协调下属人员的行为，是要让别人与自己一道去实现组织目标的活动。管理者的大部分工作或责任都是与人打交道，需要处理组织中的各种人际关系，包括管理者与管理者之间的关系、管理者与下属之间的关系、下属与下属之间的关系以及组织与外部环境之间的关系。

（五）管理是一系列相互关联、连续进行的活动过程

管理者在管理活动中制订活动计划并做出决策后，还要组织计划的实施，激发组织成员的工作热情。各个环节要相互关联、连续一致，而不能相互脱节和相互矛盾。管理是人类重要的社会活动，存在着客观规律性。管理作为一门科学，就是指人们发现、探索、总结和遵循客观规律，在逻辑的基础上，建立系统化的理论体系，并在管理实践中应用管理原理与原则，使管理成为在理论指导下的规范化的理性行为。

（六）管理的开展与外界环境相适应

组织是个开放的系统，不断地与外部环境产生相互影响。管理的方法和技巧必须因环境条件不同而随机应变，没有一种在任何环境下都能适用的管理模式和方法。管理虽然可以遵循一定的原理或规范，但它绝不是“按图索骥”的照章操作行为。管理理论作为普遍适用的原理和原则，必须结合实际应用才能奏效。管理者在实际工作中，面对千变万化的管理对象，要因人、因事、因时、因地制宜，灵活多变地、创造性地运用管理技术与方法

去解决实际问题，从而在实践与经验的基础上，实现管理的艺术和技巧。

三、管理的性质

管理的性质同管理的概念是密切联系的。

马克思曾有过这样的论述：一切规模较大的直接社会劳动或共同劳动都或多或少地需要指挥，以协调个人的活动，并执行生产总体的活动——不同于这一总体的独立器官的运动——所产生的一般职能。一个单独的提琴手是自己指挥自己，一个乐队就需要一个乐队指挥。他认为，凡是有许多人进行协作的劳动，过程的联系和统一都必然要集中在一个指挥的身上。在马克思看来，管理本质上是对共同劳动的指挥和协调，是对人的管理。管理学家在马克思管理二重性理论的基础上，把管理的性质阐述为管理的自然属性和社会属性的统一、科学性和艺术性的统一。

（一）管理的自然属性和社会属性

社会的生产过程都是在一定的社会生产方式下进行的，是生产力与生产关系的统一。生产过程有二重性，既是物质资料的再生产，又是生产关系的再生产，因此我们对生产过程的管理也存在二重性：一种是与生产力、科学技术、社会化大生产等相联系的管理的自然属性；另一种是与生产关系、社会制度等相关联的管理的社会属性。

管理的自然属性是指管理要处理人与自然的关系，要合理组织生产力，故也称为管理的“生产力属性”，主要体现在以下两个方面：

第一，管理是社会劳动过程的一般要求。管理之所以必要，是由劳动的社会化决定的，它是共同劳动得以顺利进行的必要条件。共同劳动的规模越大，其劳动的社会化程度越高，管理活动越重要。这与社会生产关系和社会制度没有直接的联系。

第二，只有通过管理才能实现对劳动过程要素的整合。管理在社会劳动过程中的特殊作用表现在任何社会制度下，我们都必须通过管理活动才能实现将劳动过程中所必需的各种要素组合起来，发挥个别要素无法达到的作用。

管理的社会属性主要体现在管理作为一种社会活动，与生产关系、社会制度紧密相连。任何组织的管理活动都不可能脱离或超越特定生产关系或特定社会制度的既有框架。人与人之间、不同社会阶层之间的物质利益或经济利益始终是管理社会属性的基本体现。

管理的二重性是相互联系、相互制约的。一方面，管理的自然属性总是受所处社会制度、社会关系的制约，不可能独立存在；同时，管理的社会属性也不可能脱离管理的自然属性而存在，管理的社会属性需要通过自然属性的具体内容得以实现。另一方面，管理的二重性又是相互制约的。管理的社会属性对管理的方法、技术和内容产生影响，管理的自然属性要求具有一定的社会属性的组织形式和生产关系与之相适应。

（二）管理的科学性与艺术性

管理是科学与艺术的结合。管理既是科学，又是艺术，这种科学与艺术间并没有明确的界限。说它是科学，是强调其客观规律性；说它是艺术，则是强调其灵活性与创造性。而且，这种科学性与艺术性在管理的实践中无法截然分开，而是相互作用的，即共同发挥管理的功能，促进目标的实现。

1. 管理的科学性

管理作为一门科学，主要表现在管理理论和管理技术上。它以反映客观规律的管理理论和方法为指导，有一套分析问题、解决问题的科学方法论，具有普遍性和真理性的特点。

随着管理学的不断发展，其已经形成了比较系统的理论体系，揭示了一系列具有普遍应用价值的管理规律，形成了许多管理原则。这些规律与原则是理论与实践高度凝结的产物，不会因为地域、文化和社会制度的差异而不同。管理技术包括各种控制技术、组织发展技术和目标管理等。管理技术反映理论，是帮助管理人员有效开展活动的手段。因此，管理理论和技术具有较高的科学性，对管理活动具有很强的指导作用。

2. 管理的艺术性

由于任何学科都必然要经历不断发展完善的过程，而且，管理活动所处的环境和要处理的事物复杂多变，管理科学不可能为所有的管理者提供一切问题的标准答案。因此，管理又呈现出艺术性的特点。

管理的艺术性强调实践性，指的是管理活动除了要掌握一定的理论和方法外，还要掌握灵活运用这些理论和方法的实践技能和技巧。管理的艺术性要求在具体的实践过程中，管理者要善于创造性地运用科学知识，将知识转化为生产力的技巧，以应对组织管理活动中所面临的不断变化的问题和环境。

四、管理的职能

管理职能即管理的职责和功能，是管理系统功能的体现，是管理系统运行过程的表现形式。

管理有哪些职能，经过 100 多年的研究，至今仍是众说纷纭。在 20 世纪初，最早对管理职能进行研究的是法国的管理思想家亨利·法约尔，其在著作《工业管理和一般管理》中提出，所有管理者都行使 5 种管理职能：计划、组织、指挥、协调和控制。到了 20 世纪 50 年代中期，美国加州大学洛杉矶分校的哈罗德·孔茨和西里尔·奥唐内尔在其有关管理学的教科书中，把管理的职能划分为以下 5 种：计划、组织、人员配备、指导和控制。许多新的管理理论和管理实践证明，任何管理工作都包括 7 种最基本的职能，即决策、计划、组织、领导、控制、激励和创新。为了对管理学有个整体的了解，这里概要介绍一下管理的基本职能。

（一）决策

决策是管理活动中最重要的基本职能。

决策是人类社会的一项重要活动，它涉及人类生活的各个领域，如政治、军事、经济等。现代管理中的决策，是决策者在拥有大量信息和丰富经验的基础上，确定目标，并借助于一定的手段、方法和技巧，对影响决策的诸因素进行分析研究，从多种可行性方案中做出选择和决定的活动。决策是为了解决问题而采取的对策，决策的基础在于对未来形势的判断，必然会有风险，决策的选择与决策者的价值取向及目标有关。决策贯穿于管理工作的全过程，是管理过程的核心，是执行其他各项管理职能的基础。

（二）计划

计划就是对未来的发展目标进行具体设计，制订长远的发展蓝图、年度的发展计划和日常的工作安排，并用计划指导工作、用计划和实际进行对比检查等。计划的基础是决策，计划的核心内容是编制各种具体计划，它在一定时间内具有相对稳定性，是组织全体人员行动的具体纲领。

古人讲："凡事预则立，不预则废"，无论管理怎样的组织，唯有制订周密的计划，并按计划办事，才能增强管理活动的目的性、预见性和主动性，减少其盲目性。计划职能的实现是通过制订科学的计划和执行计划来实现的。

（三）组织

组织职能是管理活动的根本职能，是其他一切管理活动的保证和依托。

决策和计划的实施要靠他人的合作，由于人类对合作的需要便产生了组织。组织是为了实现系统的共同任务和目标，对人们的活动进行合理的分工和协作，合理配置和使用资源，正确处理人们相互关系的管理活动。组织的目的是把各个要素和各个部门从劳动的分工和协作上，从上下左右的相互关系上，从时间和空间的联系上，都合理地组织起来。

组织职能的内容主要有：确立合理的管理体制，建立合理的组织结构，正确划分管理层次，设置职能机构；按照业务性质，确定各部门的职责范围，并按所负的责任给予各部门和各管理人员相应的权利；明确上下级之间的领导关系和相互间的协作关系；建立信息沟通渠道；正确挑选和配备各类人员；加强考核培训、实行合理的奖惩制度等。

◎ 知识链接

美国的钢铁大王安德鲁·卡内基是一位著名的成功学大师，他死后人们在他的墓碑上刻着这样的字"这里边安葬着一个人，这个人生前善于把强过自己的人编织到为自己服务的组织机构当中来"。可见组织能力多么重要。

（四）领导

领导是指管理者带领和指挥组织的所有人同心协力去执行组织的计划，完成组织目标的活动。领导职能包括：调动员工的积极性，激励他们奋发努力；指导人们的行为，发现人与人之间的不足，增进其相互的理解，统一人们的思想和行为；组织群体；在整个组织实现目标的过程中进行联络。

（五）激励

激励强调一种精神力量和状态，对组织内的成员行为起加强、激发和推动的作用，引导行为指向目标。主管人员应了解什么最能激励其下级，以及如何发挥激励因素作用，同时要研究如何促使被管理者产生某种特定的动机，并把这些认识体现在管理活动中。

（六）控制

控制是指按计划办事的过程中，管理者对计划执行情况进行监督和检查，及时发现问题，并采取干预措施，纠正偏差，确保原定的目标和计划按预期实现。

控制必须具备以下四个要素：标准、信息、比较分析和纠正措施。控制的实质就是实践符合计划。控制的标准是计划。控制的目的在于保证组织实际的活动及其成果同预定的目标相一致。

要实现有效的控制，就需要提高预见性和全面性。这不仅需要我们在偏差出现以后能够及时觉察到，并采取有效措施加以纠正，而且还要尽量在重大偏差出现之前，能预见到问题的发生而及时采取措施，把问题消灭在萌芽之中。控制要有全面观点，要从整体利益来实施控制，各个局部的控制目标要协调一致。控制要迅速及时，要建立完善的信息管理系统，加强对信息收集的分析和反馈等。

（七）创新

创新就是新的生产函数的建立和生产要素的组合。创新包括：新产品的研发、新的生产活动和技术的应用、新市场的开拓、新生产过程的再造、新的管理方法和组织形式的采用。良好的创新思维和创新能力有利于决策、计划、组织、领导、激励、控制等管理职能的充分发挥。

【案例分析】

王新该做些什么？

王新是一家生产小型机械的装配厂的经理。王新每天到达工作岗位时都会随身携带一份列有他当天要处理的各种事务的清单。清单上记录的一部分内容是他的上级领导通知他需要处理的，另一些是他自己在一天多次的现场巡视中发现的或者他的下属向他报告的不正常的情况。

一天，王新与往常一样带着他的清单来到了办公室。他做的第一件事是审查工厂各班次监督人员呈送上来的作业报告。他所在的工厂每天 24 小时连续工作，各班次的监督人员被要求在当班结束时提交一份报告，说明本班次开展了什么工作，发生了什么问题。看完前一天的报告后，王新通常要同他的几位主要下属人员开一个早会，会上他们决定对报告中所反映的各种问题应采取哪些措施。王新在白天也参加一些会议，会见来厂的各方面访问者。他们中有些是供应商或潜在供应商的销售代表，有些则是工厂的客户。此外，有时也有一些来自各省（自治区、直辖市）相关政府机构的人员。总部的职能管理人员和王新的直接上司也会来厂考察。当陪伴这些来访者和他自己的下属人员参观的时候，王新常常会发现一些问题，并将这些问题列入他的待处理事项清单中。王新发现自己明显无暇顾及长期计划工作，而这些活动又是他改进工厂的长期生产效率所必须做的。他似乎总是在处理某种危机，他不知道哪里出了问题。为什么他就不能以一种使自己不这么紧张的方式去工作呢？

资料来源：http://wenku.baidu.com/view/edecd8116c175f0e7cd13764.html.

案例讨论题：

从管理职能的角度，王新下一步该怎么做呢？

任务二 认知管理者

【案例导入】

海底捞的管理模式

1994年，还是四川拖拉机厂电焊工的张勇在家乡简阳支起了4张桌子，利用业余时间卖起了麻辣烫，随后便有了四川海底捞餐饮股份有限公司（以下简称“海底捞”）。数十年过去，海底捞在全国6个省份开了30多家店，张勇成了拥有6 000多名员工的董事长。张勇认为，人是海底捞的生意基石。客人的需求五花八门，单是用流程和制度培训出来的服务员最多能达到及格的水平。制度与流程对保证产品和服务质量的作用毋庸置疑，但同时也压抑了人性，因为它们忽视了员工最有价值的部位——大脑。让雇员严格遵守制度和流程，等于只雇用了他的双手，而大脑在什么情况下才有创造力？心理学家的研究证明，当人用心的时候，大脑的创造力最强。于是，“服务员都能像自己一样用心”就变成张勇的基本经营理念。

怎么才能让员工把海底捞当成家？答案很简单：把员工当成家里人。海底捞的员工住的都是正规住宅，有空调和暖气，可以免费上网，步行20分钟到工作地点。不仅如此，海底捞还雇人给员工宿舍打扫卫生，换洗被单。海底捞在四川简阳建了海底捞寄宿学校，为员工解决子女的教育问题。海底捞还想到了员工的父母，优秀员工的一部分奖金，每月由公司直接寄给其在家乡的父母。

要让员工的大脑起作用，除了让他们把心放在工作上，还必须给他们权力。200万元以下的财务权都交给了各级经理，而海底捞的服务员都有免单权。不论什么原因，只要员工认为有必要，都可以给客人免费送一些菜，甚至免掉一餐的费用。聪明的管理者能让员工的大脑为他工作，当员工不仅是机械地执行上级的命令时，他就是一个管理者了。按照这个定义，海底捞是一个由6 000多名管理者组成的公司。

人是群居动物，天生追求公平。海底捞知道，要让员工感到幸福，不仅要向其提供好的物质待遇，还要让其感觉公平。海底捞不仅让这些处在社会底层的员工得到了尊严，还给了他们希望。海底捞的几乎所有高管都是服务员出身，这些年轻人独立管理着几百名员工，每年创造几千万营业额。没有管理才能的员工，通过任劳任怨的苦干也可以得到认可，普通员工如果做到功勋员工，工资收入只比店长差一点。

海底捞把培养合格员工的工作称为“造人”。张勇将“造人”视为海底捞发展战略的基石。海底捞对每个店长的考核只有两个指标：一是客人的满意度；二是员工的工作积极性。同时，海底捞还要求每个店按照实际需要的110%配备员工，为扩张提供人员保障。海底捞这种以人为本、稳扎稳打的发展战略值得不少企业借鉴。

资料来源：https://wenku.baidu.com/view/7529a94a4a73f242336c1eb91a37f111f1850de7.html.

案例讨论题：

（1）在国内餐饮行业，海底捞创造了奇迹，请自主搜集资料谈谈你对海底捞的认知。

（2）经过数十年的艰苦创业，海底捞逐步从一个不知名的小火锅门店起步，发展成为今天的拥有数千余名员工、年营业额超过亿元、纯利润超过千万的知名企业。请你结合案例谈谈海底捞创始人张勇的管理理念。

一、管理者的概念

管理者是管理活动的主体，因为传统意义的管理人员一般会脱离生产劳动，专门从事生产的管理。关于管理者的传统观点认为，管理者是运用职位、权力，对人进行统驭和指挥的人。这种概念强调的是组织中正式的职位和职权，强调管理者必须拥有下属。

关于管理者的现代观点，美国学者德鲁克曾给管理者下定义为：在一个现代的组织里，每一个知识工作者如果能够运用他们的职位和知识，对组织负有贡献的责任，因而能够实质性地影响该组织经营及达成成果的能力者，即管理者。这一定义强调作为管理者首要的标志是必须对组织的目标负有贡献的责任，而不是权力；只要共同承担职能责任，对组织的成果有贡献，他就是管理者，而不在于他是否有下属人员。依据这一定义，拥有知识并负有贡献责任的工程师就是管理者。

综合上述分析，本书给出管理者的定义：管理者是指履行管理职能，对实现组织目标负有贡献责任，且对组织内的员工进行领导、组织协调和监督其实施的人员。

◎ 知识链接

GE 总裁偏好“领导人”

杰克·韦尔奇曾经是美国通用电气（GE）第八任总裁，在他主政期间，GE 的年收益从 250 亿美元增长到 1 005 亿美元，净利润从 15 亿美元上升到 93 亿美元，该公司股价也从 94 美分上升到 40 美元。凭此惊人的业绩和他创立的崭新的经营理念及不凡的人格魅力，韦尔奇被誉为“全球第一 CEO”。杰克·韦尔奇偏好“领导人”的提法而不喜欢“管理者”。他说：“一些经理们，把经营决策搞得毫无意义的复杂和琐碎。他们将管理等同于高深复杂，认为听起来比任何人都聪明就是管理。他们不懂得去激励人。我不喜欢管理所带有的特征——控制、抑制人们，使他们处于黑暗中，将他们的时间浪费在琐事和汇报上。”

杰克·韦尔奇的管理工作业绩和关于“管理者”的理念，引发了我们对什么是“管理者”，管理者应具备哪些素质以及管理工作对象等问题的兴趣。

二、管理者的素质

管理者的素质是管理者履行管理职能的基础，是管理者实施有效管理所必须具备的基本条件。管理者的素质是在管理者先天禀赋的生理素质基础上，通过后天的学习和社会实践而形成的，在管理活动中经常起作用的内在要素的总和。“科学管理之父”泰勒曾具体说明一位“全面”的工作应具备的九种素质。

当然，不同层次、不同领域的管理者应具备的素质是有差异的，但以下几种素质要求是管理者必备的：

（一）品德素质

品德素质是管理者最根本的素质，它体现了一个人的世界观、人生观、价值观和道德观，决定了他对现实的态度和行为方式。品德素质包括四个方面，分别为政治品德、社会公德、职业道德和家庭美德。政治品德主要包括政治立场、政治态度、政治品质和思想作风等内容，具体表现在理想信念、行为操守、担当作为等方面。当代大学生是中国特色社会主义事业的建设者和接班人，必须要有过硬的政治品德素养，增强“四个意识”，坚定“四个自信”，做到“两个维护”，努力把自己培养成为“四有”新人。社会公德主要指存在于社会群体中间的道德，是生活于社会中的人们为了我们群体的利益而约定俗成的我们应该做什么和不应该做什么的行为规范。其在本质上是一个国家、一个民族或者一个群体，在历史长河中和在社会实践活动中积淀下来的道德准则、文化观念和思想传统，主要包括文明礼貌、助人为乐、爱护公物、保护环境和遵纪守法等。职业道德是指在一定职业活动中应遵循的、体现一定职业特征的、调整一定职业关系的职业行为准则和规范。不同的职业人员在特定的职业活动中形成了特殊的职业关系，如职业劳动者、职业团体与国家之间的关系等，主要内容为爱岗敬业、诚实守信、办事公道、服务群众、奉献社会和素质修养等。家庭美德属于家庭道德范畴，是指每个公民在家庭生活中应该遵循的基本行为准则。它涵盖了夫妻、长幼、邻里之间的关系。社会主义的家庭美德，是社会主义道德在家庭生活中的具体体现。家庭美德的主要内容包括尊老爱幼、男女平等、夫妻和睦、勤俭持家和邻里团结等。

（二）知识素质

合理的知识结构，是管理者必备的基本条件。管理者政治素质和业务能力的高低，在很大程度上都与知识水平的高低有着密切的联系。知识是提高管理水平和管理艺术的基础与源泉，领导者必须有较高的科学文化知识、专业知识和合理的知识结构才能适应现代管理的需要。

（三）能力素质

这里的能力是指管理者把各种管理理论与业务知识应用于实践，进行具体管理、解决实际问题的本领。管理者的素质主要表现为实际管理过程中的管理者的管理技能。管理学者 R. L. 卡兹提出管理者必须具备三方面技能，即技术技能、人际技能和概念技能。

技术技能是指管理者掌握与运用某一专业领域内的知识、技术和方法的能力。技术技能包括：专业知识、经验；技术、技巧；程序、方法、操作与工具运用熟练程度等。这些是管理者对相应专业领域进行有效管理所必备的技能。

人际技能是指管理者处理人事关系的技能，与人共事、激励或指导组织中的各类员工或群体的能力。人际技能包括：观察人、理解人、掌握人的心理规律的能力；人际交往、融洽相处、与人沟通的能力；了解并满足下属需要，进行有效激励的能力；善于团结他人，增强向心力、凝聚力的能力等。在以人为本的今天，人际能力对于现代管理者来说，是一种极其重要的基本功。没有人际技能的管理者是不可能做好管理工作的。

概念技能是指管理者观察、理解和处理各种全局性的复杂关系的抽象能力。概念技能包括：对复杂环境和管理问题的观察、分析能力；对全局性的、战略性的、长远性的重大问题处理与决断的能力；对突发性紧急处境的应变能力等。其核心是一种观察力和思维力。这种能力对于组织的战略决策和发展具有极其重要的意义，是组织高层管理者所必须具备的，也是最为重要的一种技能。

上述三种技能对任何管理者来说都应当具备。但不同层次的管理者，由于其所处位置、作用和职能的不同，他们对三种技能的需求程度也明显不同。高层管理者尤其需要概念技能，这种概念技能的高低，成为衡量一个高层管理者素质高低的最重要的尺度。与之相反，基层管理者更重视的却是技术技能。由于他们的主要职能是现场指挥与监督，若不掌握熟练的技术技能，他们就难以胜任管理工作。当然，相比之下，基层管理者对概念技能的需求就不是太高了。

（四）心理素质

心理素质是由性格、意志、情绪、气质、兴趣等因素有机结合而形成的心理机构模式。一个优秀的管理者应该具备良好的心理素质，主要包括宽广的胸怀、坚强的意志、敢于决断的气质和竞争开放的性格。

（五）生理素质

生理素质是管理者履行其职能的物质条件，包括脑力、体力、精力等因素，在当今竞争激烈的社会中，生理素质也成为一个越来越受关注的管理者素质。

◎ **学习案例**

三个和尚的新故事

从前有一个“三个和尚”的故事，大家都知晓。一个和尚挑水喝，两个和尚抬水喝，三个和尚没水喝。可是，现在情况不同了。

有这样三座庙，这三座庙离河边都比较远，庙里的和尚要怎么解决喝水的问题呢？

第一座庙，和尚挑水的路途比较远，一天挑一担就累了，不干了。于是三个和尚商量来个接力赛，每人挑一段路。第一个和尚从河边将水挑到半路就可以停下来休息，再由第二个和尚继续将水挑一段路以后转给第三个和尚，第三个和尚再将水挑到缸里灌上去，空桶回来再接着挑。这样一搞接力赛，和尚们就从早到晚不停地挑，都不觉得累，水很快就挑满了。这是采取协作的办法。

第二座庙，老和尚把三个和尚徒弟叫来，说他们立下了新的庙规，引进了竞争机制。三个和尚都去挑水，谁的水挑得多，晚上吃饭加一道菜；谁的水挑得少，则吃白饭，没有菜。三个和尚拼命去挑，一会儿水就满了。这个办法叫引进激励机制，实现了“体制创新”。

第三座庙，三个和尚商量，天天挑水太累，于是想办法。山上有竹子，把竹子砍下来连在一起，竹子中心都是打通的，然后买一个辘轳。第一个和尚把一桶水摇上去；第二个和尚专管倒水，水通过漏斗进入水管流入庙内水缸中；第三个和尚在庙里看看水缸，这个缸装满了，就把水管移到别的缸里。他们以这样的方式不一会儿就能将庙里的水缸灌满，这叫“技术创新”。

你们看，三个和尚要喝水，就要协作，要采取办法，要搞体制创新、技术创新。办法在变，观念也在转变。

点评：这些都是管理对策，都是管理方法，说明在治军、治国、治生等一切竞争和对抗的活动中，我们都必须认真谋划，正确研究对策，以智取胜。

三、管理者的类型

每个组织中都有着各种各样的管理者，而每个管理者又处在不同的管理岗位上。对于这些管理者，我们可以从他们所处的层次及管理的领域对其进行分类。

从纵向分析一个组织的管理者，我们可以将其分为高层、中层和基层（或作业层）三个层次。从横向分析一个组织的管理者，一是按管理工作的性质与领域划分，我们可以将其划分为综合管理者和职能管理者；二是按职权关系的性质划分，我们可以将其划分为直线管理人员和参谋人员。

（一）按管理层次划分

1. 高层管理者

高层管理者是指一个组织中最高领导层的组成人员。他们对外代表组织，对内拥有最高职位和最高职权，并对组织的总体目标负责。他们侧重于组织的长远发展计划、战略目标和重大政策的制定，拥有人事、资金等资源的控制权，以决策为主要职能，故也称为“决策层”。例如，一个工商企业的总经理就属于高层管理者。

2. 中层管理者

中层管理者是指一个组织中中层机构的负责人员。他们是高层管理者决策的执行者，负责制定具体的政策和计划，行使高层授权下的指挥权，并向高层报告工作，也称为“执行层”。例如，一个工厂的生产处长、一个商场的商品部经理就属于中层管理者。

3. 基层管理者

基层管理者是指在生产经营第一线的管理人员。他们负责将组织的决策在基层落实，制订作业计划，负责现场指挥与现场监督，故也称为“作业层”。例如，生产车间的工段长、班组长就属于基层管理者。

（二）按管理工作的性质与领域划分

1. 综合管理者

综合管理者是指负责整个组织或其所属单位的全面管理工作的管理人员。他们是一个组织或其所属单位的主管，对整个组织或该单位的目标实现负有全部的责任。他们拥有这个组织或单位所必需的权力，有权指挥和支配该组织或该单位的全部资源与职能活动，而不是只对单一资源或职能负责。例如，工厂厂长、车间主任、工段长都是综合管理者。而工厂的计财处长则不是综合管理者，因为其只负责财务这种单一职能的管理。

2. 职能管理者

职能管理者是指在组织内只负责某种职能的管理人员。这类管理者只对组织中某一职能或专业领域的工作目标负责，只在本职能或专业领域内行使职权、指导工作。职能管理者大多具有某种专业或技术专长。例如，一个工厂的总工程师、设备处长等都是职能管理者。就一般工商企业而言，职能管理者主要包括以下类别：计划管理、生产管理、技术管理、市场营销管理、物资设备管理、财务管理、行政管理、人事管理、后勤管理和安全保卫管理等。

（三）按职权关系的性质划分

1. 直线管理人员

直线管理人员是指有权对下级进行直接指挥的管理者。他们与下级之间存在着领导隶属关系，是一种命令与服从的职权关系。直线管理人员的主要职能是决策和指挥。例如，企业中的总经理、部门经理和班组长，他们是典型的直线人员，主要由他们组成组织的等级链。

2. 参谋人员

参谋人员是指对上级提供咨询、建议，对下级进行专业指导的管理者。他们与上级的关系是一种参谋、顾问与主管领导的关系，与下级是一种非领导隶属的专业指导关系。他们的主要职能是咨询、建议和指导。参谋人员通常是指各级职能管理者。

直线管理人员与参谋人员是依职权关系进行的区分，是相对于职权作用对象而言的，在实际管理中两者经常转化。例如，计财处长对其他各部门来说是参谋人员，因为其只是在计财领域内进行专业指导；而对于计财处内部人员来说，计财处长却又是直线管理者，因为他对本处工作人员有直接指挥的权力。

四、管理者的角色

一种职业的形成是以其职能发挥为基础的，对于管理者来说，其职能由管理角色和管理业务决定。“管理者的角色”是美国管理学者德鲁克在 1955 年提出的概念，现在不同的学者提出了不同的管理者角色的分类。德鲁克从管理者的管理对象和职能上划分了管理者所扮演的以下三类角色：

一是管理一个组织，保证组织的生存和发展。管理者需要确定组织存在的目的、组织要达到的目标并制定实现组织目标的途径，需要使组织通过各种管理活动获取最大利益。

二是管理管理者。由于组织工作的任务有抽象和具体之别，加之管理者的能力和精力等因素的限制，组织设计分为不同的层次，最基本的管理层次可以划分为上层、中层和下层三个层次，每个层次的管理者都负有相应的职责，即主导和影响被管理者，使之为了组织目标的实现积极工作和努力奋斗；构建适合的组织结构；培养被管理者的团体合作精神；培训下一层管理者，使其管理工作的技能得到提高。

三是管理工人和工作。这是管理者的基本职责。管理者需要认识两个趋势，即管理的工作性质是不断变化的；处理好与各级各类人员之间的关系已经变得越来越重要，这要求管理者能正确认识人的特性。

而亨利·明茨伯格（1939）的研究显示，管理者的角色可以分为三大类，即人际角色、信息角色和决策角色。人际角色包括代表人、领导者和联络者；信息角色包括监督者、传播者和发言人；决策角色包括企业家、干扰对付者、资源分配者和谈判者。

德鲁克和亨利的分类方式并不冲突，德鲁克的分类方式更侧重于管理者管理对象的不同，而亨利更侧重于以管理者在组织中所发挥的作用来划分角色。

【案例分析】

仓促上阵的新车间主任

张××是某公司露天矿机维修工，技工学校毕业，今年38岁，正值年富力强。他干劲大、收益精湛、人缘好，还带了三名学徒，同事和上级都挺喜欢他，车间主任更认为他是骨干，常让他代表自己去矿上或公司开干部会，大家都说李主任的接班人非他莫属。

周一一早，他正赶上白班，忽然听说李主任心脏病犯了，已经住进员工医院。李主任德高望重，深受大家爱戴，就是身体不行。这回住院，人人都盼望他早日康复，像往常那样，过几天就出院上班。不料傍晚传来李主任病重，经抢救无效已病逝在医院的消息。大家都很悲痛，纷纷向李主任的家属表示慰问。

次日一早，分管人事的周副矿长来电话，要张××暂时代理车间主任行使权利，还特别关注车间正在抢修的一台装载机，问几时能修好，这可是矿上等着要用的装载机。张××答应周四中午前一定修好交用。

星期三上午，周副矿长把张××召去，正式通知他公司已任命其继任车间主任，并表示了祝贺和期望，然后张××就匆匆赶回车间参加突击抢修那台装载机去了。任务很重，他不放心，又跟着夜班工人继续工作到晚上9点，再三叮嘱夜班班长抓紧工作。

周四早上，张××上班特别早，发现昨晚矿上又有四辆自卸式载重卡车送来待修，而那台装载机还未修好。张××赶忙把全车间的白班员工召到一起，在说明了面临的修车任务如何重要、迫切和艰巨后，便号召大家化悲痛为力量，群策群力，尽快完成任务。工人们纷纷表态要努力干活，如期修好这批车辆。

张××略感松了口气，就上备品库去检查库存是否足以应付这批抢修任务。这时露天采掘队来电话，说他们的一台主力设备32吨自卸卡车抛锚在现场，要求派人去抢修。张××知道如今每个人手头上的活都又多又紧，根本无暇顾及，于是就自己背起工具箱，下露天采矿现场去抢修了。

待他修好那台自卸卡车回到车间，已经快中午了。他发现车间里乱糟糟一片，四辆待修自卸车中有三辆在停工待料，忙问这是怎么回事，工人们说已故李主任以前定下的规矩，备件要主任签过字才能领取。这时，矿上又有两台鼓掌车送到待修。张××刚办完接车手续，周副矿长又来电话要装载机了。周副矿长听说装载机还没修好，便埋怨着张××活抓得不紧，并强调这会给矿上带来很大损失。张××刚放下电话，公司常务副总经理又来电话，让其马上去总部出席紧急干部会议。

本来张××知道自己被正式提升为车间主任后还挺高兴的，也颇有信心当好这个主任，如今想法好像有些变了。他甚至怀疑这个提升对自己来说可能不是一件好事，对能否胜任主任一职也变得不太有把握了。

资料来源：http://wenku.baidu.com/view/d2f8d81ffc4ffe473368ab91.html.

案例讨论题：

（1）作为一名基层管理者，张××具有哪些优势？有哪些不足？

（2）造成张××被提升为主任后头几天工作混乱的主要原因是什么？

任务三 认知管理方法

【案例导入】

拼命三郎招人怨

“公司事再小也是大事，个人事再大也是小事，你要分清这两者的利害关系。”这是一家电子类消费产品公司的销售部经理刘全的口头禅。刘全在这家公司任职近四年，如今这个位子对他来说是靠自己“拼命”工作换来的。

刘全工作起来废寝忘食，甚至从来没有时间去谈恋爱。由于他的投入和工作成绩，刘全从一线员工一路摸爬滚打升迁到现在这个职位。

或许由于自己是“拼命三郎”，刘全对待下属也非常严格。他要求下属上班时间不得闲聊、不得接打私人电话、不得做与岗位工作无关的事情，所有时间都得用在工作上。此外，他还要求下属要培养成“早到晚归”的习惯，每天同自己一起加班到半夜11点至次日0点。

倘若下属没有养成这种习惯，那么加薪晋职的机会就很渺茫，并且很可能被他冷藏，再无出头之日。在他的领导下，销售部员工总有做不完的工作，即便有些工作没有任何意义。

刘全的举措时不时会引起下属的怨言，他们抱怨自己完全没有私人的空间，随时都被经理管理和监督；好像自己是被卖给了公司，身心受到严重的限制，一些人声称都快要疯掉了。

但刘全似乎并没有对此在意，依然我行我素。直到有一天，他的一个下属再也忍受不住了，向其爆发了自己的情绪，由此全部门员工一同向刘全说出自己隐藏已久的不满，铁面无私的刘全面临这一次的群发性愤怒，顿时感到手足无措。

事情起因是这样的。一天刘全的一个下属在公司内部网站的BBS上牵头讨论加班要给加班费、工作应该劳逸结合等问题，被刘全得知后，他将这个下属的绩效考评合理规范地“处理”掉了。

随后在一次召开的部门会议上，这个下属质问刘全为何要这样做，并宣泄了自己对刘全的不满。该下属的言论立即得到了其他人的呼应，他们表示，刘全不该拿自己的工作习惯强行要求他人，毕竟健康是最可贵的。

感到震惊的刘全还没有来得及理清自己的头绪，便遭遇了下属集体性的工作懈怠。他们士气低落、效率下降，对刘全的高标准、严要求抱着一种无所谓的态度，使他的工作陷入了被动。

刘全这才意识到问题的严重性。可除了带领下属拼命工作，用绩效来赢得公司高层的尊重和赏识外，刘全真的想不出其他办法来提高业绩。他认为，只有实干加苦干才能成功，但现在员工情绪已经受到挫伤，难道就没有其他办法了吗？刘全一筹莫展。

资料来源：http://www.cnki.com.cn/Article/CJFDTotal-GLRZ200610025.htm.

案例讨论题：

（1）刘全废寝忘食地工作，结果却遭遇了下属集体性的工作懈怠，你如何看待这一现象？

（2）你认为，刘全应该采取哪些管理方法做好自己的管理工作？

任何社会活动的进行都需要遵循一定的规律，实施管理更需要科学的理论和方法的指导。因此，分析和掌握管理的基本方法，对于管理者更好地实施管理工作有着极其重要的指导意义。

管理是一个复杂的系统，为使其正常运转且处于良好状态，管理者必须采用一些基本的管理方法进行管理，才能收到较好的效果。管理方法一般分为：管理的教育方法、行政方法、经济方法、法律方法和技术方法。

一、管理的教育方法

（一）教育方法的实质和任务

教育是指管理者按照一定的目的、要求对被管理者从德、智、体诸方面施加影响的一种有计划的活动。

管理的人本原理认为，管理活动中人的因素第一。因此，管理最重要的任务是提高人的素质，充分调动人的积极性和创造性，只有这样才有助于实现组织的目标。通过教育不断地提高人的政治思想素质、文化知识素质和专业水平素质，是管理工作的主要任务。人的素质需要在社会实践和教育中逐步发展及成熟。现代社会科技的快速发展导致了知识更新速度的加快，因此对组织成员不断进行培养教育，全面提高组织成员的素质，就成为管理者管理活动的一项重要内容。

（二）教育的主要内容

教育的目的是提高人的素质，因此教育的内容也就涉及与人的素质完善有关的各方面。从本质上说，教育的方法在管理活动中是一项最根本的方法。人们常说“百年大计，教育为本”，这说明教育的方法具有基础性和长期性的特点。任何有远见的管理者，都必须高度重视对员工的教育与管理，对其培训要有明确的目标、计划和资金投入以及必要的考核手段。因为现代管理是以人为中心的管理，所以人是组织发展的原动力。只有组织成员的素质不断提高，企业才有活力和后劲使生产经营活动立于不败之地。

1. 道德教育

教育环节中最重要的是进行道德教育。“人可无才，不可无德”，管理者要教育员工树立远大理想，大公无私、先人后己、全心全意为人民服务的精神，自觉抵制损公肥私、金钱至上、以权谋私、贪图享乐等腐朽思想的侵蚀；还应从生活中教育员工遵守社会公德及职业道德，忠于职守。教育应当结合具体生动的实例、案例和典型，通过讨论的方式进行，单凭教条式的空洞说教收效甚微。

2. 爱国主义教育和集体主义教育

爱国主义教育是指管理者要正确引导员工认识国家的历史和现状，进行爱国主义教育，了解中华民族近百年来的历史，从而更加热爱和珍惜当下。集体主义要求人们置集体利益于个人利益之上，管理者在进行集体主义教育时，要着重引导员工正确处理国家、集体、个人之间的利益关系，在集体生活中发扬团结互助精神，热爱集体，从而促进组织的发展。

3. 民主纪律教育

民主纪律教育是指管理者对员工进行行使民主权利的教育。管理的人本原理告诉我们必须全心全意依靠企业广大员工办好企业，应当通过各种方式吸收员工参与企业管理。民主权利体现在员工有权对企业的经营活动进行监督，有权维护自己的合法权益，也有权参与企业管理。由于信息和能力的限制，员工参与的企业管理的程度和方式是有限的。

企业在扩大民主权利的同时，还应大力加强社会主义法制以及劳动纪律和工作纪律，制裁和打击各种不法行为和违纪行为，保证企业经营活动的正常进行，使员工的根本利益得到保障。

4. 科学文化教育

科学技术是第一生产力，普及和提高组织成员或者企业员工的科学文化知识，是提高思想道德觉悟水平的重要条件，也是企业进行生产经营活动的重要条件。当今的技术革命正在快速发展，科技越发成为推动企业生产发展的原动力，以及提高企业竞争能力的重要力量。管理者应从战略的高度下大决心、花大力气对员工进行智力投资，对于员工有计划、有组织地开展科学文化教育。根据工作的需要，管理者应对各类人员逐步进行不同的系统培训和职业训练，尽快提高员工队伍的业务素质，从而为企业发展提供保障。

5. 组织文化建设

组织文化是一个组织的灵魂，是组织员工在较长时期的生产经营实践中逐步形成的共有价值观、信念、行为准则及具有相应特色的行为方式、物质表现的总称，也是组织员工内在的思想观念与外在的行为方式和物质表现的统一。因此，企业要通过组织文化建设来创造促进员工素质不断完善的精神环境。

在组织文化建设的指导思想上，我们必须突出管理的人本原理，坚持“以人为本”的指导原则。组织文化的主体是组织员工，组织员工是物质财富和精神财富的创造者。我们要坚持把人作为第一因素，把尊重人、理解人、培养人、使用人、全方位地提高组织员工的素质作为组织文化建设的主要内容。企业管理者应采用多种方式来培养员工的命运共同感，如教育、启发、吸引、熏陶和激励等，提升员工的工作责任感、事业开拓感和集体荣誉感，在员工中形成正确的价值观念和行为准则，促使其内在潜力和创造力最大限度地发挥出来。一个具有独特而优秀组织文化的组织，必然充满生机和活力。

（三）教育的方法

教育的方法具有间接性的特点，它所体现的效果和成果往往是长期的，需要慢慢执行，不可急功近利。教育方法的不足在于其不具备约束机制，必须与其他管理方法有机地结合起来，如与经济或与行政手段结合，督导人们学习和提高，充分发挥教育方法的作用。近年来，行为科学在我国企业中的应用和发展又给教育方法增添了新的经验。

对不同的问题，要有不同的教育方法。对于思想性质的问题，管理者必须采取讨论的方法、说理的方法和批评的方法进行疏导，而不应依靠粗暴的训斥和简单的惩罚来解决问题。对于传授知识和技能方面的教育，管理者应该采用多种方法相结合的方式，不宜全部采用以讲授为中心的教育方法。在讲授方式中，被管理者处于被动状态，接受知识的效率并不高，若管理者较多地采用有目的、有指导的小组讨论、现场实习和体验学习等方法，让被管理者按合理和合适的学习方法去学习，有助于提高其学习效率。国内外许多企业在这种新的教育思想指导下，在实践中不断摸索，创造了多种行之有效的教育方法，如案例分析法、业务演习法、事件过程分析法、角色扮演法和拓展训练法等，都获得了较好的效果，可供各企业参考和选择。教育的方法应灵活方便，讲求实效。

◎ 学习案例

上班已有半个多小时，办公室的灯忽闪几下就熄了。李厂长走出办公室一看，车间的灯还亮着。可能是办公室的电线短路，李厂长一边想着一边朝配电房走去。

隔着配电房的窗子，只见前边的电工小张坐在椅子上，一张报纸一杯茶，两脚翘在桌子上，身子倚着椅背有节奏地前后晃动着。后边的电工老王则两眼微闭，低头弓腰一颤一颤的，显然正在犯困。好潇洒的配电房啊，李厂长什么也没讲就悄悄离开了。

回到办公室，李厂长给小张发了一条短信：“看报的人请坐好，摔下来可别报工伤！另请转告老王，配电房的门窗没关好，小心睡觉着凉。”

不一会儿，小张也给李厂长回了一条短信：“厂长，是我们错了，现在我们就找您检讨去。”厂长连忙回复：“不用了，以后注意就是了。”从那以后，配电房的各项工作没出现过任何问题。以前的“油条班”逐渐成了“红旗班”。

点评：以上案例充分说明了教育方法的重要性。粗暴的训斥和简单的惩罚并不能很好地解决问题，管理者应针对不同的问题采用不同的方法，以达到教育的目的。

二、管理的行政方法

（一）行政方法的内容和实质

行政方法是指管理者依靠行政组织的权威，运用命令、规定、指示、条例等行政手段，按照行政系统和层次，以权威和服从为前提，直接指挥下属工作的管理方法。

行政方法的实质是通过行政组织中的职务和职位来进行管理。行政方法强调职责、职权和职位，而非个人的能力或特权。任何组织总要建立起若干行政机构来进行管理，有着严格的职责和权限范围。由于在任何行政管理系统中，各个层次所掌握的信息绝对是也应当是不对称的，才有了行政的权威。下级服从上级是行政方法执行的基础，是对上级所拥有的管理权限的服从。

（二）行政方法的特点

1. 权威性

行政方法所依托的基础是管理机关和管理者的权威。管理者权威越高，其所发出的指令接受率就越高。提高各级领导的权威，是各组织运用行政方法进行管理的前提，也是提高行政方法有效性的基础。管理者不能仅依靠职位的权力来强化权威，必须努力以优良的品质、卓越的才能去增强管理权威。

2. 强制性

行政权力机构和管理者所发出的命令、指示和规定等，对管理对象具有不同程度的强制性。行政方法就是通过这种强制性来达到指挥与控制的目的。行政的强制性是要求人们在行动的目标上服从统一的意志，允许人们在方法上灵活多样。行政的强制性是由一系列的行政措施（如表扬、奖励、晋升、任务分配、工作调动及批评、记过、降级、撤职等处分直至开除等）作为保证来执行的。

3. 垂直性

行政方法是通过行政系统、行政层次来实施的。行政指令一般都是自上而下通过纵向直线下达的。下级组织和领导人只接受一个上级的领导和指挥，对横向传来的指令基本上是不理睬的。行政方法的运用必须坚持纵向的自上而下，切忌通过横向传达指令。

4. 具体性

行政方法相对于其他方法而言有具体性。具体性不仅是指行政指令的内容和对象是具体的，而且在实施的具体方法上还会因对象、目的和时间的变化而变化。行政指令是在某一特定的时间内对某一特定对象起作用，具有明确的指向性和一定的时效性。

5. 无偿性

无偿性是指管理者运用行政方法进行管理，根据行政管理的需要，不考虑价值补偿问题。也就是说，上级组织对下级组织的人、财、物等的调动和使用不讲等价交换的原则。

（三）行政方法的作用

行政方法的作用有以下几个：

第一，行政方法的合理运用有利于组织内部统一目标。也就是说，合理运用行政方法，能够迅速有力地贯彻上级的方针和政策，统一意志、统一行动，对全局活动实行有效的控制。

第二，行政方法是实施其他管理方法的必要手段和基础。在管理活动中，经济方法、法律方法、教育方法和技术方法必须经由行政系统的中介才能具体地组织与贯彻实施。

第三，行政方法便于处理特殊问题。行政方法时效性强，能及时地针对具体问题发出命令和指示，较好地处理特殊问题和管理活动中出现的新情况。

第四，行政方法可以强化组织的管理结构。行政方法可以使全局、各部门和各单位密切配合，并调整其下属各个部门或组织之间的进度和相互关系。

（四）行政方法的正确运用

管理者必须充分认识行政方法的本质是服务，服务是行政的根本目的，这是由管理的实质、生产的社会化和市场经济的基本特征决定的。就企业管理的行政方法来说，服务的对象主要是基层、生产和科研第一线以及全厂员工。行政方法的管理效果被领导者水平所制约，行政方法由于借助了职位的权力，所以对下属有较强的约束力。这种特点使得上级在使用行政方法时忽视了下属的正确意见和合理要求，不利于充分调动各方面的积极性。

行政方法是实现管理功能的一个重要手段，管理者只有将其正确地运用，不断克服其局限性，才能发挥它应有的作用。而管理效果则基本上取决于领导者的指挥艺术和心理素质，取决于领导者和执行者的知识和能力。

在运用行政方法的过程中，信息是至关重要的，行政方法要求有一个灵敏而有效的信息管理系统。首先，领导者统一指挥，必须及时获取组织内外部的有用信息，才能做出正确的决策。其次，上级要把行政命令或指示迅速准确地下达给下级，还要把收集到的各种反馈信息和预测信息发送给下级领导层，供下级决策时使用。

行政方法具有强制性，组织中所有成员对上级所采用的行政手段都必须服从和执行。行政方法是管理企业必不可少的方法，是现代执行管理职能的一种基本手段。企业不是孤立的，外部要与社会经济系统相联系，内部各个生产经营环节要相互配合，这些都要求企业管理者在需要的时候采用强制的行政管理方法来统一企业内部成员的意志和行动，强化组织意识，有效地组织全体成员为实现目标而共同奋斗。

行政方法并不是万能的，管理者在运用时要特别注意应深入实际、联系群众、讲究方法，要防止妨碍下属正常执行任务的现象发生；不可单纯依靠行政方法，要在客观规律的基础上，把行政方法和管理的其他方法特别是经济方法有机地结合起来。

◎ **知识链接**

我们应该如何对待规章制度？正确的态度应该是：在一般情况下，照章办理；在特殊情况下，酌情处理。正确对待规章制度的关键是明确界定特殊情况的范围和酌情处理的原则。特殊范围主要包括违反规章的目的与确立规章的目的一致，或已有的规章制度已不能发挥其应有的作用。酌情原则是对违反规章的有益行为按目标有利原则处理；若无视规章，则直接按照目标有利原则采取相应行为。

三、管理的经济方法

（一）经济方法的内容与实质

经济方法是指根据客观经济规律、运用各种经济手段、调节不同主体之间的关系，以获得较高的经济效益和社会效益的管理方法。经济方法包括各种经济手段，主要有价格、税收、信贷、工资、利润、奖金、罚款和经济合同等。

管理的经济方法的实质是围绕物质利益，运用各种经济手段正确处理好国家、集体与劳动者个人三者之间的经济关系，最大限度地调动各方面的积极性、主动性和创造性。

（二）经济方法的手段

不同的手段在不同的领域中可发挥各自不同的作用。

1. 价格

价格是价值的体现，在商品货币关系的社会里，价格是计量和评价劳动的社会标准。合理的价格体系是保证社会经济活动能实现良性循环的重要条件。国家可以运用价格这一杠杆来调节生产与供求，调整国民收入的分配。

制定内部价格应该正确反映劳动消耗和劳动成果，把企业的经济效益和员工的经济利益结合起来。就企业和外部的关系而言，企业要在价格政策规定的范围内，根据市场供需情况正确地制定本企业产品的价格，运用好浮动价格和季节差价、批零差价、地区差价、购销差价和质量差价等经济杠杆，增强企业竞争能力，改善企业经营地位，争取获得最大的经济效益。企业若要正确地核算厂班组的劳动消耗和劳动成果，正确处理企业内部各生产单位之间的经济关系，调节它们之间的经济利益，就必须制定进行内部核算用的内部价格。内部价格直接关系到企业内部各个单位、各个员工的切身利益，所以其也是一种经济手段。

2. 税收

税收是国家取得经济收入的重要来源，也是国家管理社会生活的重要手段之一。国家根据宏观控制的需要，合理制定不同的税种和税率，以调节生产和流通、调节部分企业的利润水平、控制消费的过快增长，使社会经济的内部结构、发展趋势、活动规模等趋于合理。

3. 信贷

信贷是银行存款、贷款等信用活动的总称。信贷是最为灵活、有效的经济杠杆。银行信用活动以吸收存款和储蓄形式集中社会闲散资金；同时，按照社会经济发展的需要，以贷款形式发放给生产经营单位，满足其资金需要，达到管理协调社会经济活动的目的。其具体手段主要包括贷与不贷、多贷与少贷以及差别利率和贷款期限等。

4. 利润

在市场经济条件下，利润是反映经济组织经济效益的综合指标，也是企业和经济组织活动长久发展的动力。例如，总公司对分公司的管理，通常都是把一定的经济责任、经济权限、经济利益和利润指标紧密结合在一起的。分公司完成利润指标后，可以得到更多的留利用于扩大生产和生活福利。如果完不成任务，则要相应地减少分公司留利。另外，要根据利润指标的完成情况决定各个单位的奖金和生产发展基金总额。利润把企业经济效益与员工的经济利益挂钩，促使企业劳动者从关心个人利益的角度更多地关心企业的经营及其成果。因此，也可以说，利润是一个企业控制其下属机构的有效措施和方法。

5. 工资

工资是实行按劳分配原则的劳动报酬形式，这一经济手段直接涉及企业和劳动者个人的物质利益。正确使用工资手段，即如何正确贯彻执行按劳分配的体系，对于调动企业的经营积极性和员工个人的劳动积极性非常重要。从根本上说，根据按劳分配原则，企业应当按照员工每个时期实际劳动的数量和质量，并联系自身的经济效益来支付员工的工资。在这个过程中，企业必须真正实行多劳多得的原则，不能允许有其他现象出现而损害员工的积极性。不同企业的生产技术特点和劳动组织特点不同，反映员工劳动贡献的方法也不同，所以各个企业应采用适合本企业特点和各类人员劳动特点的工资形式，如计时工资、计件工资、浮动工资、结构工资和年薪制等。管理工作必须用好工资这个杠杆，充分调动员工的积极性。

6. 奖金与罚款

奖金是根据员工对企业所做额外贡献的大小，用货币形式额外付给员工的奖赏。奖金是工资之外的收入，是按劳分配的体现和补充。奖金的设立应能表达企业领导者对员工行为的期望，能对员工的行动方向和努力目标具有引导作用。奖金的设立要注意很多问题，如奖金的名目不宜过多，以免分散目标；奖金的数额不宜过小，以提高奖励的效价；奖金取得的条件不宜过严或过宽，以保证必要的期望值；奖金发放还要密切联系企业或部门的经济效益。只有这样，奖金才能起到调动员工积极性的作用。

罚款是对员工违反规章制度、给企业群体造成危害的行为进行的经济惩罚。它可以制约或收敛某些员工的不轨行为，迫使其努力完成劳动或工作定额。罚款的名目和数额要适当，不能滥用。因为罚款具有否定性，应该慎用，防止罚款代替管理工作的倾向，招致员工的不满和反对。

奖励与惩罚最重要的是激励正气和祛除歪风邪气。管理者要做到奖罚分明，只有这样，才能使奖金与罚款真正成为有效的管理手段。管理的经济方法的实质是围绕物质利益，运用各种经济手段正确处理好国家、集体与劳动者个人三者之间的经济关系，最大限度地调动各方面的积极性、主动性和创造性。

（三）经济方法的特点

与其他方法相比较，经济方法具有以下特点：

1. 利益性

经济方法是通过利益机制引导被管理者去追求某种利益，间接影响被管理者行为的一种管理方法。

2. 关联性

经济方法的使用具有关联性，涉及各个范围。各种经济手段之间的关系错综复杂，影响面宽，经济手段的任何变化都会对社会多方面经济关系产生影响。

3. 灵活性

在市场经济条件下，经济方法相当灵活，针对不同的管理对象可以采用不同的手段。同一管理对象在不同情况下也需要采用不同方式来进行管理，以适应形势的发展，如税收的增减可分别鼓励与限制某一产业的发展，增减的幅度越大，其作用就越明显。

4. 平等性

经济方法的基础是平等性，平等性的含义是被管理的组织或个人在获经济利益上平等。社会经济体系和管理的经济方法的要求，管理者必须按照统一的价值尺度来计算和分配经济成果。

（四）经济方法的正确应用

经济方法与其他方法一样，必须正确运用才能充分发挥其价值。“按劳分配”原则是企业管理者正确应用经济方法的基础，在企业生产经营过程中，各个单位之间、个人之间在劳动的数量与质量上，在劳动的条件与强度上，在劳动的技术复杂程度上，在劳动的效果与贡献上，都存在着一定的差距。管理者要运用各种经济方法正确处理国家、企业、劳动者个人之间的经济关系，以便把劳动者个人的利益同企业对国家的贡献联系起来，同企业的经济效益挂钩，最大限度地调动企业全体劳动者的主动性、积极性和创造性，促进企业的发展。

改革以来，我国企业内部普遍采用责任制形式进行管理。经济责任制是指以提高经济效益为中心的责、权、利相结合的企业经营管理制度，它全面地反映了企业内部各个单位、各个岗位、各个个人之间的相互经济关系，实际上是企业从厂长到工人各个岗位经济责任制所组成的经济责任体系。实践证明，企业要有效地实行经济责任制，就必须在企业内部按行政隶属关系建立和健全严密的责任系统、科学的计划指标系统、严格的检查考核系统以及合理的奖惩系统。

1. 要注意将经济方法与教育等方法有机结合起来

在现代生产力迅速发展的条件下，物质利益的刺激作用将逐步减弱，人们更需要接受教育，以提高知识水平和思想修养。如果单纯运用经济方法，易助长本位主义和个人主义。在运用经济方法的同时，我们还要大力加强思想政治工作，防止“拜金主义”腐蚀员工的头脑，搞好社会主义精神文明建设。正确运用经济方法管理企业，还必须注意创造必要监督和核查机制，如对完成任务的数量要有完善的计量检测手段，要有合理的定额与标准，还要有配套的检查与考核制度等。

2. 要注意经济方法的综合运用和不断完善

市场经济下，经济杠杆非常有效。发挥各种经济杠杆的作用，还要重视整体上的协调配合。经济方法不是孤立的，如果孤立地运用单一杠杆，往往不能取得预期的效果。例如，价格杠杆对生产和消费同时有方向相反的调节作用。提高价格可以促进生产，但却抑制消费。在市场经济条件下，企业还要善于运用国家调控宏观经济的手段来发展自己，如利率、汇率、税率的变化以及证券、期货市场的变化，都会影响社会资源的配置与企业投资的取向，企业应能迅速获取信息，果断决策，以达到保值增值，避免风险。

◎ **学习案例**

惠普公司重视员工培训

惠普公司重视员工培训，可谓是不惜工本。仅在 1980 年，公司内部就举办过学制、内容、形式不同的各种训练班 1 700 多个，其中约 4.7 万个员工中就有 2.7 万个参加了这类培训。训练班有长有短，有业余有脱产，有工程性的也有管理性的。受训对象从工人到总经理，各种人员都有。训练方式有讲课、讨论、电影、录像、计算机模拟、案例分析、技巧实习、自学考核，直至师徒传授。公司要求各级领导亲自为下级讲课。除本身训练计划外，工程师还被派送到有关大学进行带薪脱产进修，公司给其报销路费，还给予住宿津贴；公司还鼓励优秀的年轻人到邻近有关大学进行脱产选修有关课程，允许他们利用部分的工作时间学习，并报销路费。受训人员虽然由公司资助受训，但却不对公司承担义务，学完后留去自便，公司并不干预。

惠普公司还十分重视员工福利，除了给予员工基本的生活福利，如医疗保险、残废保险、退休金以及两天一次的午间茶点、生日礼物和新员工搬迁补贴外，还有两项特殊福利：一是现金分红制度，即凡在公司任职达半年以上员工，每年夏初及圣诞节可得到一份额外收入；二是股票购买制，即员工任职满 10 年后，公司还另赠 10 股。据一次全美调查，惠普是全美的最佳福利企业之一。

四、管理的法律方法

（一）法律方法的内容与实质

法律方法是指国家根据广大人民群众的根本利益，通过各种法律、法令、条例和司法、仲裁工作，调整社会经济的总体活动和各企业、单位在微观活动中所发生的各种关系，以保证和促进社会经济发展的管理方法。

法律方法是所有管理方法的基础。

管理的法律方法中，既包括国家正式颁布的法律法规，又包括各级政府机构和各个管理系统所制定的具有法律效力的各种社会规范。建立健全各种法律法规，最根本的一点是要遵循事物自身的客观规律。法律方法的实质是体现全体人民的意志，并维护他们的根本利益，代表他们对社会经济、政治、文化活动实行强制性的、统一的管理。法律方法既要反映广大人民的利益和事物的客观规律，又要调动各个企业、组织和群众的积极性。

（二）法律的特点

1. 严肃性

法律和法规的制定必须严格地按照法律规定的程序和规定进行。法律和法规一旦制定并颁布出来后，就具有相对的稳定性。法律和法规不可因人而异，滥加修改，必须保持严肃性。司法工作更是严肃的行为，必须通过严格的执法活动来维护法律的尊严。

2. 规范性

法律和法规是所有组织和个人行动的统一的准则，对其具有同等的约束力。法律和法规都是用极严格的语言，准确阐明一定的含义，并且只允许对它做出一种意义的解释。法律与法规之间不允许互相冲突，法规应服从法律，法律应服从宪法。

3. 强制性

法律法规一经制定就要强制执行，各个企业、单位以至每个公民都毫无例外地遵守；否则就要受到国家强制力量的惩处。

法律方法的运用，对于建立和健全科学的管理制度及管理方法有着十分重要的作用。法律方法的运用，保证了必要的管理秩序。管理系统内外部存在着各种社会经济关系，只有通过法律方法才能公正、合理、有效地加以调整，及时排除各种不利因素的影响，保证社会经济秩序的正常运行，为管理活动提供良好的外部环境。根据不同对象和任务的特点，规定不同管理因素在整个管理活动中各自应尽的义务和应起的作用。

法律方法的运用将管理活动纳入规范化、制度化轨道，有助于使符合客观规律、行之有效的管理制度和管理方法用法律的形式规范化、条文化、固定化，使人们有章可循。严格执行这些制度和方法，管理系统便能自动有效运转。这样既可保证管理效率，又可节约管理者精力。

（三）法律方法的正确运用

法律方法有双重作用问题，既可以起促进作用，也可以起阻碍作用。法律方法由于缺少灵活性和弹性，易使管理僵化，而且有时会不利于企业发挥其主动性和创造性。

在管理活动中，各种法规要综合运用、相互配合。就企业管理而言，法律方法不仅要求企业掌握和运用“企业法”以及与企业生产经营活动直接相关的经济法律，而且也要掌握和运用民法赋予的权力和义务。有关法律对企业法人和公民的权利和义务都有明确规定，法律是企业管理的基础和前提。企业应根据国家、政府的有关法律、法规制定自己的管理规范，保证必要的管理秩序，有效地调节各种管理因素之间的关系，使宏观法规在本单位得以顺利地贯彻执行，避免与法律、法规有悖而造成不必要的损失。

法律方法发生作用的范围有限，在法律范围之外，还有各种大量的经济关系、社会关系需要用其他方法来管理和调整。法律方法应该和管理的其他方法综合使用，才能达到最有效的管理目标。

五、管理的技术方法

（一）技术方法的内容与实质

管理是在不断进步和发展的，技术的进步直接导致了管理手段的现代化。在日益复杂和多变的环境中，当今社会的各种类型组织的管理者，对组织中各种资源进行有效的协调，以维持和增强组织的活力，单凭传统管理手段不足以有效地完成管理的目标。环境的多变性和组织自身的复杂性，决定了管理者必须善于运用已经比较成熟，并被管理实践证明为行之有效的各类技术，来提高管理的效率和效果。

只有掌握了技术才会有有效的管理。不同的管理者，尤其是组织中不同层次的管理者，对技术的依赖程度均不一样。技术方法是指组织中各个层次的管理者（包括高层管理者、中层管理者和基层管理者）根据管理活动的需要，运用所掌握的各类技术，提高管理的效率和效果的管理方法。在当今社会，技术方法不断完善，各类技术主要包括信息技术、决策技术、计划技术、组织技术和控制技术等。领导的有效性主要取决于领导者影响下属的能力或力量，而能力主要来自职位与权力、人格魅力以及所掌握的技巧，与技术基本无关。管理的创新内容主要包括技术创新以及管理者必须掌握的一些基本技术。管理者需要正确地指导组织中的技术创新，而且管理者所掌握的技术也需要创新，应随着时代的进步、外部环境和内部条件的变化而不断更新。

把技术融进管理中，利用技术来辅助管理，是管理的技术方法的实质。善于使用技术方法的管理者，通常能把技术与管理很好地结合起来。具体体现在以下两个方面：

一是根据不同的管理问题，选用不同的技术，解决实际中的问题。

二是落实技术的实际作用。在了解每种技术的适用范围的前提下，尽可能地把所掌握的技术用到实处，发挥技术的积极作用。技术与管理的有机结合是技术渗透到社会生活的必然结果，因此需要在社会生活的各个领域进行实际应用。

（二）技术方法的特点

技术方法的实质就是用技术来进行管理。与其他管理方法相比，它有以下一些特点：

一是客观性。技术方法的客观性体现在两个方面，即技术是客观存在的，它不依赖人的意识并不以人的意识为转移；技术方法产生的结果是客观的。

二是规律性。技术方法的规律性源自客观性。规律性体现在两个方面，即技术来源于现实世界中普遍存在的客观规律；技术方法是有规律的，对于每种技术方法，其步骤都是特定的，同一技术方法，就必须遵循同样的步骤。

三是精确性。技术方法的精确性是指只要基础数据是正确无误的，由技术方法产生的结果就是精确的。正是因为其精确性，技术方法才日益受到人们的青睐。

四是科学性。由于技术方法的精确和客观，其科学性体现在是现实的真实反映，有助于管理者做出科学的决策。

五是动态性。由于实际情况在不断发展和变化，管理者在管理过程中会遇到新情况和新问题。这就要求管理者必须紧密学习技术的发展，不断更新自己手中掌握的技术，防止用过时、落后的技术方法来解决新问题。技术方法因而呈现出动态性的特征。

（三）技术方法的作用

技术方法的运用，对于组织的有效运行有着十分重要的作用。

一是采用信息技术可以提高信息获取的速度和信息的质量。信息技术在各类组织中的广泛运用对于管理效率有了很大的提高，也反映了信息尤其是管理信息在组织中的重要地位。

二是决策技术的采用可以提高决策的速度与质量。由于决策是管理的本职工作，决策速度与质量的提高对组织的重要性不言而喻。

三是计划、组织和控制技术的采用可以提高组织中有关职能的执行效率，促进管理过程的良性循环。技术在组织中的运用和重视，为技术创新创造了良好的条件，只有一直致力于技术创新的组织才有可能长盛不衰。

（四）技术方法的正确运用

管理者要想正确运用技术方法，必须注意以下几点：

一是技术并不能解决一切问题。技术是有一定局限性的，或技术是有一定适用范围的。管理者既不能否定技术的重要性，也不能盲目迷信技术，需要根据实际情况具体应用。

二是管理者在解决管理问题时，不能仅依靠技术方法，应该把各种管理方法结合起来使用，综合发挥更好的效果。

三是管理者使用技术方法的前提是管理者必须掌握一些技术。管理者知道技术的价值所在和局限所在，可以更有效地实施技术方法。

四是吸收其他人意见，并尽可能地让组织内外的技术专家参与进来，发挥他人的专长，以弥补自身某些方面的不足。

【案例分析】

福特汽车公司的人际关系与管理

美国著名的福特汽车公司新泽西的一家分工厂，过去曾因管理混乱而差点倒闭。后来总公司派去了一位很能干的人，在他到任后的第三天，就发现了问题的症结：偌大的厂房里，一道道流水线如同一道道屏障隔断了工人之间的直接交流；机器的轰鸣声，试车线上滚动轴发出的噪音更使人们关于工作的信息交流越发难以实现。

由于工厂濒临倒闭，过去的领导一个劲地紧盯生产任务，而将大家一同聚餐、厂外共同娱乐的时间压缩到了最低线。所有这些，使得员工们彼此谈心、交往的机会渐少，工厂的凄凉景象很快使他们工作的热情大减，人际关系的冷漠也使员工本来很坏的心情雪上加霜。组织内出现了混乱，人们口角不断，不必要的争议也开始增多，有的人还干脆破罐破摔，工厂的情势每况愈下，这才到总部去搬来救兵。

这位新任的管理者在敏锐地觉察到这一问题的根本之后，果断地决定以后员工的午餐费由厂里负担，希望所有的人都能留下来聚餐，共渡难关。在员工看来，工厂可能到了最后关头，需要大干一番了，所以心甘情愿地努力工作，其实这位经理的真实意图就在于给员工们一个互相沟通了解的机会，以建立信任空间，使组织的人际关系有所改观。

在每天中午大家就餐时，经理还亲自在食堂的一角架起了烤肉架，免费为每位员工烤肉。一番辛苦没有白费，在那段日子，员工们餐桌上谈论的话题都是有关组织未来的走向的问题，大家纷纷献计献策，并就工作中的问题主动拿出来讨论，寻求最佳的解决途径。

这位经理的决定是有相当风险的。他冒着成本增加的危险拯救了企业不良的人际关系，使所有的成员又都回到了一个和谐的氛围中去。尽管机器的噪音还是不止，但已经挡不住人们的工作热情了。两个月后，企业业绩回转，五个月后，企业奇迹般地开始赢利了。这个企业至今还保持着这一传统，中午的午餐大家欢聚一堂，由经理亲自派送烤肉。

资料来源：http://www.doc88.com/p-199579499896.html.

案例讨论题：

（1）前任失败，这位经理却成功的原因是什么？

（2）这位经理的管理方法对你有什么启示？

任务四　认知管理思想

【案例导入】

方太的儒家管理模式和全员股权激励

一、方太的儒家管理模式

儒家提倡五常——“仁、义、礼、智、信”。如果深入研究，就会发现“仁、义、礼、智、信”这五个字不仅是一套有关伦理道德的规范，而且还是一套管理理念。也就是说，这五个字可以转化为一套完整的管理模式。

“仁、义”是原则。“仁”是要替人着想，但是“为他人着想”要有一个度；而“义”强调的是合理合宜、公平公正，而不是大家都变成老好人。一群老好人不可能把企业办好，不可能把企业变成高效运营的组织。所以，有了“仁”再有了“义”，这种仁爱就是合理合宜、公平公正的。

“礼”是儒家的制度。我们不能简单地认为“礼”是指礼仪、礼貌，最早的《周礼》其实是周朝法律制度的汇编，“礼”的本质就是制度和法律。儒家思想中的“礼”要符合前面两个字“仁、义”的规定。在儒家思想指导下制定出来的制度一定是充满仁爱的，此外，儒家还要看这个制度是否符合“义”的原则，对于各个利益相关方都必须合理合宜、公平公正，这样的制度才是儒家的制度。

儒家思想使管理变得简单。过去十多年，方太的管理模式都是在学习西方，重视以严格的制度来抓管理。但是在吸收了儒家思想之后，方太的制度就进行了修订。可以说，以儒家思想为核心的传统文化教育使方太的管理变得简单了。如今，方太的管理者只负责管 60 分以下的事情，60 分以上的事情则通过企业文化和国学教育来影响和渗透。

二、实行“全员身股制”

最初方太管理层讨论在公司里推行股权激励方案时，很自然会想到骨干层持股。假如没有导入儒家思想，按照一般企业的做法，就是让“小众、骨干、高层”享有身股，这种激励方式也是全世界通行的做法。但是在管理中引入儒家思想以后，方太管理层开始问自己：这样做是否符合“仁、义”二字的要求，有没有为员工着想？既然大家都是方太大家庭的一员，为什么高层有，基层没有？难道基层员工没有付出吗？通过对“仁、义”二字的反复深入讨论，方太管理层最终决定全员持有身股，让大家都能分享到公司的增长成果。

资料来源：https://www.jobmd.cn/article/29754.htm.

案例分析题：

（1）方太公司为什么要实行全员股权激励呢？

（2）“儒家思想使管理变得简单”，为什么？

（2）结合案例，谈谈中国古代管理思想中蕴含的博大智慧。

一、中国传统管理思想

在中国古代，早就存在着一门关于管理的学问。贤者先贤群星闪烁，名著典籍浩如烟海，我们只能取其部分精华，以收一斑窥豹之效。

（一）天时、地利、人和

大到一个国家，小到一个企业、一个学校、一家医院，都希望并力争有一个良好的内部环境和外部环境，以利于该组织和发展。早在很多年前，人们就将组织的环境概括为“天时、地利、人和”。

《淮南子·主术训》中指出：“上因天时，下尽地财，中用人力。”即只有顺应时势，合理地开发和利用自然资源，恰当地使用人力，才能成就事业，巩固政权。

“天”和“地”反映了外部环境。《孙子兵法·地形篇》指出了“知天知地，胜乃无穷”，可见正确的判断外部环境之重要。“天”主要指时势、世势，即历史发展的趋势，顺其势则昌，逆其势则亡。所以，应“因时立政”（苏辙《乞裁损浮费札子》），“智者善谋，不如当时。”（《管子·霸言》）即领导者善于谋划，不如顺应时势，容易成功。

中国古代长期依赖农业生产，因此“地”的内容以土地为主。建立合理的土地制度成为经济繁荣的首要前提，《管子·乘马》中指出：“地者，政之本也，故地可以正政也。地不平均调和，则正不可正业。”管仲把土地制度提高到“政之本”的高度，只有良好的经济制度才能保证政治进入良性循环的轨道，这一论断至今仍闪耀着真理的光芒。

在“天时、地利、人和”三要素中，“人和”处在关键地位。自古认为：“天时”不如“地利”，“地利”不如“人和”。《论语·学而》中指出：“礼之用，和为贵。”《荀子·强国》中则指出了“爱民而安，好士而荣，两者无一焉而亡”，即它将“人和”划分为两个层次：一个是“爱民”，即爱你的下属；另一个是“好士”，即尊重人才、爱惜人才。

民本思想，是中国古代的重要管理理念，也是“人和”的理论基础。《贞观政要·行幸，魏征》中指出：“君，舟也；人，水也。水能载舟，亦能覆舟。”它准确而形象地说明了领导者与群众之间的关系。

“将相和”“君臣和”是在管理层面的“人和”。“君臣与和，天下事迎刃而解。”苏辙指出，领导层的良好合作与和谐，是解决天下事的重要环节。

（二）修身、齐家、治国

领导者的素质与组织的兴衰关系甚大，中国古代的先贤对此精神精辟的论述。《礼记·

大学》中指出了“物格而后知至，知至而后意诚，意诚而后心正，心正而后修身，身修而后齐家，家齐而后国治，国治而后天下平”，这就是理论著名的“修齐治平”。领导者只有具备了高度的道德素养和知识素养，才能够齐家、治国、平天下。《礼记·衰公问》中说：“政也，正也。君为正，则百姓从政矣。君之所为，百姓之所从也。”《论语·为政》中说：“为政以德，譬如北辰居其所，而众星拱之。”两者都是从领导者示范作用的角度论述其自身修养的重要性。

领导者自身修养从何做起呢？“治身莫先于公。”（苏轼《司马温公行状》）即应从家庭中尊老敬老做起，关心和爱护他人，养成利他和无私的品德。无论成就任何事业，领导者都应“居之以强力，发之以果敢，而成之以无私。”（宋·苏辙《新论中》）

领导者在自身修养中，如何战胜外界的诱惑，战胜自身的弱点，对其是一个严峻的考验。“君子谋道不谋富藉。”（柳宗元《吏商》）“道德当身，故不以物惑。”（《管子·戒》）说的就是安于清贫，战胜物质上的诱惑，是领导者应有的道德境界。

“俭节则昌，淫佚则亡。”（《墨子·辞过》）领导者应当以节俭为荣，以奢侈淫逸为耻。

“贪复喜利，则灭国杀身之本也。”（《韩非子·十过》）高度概括了沉重的历史教训。

“防意如防城，胜惑即胜敌。”洪仁玕在其名著《资治通鉴》中的这句名言，浸透了太平天国后期许多起义将士的鲜血，值得每个领导者自戒。

“欲胜人者必先自胜”（《吕氏春秋·季春纪·先己》）说的就是领导者必须先战胜自己的人性弱点，才能战胜来自外界的挑战。

“以铜为镜，可以正衣冠，以古为镜，可以知兴替；以人为镜，可以明得失。”（《贞观政要·任贤》）这句名言意指领导者要发现自身的不足，加强自身的素质修养。

（三）追究事理、先谋后事

决策是领导者的首要任务。如何确保决策正确，是管理学的重要课题。中国古代的先哲们，在这方面有许多精辟的见解。

“先谋后事者昌，先事后谋者亡。”（《意林》引《太公金鹰》）是说应谋划在先，行动在后，才能确保成功；反之则事必败。“不动声色，而措天下于泰山之安。”（欧阳修《相州尽锦堂记》）指的是高级领导者运筹帷幄而决胜于千里之外的大将风度。

“日之能独远，势高也；使日在井中，则不能独十步矣。”（《尸字卷上名堂》）讲的是领导者应高瞻远瞩，而不能鼠目寸光。

“为国有三计；有万事之计，有不终月之计。”（苏辙《孙览河北运副除右司郎官》）指出决策者应抓住主要矛盾，抓住关键，才能纲举目张，做出正确决策。

“不苟一时之誉，思为利益无穷。”欧阳修在《堰虹堤记》中的这句话，要求领导者不要只考虑一时的名声，而应考虑组织长期利益，造福于子孙万代。

“详其小，必废其大。”（苏辙《宇文融》）中指出，决策者若只专注于小事、细枝末节，必然在重大决策上产生失误。苏洵在《高祖》中盛赞“高祖之智，明于大而暗于小。”指的是汉高祖在大政方针上算度准确、精于战略决策的突出优点。

“工欲善其事，必先利其器。”（《论语·卫灵公》）讲的是决策者必须考虑决策实施的手段以及物质基础和政策制度等。

“它山之石，可以攻玉。”（《诗经·小雅·鹤鸣》）讲的是借鉴其他组织（国家、地区等）经验的重要性，那是正确决策赖以形成的外部因素。

“见兔而顾人，未为晚也，亡羊补牢，未为迟也。”（《战国策·楚策四》）讲的是决策者应注意搜集决策实施的反馈信息，及时纠正错误，采取补救措施，甚至重新进行决策。

（四）刚柔并济、德刑并用

如何进行管理？如何使下属跟从？如何规范下属的行为？如何维持良好的社会秩序？在这个根本的管理理念方面，我们的先辈留下了丰富的历史遗产。将其概括起来，叫作“恩重”“宽猛相济”“刚柔并济”“德刑并用”。

孔子把治国方法概括为“道之以德，齐之以礼，有耻且格。”（《论语·为政》）即用法教导人民，用制度、礼节约束人民的行为，则人民既有纪律，守秩序，又有道德，知荣辱。

《左转·昭公二十年》中记载着孔子的另一句名言：“宽以济猛，猛以济宽，政是以和”，就提倡将“宽”与“猛”两手互为补充，使“宽”“猛”有度，则政治和谐，管理有序。

苏轼在《张世矩再任镇戎君》一文指出：“威与信并行，德与法相济”，即主张领导行政权威与取信于民并行，将道德的教化功能与法律的规范功能相结合。

“能攻心，即反侧自消，自古之兵非好战；不审势，则言皆误，后人治蜀要三思。”（清人赵藩撰题）中，上联强调“攻心为上，不要盲目迷信强权利力”，下联则强调“审时度势”，不要造成宽严悖误的被动局面。刚与柔、宽与言、德与刑、硬与软，是对立统一的辩证关系，如何将两者结合好，关键看当时的内外环境，因此“度势”是管理的前提。领导者透过现象抓住本质，在纷繁复杂的矛盾中善于抓住主要矛盾，人清乘势而上，才能够宽严有度，刚柔相济，取得事半功倍的管理效果。

（五）义利两全，富民强国

中国古代的先贤们，虽然他们大多主张重“义”轻“利”，但也有相当一批思想家、政治家将“利”与“义”相互补充，认为两者同等重要，而这里的“利”主要是指利国利民，其理所当然是“义”的一部分。

苏洵在《利者义之私论》中主张“义利利义相为用”，这里的“义”不能脱离国家和人民，这里的“利”不能脱离“义”的轨道，应以富民强国为准则。

怎样富民利民呢？孔子主张：“敬事而信，节用而爱人使民一时。”（《论语》）即认真严肃管理政务，取信于民，节约开支，是真正的爱民；不误农时，发展生产，使人民致富。

《三国志·吴书·骆传统》中指出："财须民生，强赖民力，威恃民势，福由民殖，义以民行。"即财富是人民创造，国家的强大依赖人民的力量，国威靠的是人民的气势，福利乃由人民所树立，道德靠人民的实践而兴衰，"义"的实现靠人民的共同行动。这几句话概括了民富国强、义利两全的真谛。

义利两全怎样具体操作？苏轼主张"用于国有节，取于民有制。"(《叶嘉传》）即节约开支，减少百姓负担。王安石主张"因天下之力，以生天下之财；取天下之财，以供天下之费。"(《上皇帝万言书》）即开源节流，量入为出。民富国强靠的是人民，"失民而得财，明者不为。"(苏轼《上文侍中论榷盐书》）即有经济效益而失民心之事，民智的领导者断不可为。

具体而言，富民和富国的办法很多，没有必要过分拘泥于某种既定模式。正如著名的经济学家桑弘羊所说："治家非一室，富国非一道。"(《盐铁论》）即应该审时度势，制定正确的战略，实施正确的政策，探索和创造民富国强之路。

（六）知人善任，赏罚严明

"为政之要，惟在使人。"(《贞观政要·崇儒学》）唐太宗李世民的这句名言指出了人才对管理学的重要性。

何为人才？应以德才兼备为标准。"德不称其任，其祸必酷；能不称其位，其殃必大。"(王符《潜夫论·忠贵》）即德与才的关系是统帅与被统帅的关系。司马光指出："才者德之资也，德者才之帅也。""是故才德全尽谓之圣人；才德兼任谓之愚人；德胜才谓之君子；才胜德谓之小人。"(《资治通鉴》）由此可见，古代许多政治家主张亲君子，远小人。因为"自古以来，国之乱臣，家之败子，才有余而德不足，以至于颠倒者多矣"(《资治通鉴》)。

怎样识别人才？知人很难，因为人常有假象。正如诸葛亮所说："有温良而伪诈者，有外恭而内欺者，有外勇而内怯者。"(将苑·《知人性》）怎样去伪存真，正确识人呢？诸葛亮提出了"七观法"，即"一曰，问之以是非而观其志；二曰，穷之以辞而观其变；三曰，资之以计谋而观其识；四曰，告之以祸难而观其勇；五曰，醉之以酒观其性；六曰，临之以利而观其廉；七曰，期之以事而观其信。"(《将苑·知人性》）意指为了考察人的素质，可以人为地制造一些矛盾，在矛盾中考察他。唐太宗的谋臣魏征则指出了《六观法》，即"贵则观其所举，富则观其所养，居则观其所好，习则观其所言，穷则观其所不受，贱则观其所不为"。乃是从人们的地位、处境中观察他们的举止、言谈、兴趣、修养和追求，更容易反映其本质。这些方法，至今仍有借鉴价值。

知人之后如何用？一个正确的原则是"用其所长"。孔子说："无求备于一人。"(《论语》）汉朝东方朔有一名言"水至清则无鱼，人至察则无徒。"因此，用人最忌求全责备。

宋代政治家王安石指出："一人之身，才有长短，去其长则不问其短。""薄于责人，而非匿其过；不苟于论人，而非求其全。"(《委任》) 意指因材施教，用其所长。正如《荀子·君道篇所言》："论德而定次，量定而授官。皆使人载其事而各得其所宜，上贤使之为三公；次贤使之为诸侯；下贤使之为士大夫。"即坚持用人所长，则人人可用，各得其所，正所谓"大匠无弃才，寻尺各有施"(唐·韩愈《送张道士》)。

用人的另一个正确原则是"用人不疑"。宋代政治家欧阳修指出："任人之道，要在不疑。宁可艰于择人，不可轻任而不信。"(《论任人之体不可疑札子》) 意为宁可择人时多费一些精力，看准了再用，但不可轻易任用却不信任，不敢放手让其施展才干。《孙子兵法》中所指的"将能而君不御者胜"，就是讲用人不疑、充分授权才可制胜的道理。

考核是用人的一个重要环节，没有严格考核，就难分贤愚优劣，也无法施行正确赏识。《管子》中有一句名言——"成器不课不用，不试不藏"说的就是对于人才，不经过考核不加任用，不过试用，不作为人才储备。考核的办法是"听其言而观其行"(《论语》)，"循名实而定是非，参验而审言辞"(《韩非子》)。

用人时还要注意，不能考核后而无赏罚，降职乃至撤职是一种重要的惩罚办法，也是"官得其人""因才施用"的必然结果。因此，"凡人为贵，当使可贱"(《后汉书·马援传》)，即能上能下、能贵能贱。

用人的另一个重要环节是"如何激励下属"，其中的关键是奖励和惩罚的实施。古代众多思想家、政治家达成了共识——必须赏罚分明。韩非子主张："诚有功，则虽疏贱必赏；诚有过，虽近爱必诛。"(《韩非子》) 诸葛亮具体论证了这一原则，他说："赏罚之政，谓赏善罚罪也。赏以兴功，罚以禁奸。赏不可不平，罚不可不均。赏赐知其所施，则勇士知其所死；刑罚知其所加，则邪恶知其所畏。"(《便宜十六策·赏罚第十》) 唐太宗李世民用最精练的语言阐述了赏罚严明的原则，即"赏当其劳，无功者自退。罚当其罪，为恶者咸惧"(《贞观政要》)。

(七) 事在四方，要在中央

在组织理论方面，中国古代的政治家、思想家虽然没有形成系统、完整的理论，但也得到了许多精辟的结论。

"事在四方，要在中央。圣人执要，四方来效。"(《韩非子·扬权》) 韩非子这句话区分决策层与执行层两个组织层次：中央政府决策和地方政府执行。最高决策者十分关键——应该是"圣人"来进行决策，然后地方竞相效法、执行。

"威不两错，政不二门。"(《管子·明法》) 管仲这句话强调了统一指挥原则，不能政出二门，必须维护中央政府的权威。

要保证组织成员行为的高度统一，除了统一指挥之外，管理者还应建立和健全制度和法律。"理国守法，事须划一"李世民这句话强调借助"法"的统一达到"事"的划一，以便治理国的思想。这也包括明确划分上级与下级的权力和责任，各负其责，各司其职，亦即“为治体，上下不可相侵”（《三国演义》）第103回）。

为了保证组织的正常运作，管理者必须有明确的议事规则、良好的正式沟通，必须坚持“公事私议”（《礼记·曲礼下》）的原则。在议事过程中，管理者应该让部下畅所欲言，正所谓“开直言之路，以利国也”（《贞观政要》）。唐代名臣魏征说得好，“君之所以明者，兼听也；其所以暗者，偏言也”“君暗臣谀，危亡不远”（《贞观政要》）。作为组织的领导者，应善于听取不同意见，而绝不能偏听偏言，这是组织正常运作的重要条件。

（八）不谄不渎，上下同欲

任何一个组织，都是由人群所组成。建立什么样的人际关系，形成什么样的组织风气，是关系到组织生死存亡的重大问题。

《周易·系辞下》有一句名言——“君子上交不谄，下交不渎”，即对领导者不谄媚，对下级要尊重，不轻侮。《庄子·山木》中指出：“君子之交淡若水，小人之交甘若醴。”则反对搞酒肉朋友，搞钱权交易，使人际关系“淡若水”，摆脱物欲的纠缠，以利于形成清正廉洁的组织风气。欧阳修在《朋党论》中进一步分析了“君子与君子以同道为朋，小人与小人以同利为朋”，指出君子与小人的本质差别，在于前者交友的标准是“同道”，即有共同的主张、共同的理想和共同的追求，而后者仅为了共同的利益，即只求“同利”，缺乏团结一致的思想基础。因此，“君子周而不比，小人比而不周”（《论语·为政》），即君子合群而不勾结，小人勾结而不合群，总以小集团、小帮派的利益而破坏整个组织的团结。

为了提高组织的凝聚力，组织的领导者应该率先示范，即“同心而共济，始终如一”（欧阳修《朋党论》），“交不为利，仕不某禄”（嵇康《卜疑》）。其意是指不是为了谋取私利，而是为了达成组织的目的，诚心诚意地搞好团结。共同的工作中，人与人之间难免会出现矛盾和冲突，一个合格的领导者应该有忍让、顾大局，体现出宽宏博大的胸怀。正如《尚书·君陈》中所说，“必有忍，其乃有济；有容，德乃大”。

“两军相遇勇者胜”，士气对于组织的成败至关重要。正如《尉缭子·战威》中所说，“夫将之所以战胜者，民也。民之所以战者，气也。气实则斗，气夺则走”。士气该怎样鼓舞？又该怎样维持？一字而言——“义”也。“夫惟义可以怒士。士以义怒，可以百战”（苏洵《心术》）。组织的领导者应该引导部下认识到组织奋斗的崇高目标，组织为之奋斗的事业的伟大意义，激励部下“舍生取义”的奉献精神，成就伟大事业的使命感和责任感，使整个组织的成员团结，建立在“上下同欲”的价值观基础上。这样的组织，其凝聚力是持久的，其战斗力是坚强的。正如《孙子兵法·某政篇》所指的“上下同欲者，胜”。

二、西方传统管理思想及发展

人类的管理活动源远流长，自古有之。在漫长的历史发展过程中，世界各国都有着大量的令人称绝的管理实践，积累起了丰富的管理智慧和思想。但因受生产力发展水平的制约，早期的人们对于管理的认识相对零散，系统化的管理理论一直到 19 世纪末 20 世纪初才开始形成。相比较而言，管理学还是一门比较年轻的学科。过去近百年中，管理理论演变的历程如图 1-1 所示。

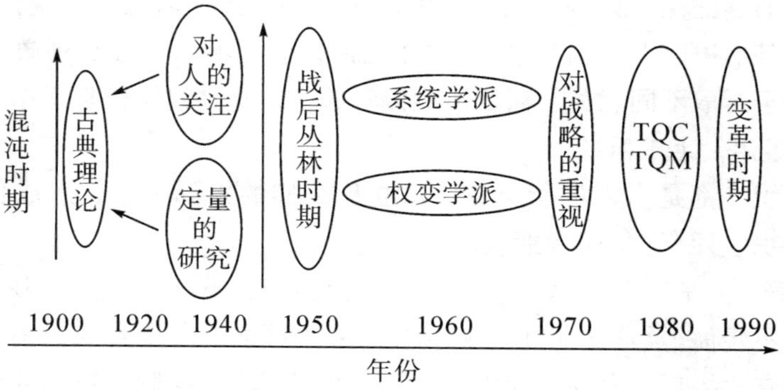

图 1-1 管理理论演变的历程

（一）古典管理理论

1. 泰勒及其科学管理理论

【学习案例】

联合邮包服务公司的科学管理

联合邮包服务公司（UPS）雇用了 15 万名员工，平均每天将 900 万个包裹发送到全球 180 多个国家。为了实现其宗旨——“在邮运业中办理最快捷的运送”，UPS 的管理当局系统地培训其员工，使他们以尽可能高的效率从事工作。让我们以送货司机的工作为例，介绍一下 UPS 的管理风格。

UPS 的工业工程师们对每一位司机的行驶路线进行了时间研究，并对每种送货、暂停和取货活动都设立了标准。这些工程师们记录了红灯、通行、按门铃、穿院子、上楼梯、中间休息喝咖啡的时间，甚至还包括上厕所的时间，将这些数据输入计算机中，从而给出每一个发动机在一天中的详细的工作时间标准。

为了完成每天取送 130 件包裹的目标，司机们必须严格遵循工程师设定的程序。当他们接近发送站时，他们松开安全带，按喇叭，关发动机，拉起紧急制动，把变速器推到 1 档上，为送货车完毕的启动离开做好准备，这一系列动作严丝合缝。然后，司机从驾驶室出溜到地面上，右臂夹着文件夹，左手拿着包裹，右手拿着车钥匙。他们看一眼包裹上的地址并将它记在脑子里，然后以每秒 3 英尺（1 英尺 =0.3 米，下同）的速度快步跑到顾客的门前，先敲一下门以免浪费时间找门铃。送完货后，他们在回到卡车上的路途中完成登录工作。

这种刻板的时间表是不是看起来有点烦琐？也许是，它真能带来高效率吗？毫无疑问！生产率专家公认，UPS 是世界上效率最高的公司之一。举例来说吧，联邦捷运公司平均每人每天不过取送 80 件包裹，而 UPS 却是 130 件。在提高效率方面的不懈努力，对 UPS 的净利润产生了积极的影响。虽然这是一家未上市的公司，但人们普遍认为它是一家获利丰厚的公司。

资料来源：http://www.doc88.com/p-47549550489.html.

案例讨论题：

1. 你如何认识 UPS 公司的工作程序？
2. 科学管理距今已百余年，你认为在今天的企业中仍然有效吗？
3. UPS 公司这种刻板的工作时间表为什么能带来效率呢？

弗雷德里克·温斯洛·泰勒出生于美国一个富裕的律师家庭，良好的家庭教育使他从小培养了追求真理、观察核对事实的强烈欲望和根除浪费与懒惰弊病的热忱，对处理任何事情都想探究一种最好的方法。18 岁时，弗雷德里克·温斯洛·泰勒以优异成绩考入哈佛大学，第二年因视力与健康原因而中止学业，到一家小机械厂当徒工。22 岁进入费城米德维尔钢铁公司做技工，后来被迅速提升为工长、总技师。28 岁时，他任钢铁公司总工程师。他对工人处境、劳动状况有着丰富的实践体验，并由此引发了他对通过提高工人的劳动效率来改变企业工作状况的思考。理解这种思考，就有必要了解他在米德韦尔和伯利恒钢铁公司亲眼看见的现象——仍处于较原始状态的企业管理水平，因为弗雷德里克·温斯洛·泰勒改进工厂中工作方式的决心正是由这种亲身感受所唤起的。弗雷德里克·温斯洛·泰勒的一系列实验就是从此开始的。1901 年以后，他用大部分时间从事写作、讲演，宣传他的一套管理理论。1911 年发表其代表著作《科学管理原理》。在这本书中，弗雷德里克·温斯洛·泰勒认为科学管理思想应遵循以下四条重大的管理原则：

第一，建立一种严格的科学管理办法。对一个人工作的各个组成部分总结出科学规律，以此来代替旧的、只凭经验的做法。

第二，科学地挑选、培训、教育和发展工作。为实现工作的标准化和差别计件工资制，必须科学挑选工人，保证他们具备与工作相应的体力和智力上的条件。然后，工人还必须接受系统培训并给予进一步发展的机会，使其能够胜任“最高级、最有兴趣和最有利可图的工作”，从而成为“第一流的工人”。

第三，诚恳地与工人合作以保证一切工作都按已发展起来的科学原则办事。

第四，工人与管理层之间在工作和责任的份额大致均等，管理层应把适合自己做的工作接收回来。

泰勒的科学管理理论的内容主要有以下几点：

（1）科学管理中的中心问题是提高劳动效率

弗雷德里克·温斯洛·泰勒认为，科学管理的根本就在于提高劳动生产效率，因为科学管理如同节省劳动的机器一样，其目的是提高每一单位劳动力的产量。他认为，企业提高劳动生产率的潜力非常大，在当时条件下，每个工人的能力在工作中只发挥1/3。弗雷德里克·温斯洛·泰勒在一项工人搬运生铁的实验中，使工人每天搬运铁的数量普遍从12.5吨提高到47.5吨，增加了3.8倍，工人工资由每天1.15美元增加到1.85美元。可是，当时无论是雇主还是工人，对于一个工人一天到底能干多少工作、该干多少工作都心中无数。

（2）为了提高劳动生产效率必须为工作挑选一流的工人

弗雷德里克·温斯洛·泰勒认为，所谓一流的工人包括两个方面：一是该工人的能力最适合他所从事的工作；二是该工人从内心愿意从事这项工作。因为每个人的天赋与才能不同，他们所适宜做的工作也各异，如身强力壮的人干体力活可能是一流的，心灵手巧的人干精细活可能是一流的。因此，要根据工人的不同能力和天赋把他们分配到相适应的工作岗位，使之成为一流的工人。对那些不适合从事工作的工人，应加以培训，使之适合工作需要，或把他们重新安排到其他适宜的工作岗位上去。培训工人并使其成为一流的，是领导的职责。

（3）为了提高劳动生产效率必须研究工时与标准化

弗雷德里克·温斯洛·泰勒在让施密特成为“高价工人”的同时，还通过改变不同的工作因素来观察哪些与施密特日工作量变化有关。例如，施密特在搬运生铁时有时会曲下膝盖，有时不曲下膝盖而是弯腰。弗雷德里克·温斯洛·泰勒测试了休息时间、行走速度、搬运位置及其他各种变量。在长时期对各种过程、技术、工具等的组合进行科学测试之后，弗雷德里克·温斯洛·泰勒成功地达到他的预期水平。通过挑选合适的工人，使用正确的工具设备，通过使工人确切地按规定方法劳动，通过采用高工资效率激励工人，弗雷德里克·温斯洛·泰勒就能达到他48吨日工作量的目标。

工时研究作为弗雷德里克·温斯洛·泰勒制的基础，并非简单地对一个工人完成一件规定任务做出时间上的统计，而是把一件工作分解为各种基础的组成部分，做出测试，然后根据其合理性重新进行安排，以确定最佳的工作方法。所以工时研究是用资料研究未来，而非研究过去，是用来分析问题，而非单纯地描述问题。此外，除了操作方法标准化，我们还应对工具、机械、原料和作业环境等进行改进，并使与任务有关的所有要素都最终实行标准化。工时研究与标准化为了解决如何更为合理地完成一件工作找到了一条较为科学的途径。

（4）在制定标准定额的基础上实行差别计件工资制

制定标准定额是整个弗雷德里克·温斯洛·泰勒制的基础。通过大量的工时与动作研究，他把每一项工作都分成尽可能多的简单的基本动作，把其中的无效动作去掉，并通过对熟练工人的操作过程的观察记录，寻找出每一个基本动作最好、最快的操作方法，这构成了他确定日工作定额的基础。当然，弗雷德里克·温斯洛·泰勒也考虑到工作过程中不可避免的时间浪费等。在标准定额的基础上，弗雷德里克·温斯洛·泰勒建议实行新的工资制度，即差别计件工资制。他认为，过去实行的计时工资制和利润分享制都不能从根本上解决问题。差别计件工资制是在“工资支付对象是工人而不是职位”的思想指导下，按照工人是否完成其定额而采取高低不同的工资率，即完成定额的，工资可按标准的125%计算，而完不成定额的，工资只按标准的80%计算，以鼓励工人尽最大努力去完成工作定额。

（5）设置计划层，实行职能工长制

弗雷德里克·温斯洛·泰勒认为，一位“全面”的工长应具备多种品质，如拥有专门的或技术性的知识，手脚灵活，有力气，机智老练，有干劲，刚毅不屈，忠诚老实，有超强的判断力，身体健康等。弗雷德里克·温斯洛·泰勒认为，要找到一个具备上述三种品质的人并不困难，找到一个具备上述五种或六种品质的人就比较困难了，而要找到一个能具备上述七八种品质的人，那几乎是不可能的。为解决这种矛盾，弗雷德里克·温斯洛·泰勒提出了分阶段的职能工长的主张，因为把工长的工作专业化后，对任职者的体力和脑力的要求也就相应地降低了。

弗雷德里克·温斯洛·泰勒把责任分为两大类：执行职责和计划职责。在执行部门可分解为：①工作分派负责人；②速度管理员；③检查员；④维修保养员。在计划部门又可分解为：①工作流程管理员；②指示卡片管理员；③工时成本管理员；④车间纪律管理员。这样，原旧式组织中一个工长的工作由八位职能工长分管，为此解决当时缺少综合管理人才的矛盾。弗雷德里克·温斯洛·泰勒认为，每一个工人在其工作中的任何一个具体方面只有一个职能工长领导，因此不会引起多头领导而使工人无所适从。而且，由于每个职能工长只需学会履行有限的职责，所以培训职能工长的工作将较为容易。

（6）对组织机构的管理控制实行例外原则

根据这项原则，经理收到的应是简洁明了、具有对比性的报告，其内容应包括在过去正常情况下未出现过的或非标准的各种例外情况，既有特别好的例外情况，也有特别坏的例外情况。这样，只需要几分钟的时间，经理就可以全面了解事态的发展过程与进退，使他能有时间去考试、制定更广泛的政策方针以及研究在他领导下的重要人员的特性和工作胜任问题。

在这里，弗雷德里克·温斯洛·泰勒强调了企业中经理人员的特殊作用，经理人员应避免管理中的细小问题，而应把这些日常例行事务留给专门人员去处理，本人只需关心“例外的问题”。这个“例外原理”能够检查究竟谁履行了他承担的责任以及谁没有做到这一点。

“例外原理”对于帮助经理人员摆脱日常具体事务，以集中精力对重大问题进行决策监督，是必要且有利的。执行这一原理不仅要授权给下级，而且应当使日常业务工作标准化、制度化，使下级人员有章可循。

（7）为实现科学管理应开展一场“心理革命”

弗雷德里克·温斯洛·泰勒认为，通过开展一场“心理革命”，变劳资对立为互相协作，共同为提高劳动生产率而努力，这才是科学管理理论的真谛。他强调，必须使工人认识到，科学管理对他们有好处，只有在改善操作方法的条件下，才能不增加体力消耗而实现提高劳动生产率，从而使工人工资得以提高；也只有实现科学管理，才能够降低成本，满足雇主的利润要求。

可见，弗雷德里克·温斯洛·泰勒的管理理论倡导在管理中运用科学的方法和科学的实践精神，从而用调查研究和科学知识代替管理者个人的主观判断与经验。正是弗雷德里克·温斯洛·泰勒理论的出现，才使人类的管理由经验走向科学。正是在弗雷德里克·温斯洛·泰勒管理理论的基础上，创造和发展出了一系列有助于提高劳动生产率的技术和方法，而这些技术和方法又反过来成为近代以来管理系统合理组织生产的基础。当然，泰勒的科学管理理论也存在着许多不足之处，除了受其所代表的资产阶级的阶级局限性之外，还表现在：①对工人的看法是错误的。他认为工人的主要动机是经济利润，工人最关心的是增加自己的金钱收入。他认为工人是笨拙的，对作业的科学化完全是无知的。②仅重视技术因素，而忽视了社会、群体因素对管理的影响。③注重基层管理或车间管理，忽视了企业作为一个整体如何经营与管理的问题。

2. 法约尔及其一般管理理论

亨利·法约尔（Henri Fayol）是古典管理理论的主要代表人物之一，亦为管理过程学派的创始人。法约尔出身于法国一个中产阶级家庭，1860 年毕业于圣艾蒂安国立矿业学院，进入法国一家矿业公司任职，1888 年任该公司总经理，直到 1918 年退休。30 年的总经理生涯，使他得以从最高层来探讨组织的管理问题。法约尔是古典管理理论在法国的杰出代表，他提出的一般管理理论对西方管理理论的发展具有重大影响，成为所谓管理过程学派的理论基础，也是以后各种管理理论和管理实践的重要依据之一。法约尔的代表著作是 1916 年发表的《工业管理与一般管理》。

法约尔的一般管理理论的主要内容如下：

（1）区分了“经营”与“管理”的概念，并论述了人员能力的相对重要性

法约尔认为，“经营”和“管理”是两个不同的概念。经营是指导或引导一个组织趋向某一既定目标，它由 6 项活动组成，即①技术活动，指生产、制造、加工等；②商业活动，指购买、销售、交换等；③财务活动，指资金的筹措及运用；④安全活动，指设备和人员保护；⑤会计活动，指存货盘点、成本核算、统计等；⑥管理活动，指组织内行政人员所从事的计划、组织、指挥、协调和控制活动。法约尔还认为，所有的组织成员都应具备上述 6 项活动能力，但对不同层次和不同组织的人员来说，这些能力的相对重要性不同。这主要表现在，居于不同层次的人员，其各种能力有不同的重要性。愈往高层，管理能力的重要性增加，技术能力的重要性及准确性减弱；愈往低层，管理能力的重要性减

弱，技术能力的重要性增强。此外，还表现在不同规模组织的领导人员其各种能力的相对重要性不同。组织的规模越大，领导人员的管理能力的重要性增加，技术能力的重要性减弱；而组织的规模越小，领导人员的技术能力的重要性增加，管理能力的重要性减弱。

（2）概括并详细地分析了管理的 5 项职能，即计划、组织、指挥、协调和控制

法约尔认为，计划是最重要的管理职能，计划不同常常是企业衰败的起因。管理为了预见未来，就需要良好的计划。为此，他拟出了计划的依据，指出了良好的计划应具备的特征，提出了为制订良好计划，领导人员需要具备的条件和能力。法约尔认为，企业中的组织包括人力和物力的组织，只有两者结合，才能够完成他们所承担的任务。为此，他详尽地论述了人员在企业中应完成的任务以及为更好地完成任务而必备的素质。法约尔还认为，组织作用的发挥离不开指挥，即把任务分配给各级各类领导人员，使他们都承担相应的职责。他还对负责指挥的人员提出了相应的要求，其中就包括“协调”与“控制”，就是指要统一、调节、规范所有的活动，核实工作进展是否与既定的计划和原则相一致，从而防止和纠正工作中可能出现或已经出现的偏差。

法约尔指出，管理是一种普遍存在于各种组织的活动，这种活动对应着计划、组织、指挥、协调和控制 5 种职能。

①计划就是对有关事件的预测，并且以预测的结果为根据，拟定出一项工作方案。

②组织就是为组织中各项劳动、材料、人员等资源提供一种结构。

③指挥就是促使组织为达成目标而行动的领导艺术。

④协调就是为达成组织目标而进行的维持必要的统一的工作。

⑤控制就是保证各项工作按既定计划进行。

（3）提出了管理中具有普遍意义的 14 项原则

①劳动分工。他认为分工不仅限于技术工作，还适于管理工作，但专业分工要适度。

②权力与责任。他认为责任是权力的孪生物，是权力的当然结果和必要补充，凡有权力行使的地方，就是责任。

③纪律。他认为纪律对于企业取得成功是绝对必要的，同时还认为纪律是领导人创造的，组织的纪律状况取决于领导者的道德状况。

④统一指挥。他认为，无论什么时候，一个下属都应接受而且只应接受一个上级的命令。这是一条普遍的、永久必要的原则。

⑤统一领导。他认为，凡是具有同一目标的全部活动，仅应有一个领导人和一套计划。

⑥个人利益服从集体利益。他认为，要实现这一原则，领导者必须以身作则并经常监督，尽可能地签订公平的协议。

⑦合理的报酬。他认为人员的报酬是其服务的价格，应保证合理，尽可能地使雇主和雇员都满意，但他并没有提出一个明确的标准。

⑧适当的集权和分权。他认为，“集中”作为一项管理制度，本身无所谓好或坏，领导者应根据实际情况的不同来把握集中的程度。

⑨秩序。他认为一切要素应各有其位，特别强调按照事物的内在联系事先选择好要素的恰当位置，如设备、工具以及人员等。

⑩公平。他认为，公平是由善意和公道产生的，公道是指实现已订立的协定，但这些协定要经常加以阐明和补充。领导者应该常发挥自己最大的能力使公平感深入人心。

⑪保持人员稳定。他认为，人们熟悉自己的工作需要时间，这就要根据实际情况，有秩序地安排人员并补充人力资源。

⑫首创精神。他认为，全体人员的首创精神对企业来说是一种巨大的力量，尤其是在困难时刻。

⑬人员的团结。他认为，团结就是力量，领导者要努力在企业内部建立起和谐与团结的气氛。

⑭跳板原则。企业管理中的等级制度显示命令统一是必要的，但这会产生信息延误的现象。为解决这个问题，法约尔提出跳板原则，以便横跨权力执行的路线而直接联系。但只有在有关各方都同意且上级知情的情况下才能这样做。

（4）阐述了管理教育和建立管理理论的必要性

针对当时法国的实际情况，即不少企业领导者都认为，只有实践和经验才是走上管理职位的唯一途径，学校也不讲授管理方面的课程。法约尔认为，人的管理能力可以通过教育来获得，管理能力像其他技术能力一样，首先在学校里得到，其次才是在车间里得到。法约尔十分强调管理教育的必要性和可能性，认为当时缺少管理教育的原因，是因为缺少管理理论，每一个管理者都按自己的方法、原则、判断行事，没有人把可以为大家共同接受的经验教训总结概括为管理理论。法约尔强调了建立管理理论的必要性，并担起了这一重任。

作为古典管理理论的一个重要组成部分，法约尔的一般管理理论具有更强的理论性和系统性，他对管理职能的概括和分析为管理学提供了一套科学的理论框架和内容，对现代管理科学仍具有直接的重大影响。他从企业最高管理者的角度概括总结的管理理论具有普遍意义，也适用于其他管理领域，故称“一般管理理论”。不过，由于他过于追求管理理论的一般性，因而对具体的管理过程重视不够，这是有待于后人补充的。

3. 韦伯及其管理组织理论

管理组织理论的代表人物是马克斯·韦伯。他出生于德国一个有着广泛政治和社会联系的富裕家庭，是一个对社会学、宗教、经济学和政治学都怀有极大兴趣的学者。他是与泰勒和法约尔同时代的又一位古典管理理论的代表人物，他先后写了《新教徒伦理》《经济史》《社会组织与经济组织理论》等书，后者反映出他对组织理论的重大贡献。韦伯在管理思想史上被誉为“组织理论之父”，他的管理组织理论的基本内容如下：

（1）揭示了组织与权威的关系并划分了权威的类型

韦伯认为，任何组织都必须以某种权威为基础，才能实现目标；只有权威才能变混乱为秩序，但不同组织赖以建立的权威不同。他认为，古往今来，组织赖以建立的权威有三个，即①传统的权威，它以对社会习惯、社会传统的尊崇为基础；②超凡的权威，它以对领袖人物的品格、信仰或超人智慧的崇拜为基础；③合理合法的权威，它以对法律确立的职位权力的服从为基础。韦伯认为，以传统权威或超凡权威为基础建立的组织不是科学的、理想的组织，只有建立在合理合法的权威基础上的组织，才能更好地开展活动，是理想的组织。这种组织在精确性、稳定性、纪律性和有效性等方面，比其他组织都优越。韦伯称这种组织为“官僚制组织”。

（2）归纳了官僚制组织的基本特征

韦伯认为，官僚制组织的基本特征有六个，即①实现劳动分工，明确规定每一位成员的权力与责任，并作为正式职责使之合法化；②各种公职或职位按权力等级严密组织起来，形成指挥体系；③通过正式考试的成绩或在培训中取得的技术资格来挑选组织的所有成员；④实行任命制，只有个别职位才实行选举制；⑤公职人员都必须是专职的，并有固定薪金保证；⑥职务活动被认为是私人事务以外的事情，受规则和制度制约，而且是毫无例外地适于各种情况。

（3）概括了官僚制组织的结构

韦伯认为，官僚制组织体系的结构可分为三个层次，即最高领导层、行政官员层和一般工作人员层。在官僚制组织下，最高领导层相当于目前许多组织的高级管理层，其主要职能是决策；行政官员层相当于中间管理层，其主要职能是贯彻最高领导层的决策；一般工作人员层相当于直接操作层，其主要职能是从事各项具体的实际工作。

（二）人际关系学说与行为科学理论

1. 梅奥与霍桑试验

20 世纪 20 年代，资本主义国家中许多企业尽管采取了泰勒的科学管理，但劳资纠纷和罢工还是此起彼伏。此种情况促使资产阶级的管理学者们深入研究决定工人劳动效率的原因，于是有了在美国国家科学委员会的赞助下开展著名的霍桑实验。

霍桑实验是在芝加哥城郊外的西方电器公司的霍桑工厂中进行的。霍桑工厂是一家制造电话机的专用工厂，它设备完善，福利优越，具有齐备的娱乐设施、医疗制度和养老金制度。但是工人仍然愤愤不平，生产效率也很不理想。到底是什么原因阻碍了生产效率的提高呢？有人认为，是照明问题。为此，1924 年美国科学院组织了一个包括各方面专家在内的研究小组，对该厂的工作条件和生产效率的关系进行了全面的考察和多种试验，其中一个主要的实验就是照明实验，前后花了两年多的时间，从此拉开了著名的霍桑实验的序幕。

霍桑实验是一项以科学管理的逻辑为基础的实验。从 1924 年开始到 1932 年结束，在近八年的时间里，前后共进行过两个回合：第一个回合是从 1924 年 11 月至 1927 年 5 月，在美国国家科学委员会赞助下进行的。第二个回合是1927—1932年，是在美国哈佛大学教授乔治·埃尔顿·梅奥的主持下进行的，整个实验前后共分为四个阶段。

（1）车间照明实验——“照明实验”

实验的目的是弄清照明强度对生产效率所产生的影响。这项实验前后共进行了两年半的时间，实验是在被挑选的两组绕线工人中间进行的：一组是实验组，一组是参照组。在实验过程中，实验组不断增加照明强度，而参照组的照明度始终保持不变。

研究者企图通过这一实验来发现照明的变化对生产效率的影响，但是实验结果显示，两组都在不断地提高产量。后来他们又采取了相反的措施，逐渐降低“实验组”的照明强度，合理地把两名实验组的女工安排在单独的房间里劳动，使照明一再降低，从10烛光、3烛光一直降到0.06烛光，几乎和月光亮度差不多，直到这个时候产量才开始下降。

据研究人员在这次实验结果的报告中说，这次实验的结果是两组的产量均大大增加了，而且增加量几乎都相等，两组的效率也几乎没有多大差异，纵然有一些微小的差异也是在许可的误差之内。因此，我们无法确定改善照明对于工作的效率有什么积极的影响。

对这次实验结果的分析是：

① 工作场所的灯光照明只是影响生产的一种因素，而且是一种不太重要的因素。

② 由于涉及的因素太多，一时难以控制，而且其中任何一种因素的变化都可以影响实验的结果，所以照明对产量的影响是无法测定出来的。

通过上面的分析可以发现，这项实验的结果是找不到原因的，而且其结果使人感到有些迷惑不解，因此有许多人都退出了实验。

（2）继电器装配实验——“福利实验”

为了能够找到更有效的控制影响员工积极性的因素，梅奥选出了6名女工，在单独的房间中从事装配继电器的工作。在实验过程中，不断地增加福利措施，如缩短工作日、延长休息时间、免费供应茶点等。研究者原来设想这些福利的措施能刺激工人生产的积极性，结果却并非如此。后来他们撤销了这些措施，按预想生产应该是下降的，但实际情况表明，生产不仅没有下降反而上升了。经过深入了解发现，产量上升源于员工积极性的提高，这仍然是由于员工与研究者之间有一种融洽的人际关系所致。这说明，调动员工的积极性，人际关系比福利措施更为重要。

他们对于以上实验进行归纳，提出一些假设作为分析的起点：①在实验中改进物质条件和工作方法，可导致产量增加；②安排工间休息和缩短工作日，可以解除或减轻疲劳；③工间休息可减少工作的单调性；④个人计件工资能促进产量的增加；⑤改变监督与控制的方法能改善人际关系，从而能改进工人的工作态度，促进产量的提高。

在这5个假设的前提下，研究人员开始对以上假设的真实性进行逐个分析。结果是：

① 第一阶段的照明实验就否定了第一个假设。因为曾经有意识地使生产场所的物质条件恶化，而产量仍然是在增加的。

② 第二个假设也是不成立的。因为虽然增加了休息时间以及缩短了工作日而使产量增加，但取消这些优惠未见产量下降。

③ 第三种假设更加缺乏说服力。因为单调性是一种心理感受，不能只根据产量的变化来加以估计。在增加休息的实验中，工人的态度确实改变了，但这可能是因为被挑选参加实验，他们感觉到自己受到了重视和关注。即便如此，也不能因之而得出结论，说它是使产量增加的唯一原因。

④ 第四种假设是要认真对待的，为此他们选择了继电器和云母片剥离两个小组进行实验。继电器小组是由 5 个有经验的女工组成，实验以前实行集体计件工资制，实验时改为个人计件工资制，工人产量连续上升，最后稳定在原来产量的 112.6%的水平上。9 个月以后，又恢复到先前的集体工资制的水平上。实验进行到第七个星期，小组的产量下降到实验前的 96.2%。而云母片剥离小组的工资制度没有改变，唯一有变化的是工作场所被安排在一间特别的观察室中。在实验期间，小组产量比实验前平均提高了 15%。

哈佛研究小组由此得出结论，工资制度的变化与产量的提高并无直接的关系。究竟是什么原因导致了产量的增加呢？研究人员认为，是因为管理方式的改变使士气提高以及人际关系的改善。

（3）大规模的访问交谈——“访谈实验”

既然实验表明管理方式与员工的士气和劳动生产率有密切的关系，那么就应该了解员工对现有的管理方式有什么意见，为改进管理方式提供依据。于是梅奥等人制订了一个征询员工意见的访谈计划，在 1928 年 9 月至 1930 年 5 月不到两年的时间内，研究人员对工厂中的两万名左右的员工进行了访谈。在访谈前，他们选择了一些规定的问题，主要是希望员工对管理当局的一些规划、管理的政策和工作的条件发表出自己的意见。然而在执行计划的过程中，员工对这些问题根本不感兴趣，而对这些提纲以外的问题倒是大发意见。显然，工人认为重要的事与企业或研究人员不一致。

于是研究小组对访谈计划做了调整，每次访谈前，谈话的内容和方式不做任何规定。访谈者的任务就是让工人多讲话，即工人可以就任何一个问题自由地发表一番言论。虽然工作条件或劳动报酬实际上并没有改变，但是工人普遍认为自己的处境比以前好了。

在访谈计划的执行过程中，研究人员认识到，工人会因为个人问题而影响到工作的效率。鉴于此，管理人员应该了解工人的这些问题。进而，企业应对基层的管理人员进行训练，使他们成为能够倾听并理解工人的访谈者，能够重视人的因素，这样就能够促进人际关系的改善和员工士气的提高。

（4）继电器绕线组的工作室实验——“群体实验”

这是一项关于工人群体的实验，其目的是要证实在以上的实验中研究人员似乎感觉到在工人当中存在着一种非正式的组织，而且这种非正式的组织对工人的态度有着极其重要的影响。

实验者为了系统地观察在群体中的工人之间的相互影响，在车间中挑选了 14 名男员工，其中有 9 名是绕线工，3 名是焊接工，2 名是检验工，他们在一个单独的房间内工作。

实验开始时，研究人员向工人说明，他们可以尽力地工作，因为在这里实行的是计件工资制。

研究人员原以为，实行了这一套办法会使得员工更为努力地工作，然而结果是出乎意料的。事实上，工人实际完成的产量只是保持在中等水平上的，而且每个工人的日产量都是差不多的。

这是什么原因呢？

研究者通过观察，了解到工人们自动限制产量的理由是：如果他们过分的努力工作，就可能造成其他同伴的失业，或者公司会制定更高的生产定额来。

研究者为了了解他们之间能力的差别，还对实验组的每个人进行了灵敏度和智力测验，发现 3 名生产最慢的绕线工在灵敏度的测验中得分最高，其中 1 名最慢的工人在智力测验上排行第一，灵敏度测验的排行第三。

测验的结果和实际产量之间的这种关系使研究者联想到，群体对这些工人的重要性。一名工人可以因为提高他的产量而得到小组工资总额中的较大份额，而且减少失业的可能性，然而这些物质上的报酬却会带来群体诘难的惩罚，因此每天只要完成群体认可的工作量就可以相安无事了。

即使在一些小的事情上也能发现工人之间有着不同的派别。研究人员认为，这种自然形成的非正式组织（群体）职能在于：对内控制其成员的行为，对外保护其成员，使之不受来自管理阶层的干预。这种非正式的组织一般都存在着自然形成的领袖人物。至于它形成的原因，并不完全取决于经济的发展，主要是与更大的社会组织相联系。

以上是霍桑实验的主要经过。该项实验的结果由梅奥于 1933 年将它正式发表。

2. 梅奥与人际关系理论

乔治·埃尔顿·梅奥是对中期管理思想发展做出重大贡献的人物之一。他是澳大利亚人，后移居美国。从 1926 年起，他应聘于哈佛大学，任工业研究副教授。梅奥曾经学过逻辑学、哲学和医学 3 个专业，这些背景大大有利于他后来的研究工作。梅奥的代表作为《工业文明的人类问题》，在这本书中，他总结了亲身参与并指导的霍桑试验及其他几个实验的初步成果，并阐述了他的人际关系理论的主要思想，从而为提高生产效率开辟了新途径。为此，他的名字同他的著作一起载入管理发展史册。

梅奥的人际关系理论的内容主要有以下几点：

（1）工人是“社会人”而不是“经济人”

科学管理把人当作经济人来看待，认为金钱是刺激人的积极性的唯一动力，霍桑实验则证明了工人是“社会人”。也就是说，影响工人劳动积极性的因素，除了物质利益之外，还有社会的、心理的因素，如他们追求人与人之间的友情、安全感、归属感以及受人尊敬等。

（2）企业中存在非正式组织

“非正式组织”和“正式组织”是相对应的概念。正式组织是为了实现企业目标所规定的企业成员之间职责范围的一种结构。古典管理理论仅注意正式组织的问题，如组织结构、职权划分、规章制度等。梅奥认为，人是社会动物，在企业的共同工作中，人们必然相互发生关系，由此形成一种非正式团体，在该团体中，人们形成共同的感情，进而构成一个体系，这就是非正式组织。非正式组织形成的原因很多，有地理位置关系、兴趣爱好关系、朋友关系和工作关系等。总之，这种非正式组织确实存在，它在某种程度上左右着其成员的行为。

梅奥认为，在非正式组织中，以效率逻辑为其行动标准，为提高效率，企业各成员之间保持着形式上的协作。非正式组织中，以感情逻辑为其行动标准，这是出于某种感情而采取行动的一种逻辑。一般来说，管理人员的逻辑多为效率逻辑，而感情逻辑可以认为是工人的逻辑。

梅奥还认为，非正式组织对企业来说，有利也有弊。它的缺点是可能集体抵制上级的政策或目标，强迫组织内部的一致性，从而限制了部分人的自由和限制产量等。它的优点是，使个人有表达思想的机会，能提高士气，可以促进人员的稳定，有利于沟通，有利于提高人们的自信心，能减少紧张的感觉，在工作中能够使人感到温暖，提高协作程度，减少厌烦感等。

梅奥指出，作为管理者的一方，要充分认识到非正式组织的作用，注意在正式组织的效率逻辑和非正式组织的感情逻辑之间搞好平衡，以便使管理人员之间、工人与工人之间、管理人员与工人之间搞好协作，充分发挥每个人的作用，提高生产效率。

（3）生产效率主要取决于员工的工作态度以及他和周围人的关系

梅奥认为，提高生产效率的主要途径是提高工人的满足度，即要力争使员工在安全方面、归属感方面、友谊方面的需求得到满足，而对此的需求是因人而异的，这主要取决于两方面因素：

第一，员工个人情况，包括由于不同的经历、不同的家庭生活和不同的社会生活所形成的不同的态度。

第二，工作场所情况，包括员工相互之间、员工与领导者之间的人群关系好坏。

梅奥还认为，员工的满足度越高，其士气就越高，从而生产效率也就越高。作为管理人员，应该深刻认识到这一点，不但要考虑员工的物质需求，还应该考虑员工的精神需求。

3. 行为科学理论在管理学中的应用和发展

行为科学理论应用于管理学，主要是对人在生产中的行为以及这些行为产生的原因进行分析研究。研究的内容包括：人的本性和需要，行为的动机，特别是生产中的人际关系（包括领导者同员工之间的关系）。行为科学理论在第二次世界大战结束以后的发展主要集中在以下四个方面：

一是关于人的需要和动机的理论。

二是关于管理中的人性的理论。

三是关于领导方式的理论。

四是关于企业中非正式组织以及人与人的关系的理论。

行为科学方面的理论研究扩展了管理作为一门科学的广阔的领域，为管理理论的发展做出了有益的贡献，在组织的管理实践中也产生了深刻的影响。

【案例分析】

自我改善的柔性管理

大连三洋制冷有限公司（简称“大连三洋”）成立于1992年9月，于1993年正式投产，现有员工400余人，是由日本三洋电机株式会社、中国大连冷冻机股份有限公司和日本日商岩井株式会社合资兴办的企业。

大连三洋是在激烈的市场竞争中成立的。对外，它要面对来自国内外同行业企业形成的市场压力；对内，则面临着如何把引进的高新技术转化成高质量的产品，如何使来自各方面有着文化程度、价值观念、思维方式、行为方式巨大差异的员工，形成统一的经营理念和行为准则，适应公司发展的需要的问题。因此，大连三洋成立伊始，就把严格管理作为企业管理的主导思想，强化遵纪守规意识。

可是，随着公司的发展和员工素质的不断提高，原有的制度、管理思想和方法，有的已不能适应企业的管理需求，有的则满足不了员工实现其精神价值的需要。更为重要的是，随着国内外市场激烈的竞争，大连三洋如何增强自身的应变能力，为用户提供不同需求的制冷机产品，就成为公司发展过程中必须要解决的问题。因此，公司针对逐渐培养起来的员工自我管理的意识，使其逐步升华成为立足岗位的自我改善行为，即自我改善的柔性管理，从而增强了公司在激烈市场竞争中的应变能力。

大连三洋的经营领导者在实践柔性管理中深深地领悟到，公司不能把员工当成“经济人”，他们是“社会人”和“自我实现的人”。基于此，大连三洋形成了自己特有的经营理念和企业价值观，并逐步形成了员工自我改善的柔性管理。

通过这种管理方式和其他改革办法，大连三洋不但当年投产当年盈利，而且5年利税超亿元，合资各方连续3年分红，很快已收回投资，并净赚了两个大连三洋。以下是大连三洋自我改善的柔性管理运作的部分内容：

员工是改善活动的主体，公司从员工入厂开始，即坚持进行以“爱我公司”为核心的教育，以“创造无止境改善”为基础的自我完善教育，以“现场就是市场”为意识的危

机教育。他们在吸纳和研究员工危机意识与改善欲求的基础上，总结出了自我改善的 10 条观念，即

①抛弃僵化固定的观念；

②过多地强调理由，是不求进取的表现；

③立即改正错误，是提高自身素质的必由之路；

④真正的原因，在“为什么”的反复追问中产生；

⑤从不可能中寻找解决问题的方法；

⑥只要你开动脑筋，就能打开创意的大门；

⑦改善的成功，来源于集体的智慧和努力；

⑧更要重视不花大钱的改善；

⑨完美的追求，从点的改善开始；

⑩改善是无止境的。

这 10 条基本观念，如今在大连三洋已成为员工立足岗位、自我改善的指导思想和自觉行为。

大连三洋的员工自我改善是在严格管理的基础上日渐形成的。从公司创建起，他们就制定了严格规范的管理制度，要求员工要适应制度，遵守制度。而当员工把严格遵守制度当成他们自我安全和成长需要的自觉行动时，就进一步使制度可以有利于发挥员工的潜能，使制度能促进员工的发展具有相对的灵活性。

例如，他们现在的“员工五准则”中第一条“严守时间”规定的后面附有这样的解释，“当您由于身体不适、交通堵塞、家庭有困难，不能按时到公司时，请拨打 7317375 通知公司。”在这里没有单纯的“不准迟到”“不准早退”等硬性规定，充分体现了公司规章制度“人性化”的一面。公司创立日举行社庆，公司将所有员工的家属都请来予以慰问。逢年过节，公司常驻外地的营销人员总会收到总经理亲自执笔的慰问信。在他们那里，“努力工作型”的员工受到尊重。员工合理化提案被采纳的有奖，未被采纳的也会受到鼓励。企业与员工共存，为员工提供舒适的工作环境，不断提升员工的生活质量，员工以极大的热情关心公司的发展，通过立足岗位的自我改善成了公司发展的强大动力。

资料来源：周三多和陈传明编著的《管理学——原理与方法》第四版。

案例讨论题：

（1）试分析三洋柔性管理模式的内涵。

（2）在三洋柔性管理中体现了怎样的管理思想转变？

任务五　认知管理学

一、管理学的特性

管理学作为一门学科，与其他学科不同，它具有许多特点，如管理学是一门综合性学科，管理学既是科学又是艺术，管理学是一门不精确的学科。我们用系统的观点来学习管理，了解管理学的这些特点，将有助于学习本部分的内容。

（一）管理学是一门综合性学科

管理学的主要目的是指导管理实践活动。而当代的管理活动异常复杂，作为管理者仅掌握一方面的知识是远远不够的。只有具备广博的知识，才能对各种管理问题应付自如。以企业为例，厂长要处理有关生产、销售、计划和组织等问题，他就要熟悉工艺、预测方法、计划方法和授权的影响因素等。这里包括了工艺学、统计学、数学、政治学、经济学等内容。而最主要的是，厂长要处理企业中与人有关的各种问题，像劳动力的配置、工资、奖励、调动人的积极性和协调各部门人员间的关系。这些问题的解决又有赖于心理学、人类学、社会学、生理学、伦理学等学科的一些知识和方法。机关、医院、学校的管理活动也有类似的情况。管理活动的复杂性、多样性决定了管理学内容的综合性。管理学就是这样一门综合性学科，它不分门类，针对管理实践中所存在的各种活动，在人类已有的知识宝库中广泛收集对自己有用的东西，并加以拓展，以便更好地指导人们的管理实践，这是管理学的一大特点。

（二）管理学既是科学，又是艺术

管理学是一门科学，这是因为它确实具有科学的特点。

（1）客观性。管理学的研究对象是人类社会中各种组织的管理活动，它从客观实际出发，揭示管理活动的各种规律。这些规律是客观存在的，谁违反这些规律就必然遭到惩罚。

（2）实践性。管理学是从实践中产生并发展起来的一门学科，它所包含的知识都是人们多年来实践经验的总结，它的直接目的就是有效地去指导实践。

（3）理论系统性。现在的管理学已经形成一整套理论，这是通过对大量的实践经验进行概论和总结而完成的。管理学的各个章节所包括的内容相互间有着紧密的联系，从而形成了一个合乎逻辑的系统。

（4）真理性。管理学的真理性是不言而喻的，它的许多原则都是经过了实践反复的检验才抽象出来的。因此，它是一种科学知识，是对客观事物及其规律的真实反映。

（5）发展性。管理学处于不断发展、完善的过程当中，因为受到各方面条件的限制，其不可能达到尽善尽美的程度。管理学只有在发展中不断充实、完善，有些内容还要进行修正，使组织内的各要素相互联系、相互作用、相互影响，才能够更有效地去指导实践。

总之，管理学完全具备科学的特点，确实是一种反映了客观规律的综合的知识体系。此外，管理学也要利用严格的方法来收集数据，并对数据进行分类和测量，建立一些假设，然后验证这些假设，以探索未知的东西。因此，我们说管理学是一门科学。

那么，为什么说管理学是一种艺术呢？这是因为艺术能够熟练地运用知识，并且通过巧妙的技能来达到某种效果。而有效的管理活动正需要如此。真正掌握了管理学知识的人，应该能够熟练地、灵活地把这些知识应用于实践，并能根据自己的体会不断地创新。这一点同其他学科不同，学会了数学分析，就能求解微分方程；背熟了制图的所有规则，就能画出机器的图纸；管理学则不然，背会了所有管理原则，不一定能够有效地进行管理。重要的是，培养灵活运用管理知识的技能，这种技能在课堂上是很难培养的，需要在实际管理工作中才能掌握。

（三）管理学是一门不精确的学科

在给定条件下能够得到确定结果的学科称为“精确的学科”。数学就是一门精确的学科，只要给出足够的条件或函数关系，按一定的法则进行演算，就能得到确定的结果。管理学则不同，在已知的条件完全一致的情况下，有可能产生截然相反的结果。用管理学术语来解释这种现象，就是在投入的资源完全相同的情况下，其产出却可能不同。如两个企业，已知其生产条件、人员素质和领导方式完全相同，它们的经营效果可能相差甚远。为什么会有这种现象出现？这是因为影响管理效果的因素太多，许多因素是无法完全预知的，如国家的方针、政策和法令，自然环境的突然变化和其他企业的经营决策等。这种无法预知的因素被称为“本性状态”。正是由于“本性状态”的存在，才造成了管理结果的多样性。实际上，所谓“两个企业的投入完全相同”这句话本身就是不精确的，因为“投入”不可能完全相同，即使表面上在数量、质量、种类方面完全相同，人的心理因素也不可能完全相同。管理主要是同人发生关系，对人进行管理，那么人的心理因素就必然是一种不可忽略的因素。而人的心理因素是难以精确测量的，它是一种模糊量。如人的思想、感情、个性、作风、士气，以及人际关系、领导方式、组织文化等，都是管理学的研究对象，又都是模糊量。在这样复杂的情况下，我们还没有找出更有效的定量方法，使管理本身精确化，而只能借助于定性的办法，或者利用统计学的原理来研究管理。因此，我们说管理是一门不精确的学科。

（四）管理学是一门软科学

软科学是和硬科学相对应的一种说法，借用计算机技术中的“软件”和“硬件”这两个术语来反映，就具有了科学性。我们一般把计算机主机及其外围设备称为“硬件”，而把有关计算机应用的技术及其程序称为“软件”。如果有了硬件，能否充分运用硬件，发挥计算机的全部功能，则取决于软件的优劣，优化环境，取其精华，去其糟粕，实事管理情况与计算机的情况相类似。如果把组织中的人力、财力和物力看成硬件的话，管理就是软件。第一，充分地调动人的积极性，发挥他们的内在潜力，有效地利用财力和物力，以便迅速地提高我国的管理水平消耗，取得较大的效益，正是管理的任务，这也是把管理看成软科学的第一层含义。第二，管理本身不能创造价值，它必须借助于被管理者及其他各种条件，并通过他们来体现管理的价值。这种价值很难从其他人创造的价值中明确地区分出来。究竟管理创造了多少价值，完全是一种模糊的概念。第三，若想通过管理来提高效益，需要有一个时间过程，其效益只能通过较长的时期才能看出来。这不像设计了一种新产品，生产出来，销路不错，就能见到明显的成效。一种新产品设计方案在没有正式投产之前，人们就能对它进行比较准确的评估，预知其将来所带来的效益。一项管理措施在没有实施之前，总会有各种不同的看法，有些管理措施甚至在实施相当长时间之后还不能准确地评价。特别提请注意的是，对管理措施的各种方案不易在事前进行评价，也不好逐项进行试验。因此，在选择管理措施时，往往主要取决于管理者的主观判断。即使某项措施经实践证明是无效的，也不能说明其他措施就一定有效。根据这些实际情况，人们把管理看成软科学。

二、管理学的研究内容

管理学的研究内容是管理活动的基本规律、基本关系和一般方法，但其研究内容涉及本学科的各个方面，主要归纳为以下几点：

第一，管理的概念体系、原理和原则的研究。界定一门学科的各个基本概念的内涵和外延，建立完整的概念体系，是一门学科发展的基础性工作。对管理学而言，归纳和提炼具有普适意义的原理和原则，对指导管理实践具有重要作用。

第二，管理思想和理论的研究。在研究人类已积累和创立的管理经验、思想和理论的基础上，结合现实的管理实践和问题总结新鲜的管理经验，提炼出新的管理思想，创新管理理论，这是管理学最核心的研究内容。

第三，管理方法的研究。管理方法的研究对指导管理实践有着特殊的意义，它涉及管理的某个领域的具体方法，对取得管理效果、提高管理效率也是十分重要的，因此我们必须加强研究。

第四，管理技术的研究。管理技术的更新与运用，对取得管理成效至关重要，发明和创造新的技术能够使管理工作走上新的台阶。

第五，管理绩效的诊断与评价研究。管理的目的是实现组织目标，绩效就是管理实现组织目标的程度。绩效的诊断与评价是为了正确衡量绩效、总结经验、发现问题、提出整改措施，对组织目标的实现来说是必不可少的工作。

管理学的研究内容十分广泛，上述内容是管理学界至今研究的主要内容。管理学的应用也涉及人类社会活动的各个方面，促使管理学的研究不断进步。

三、管理学的研究方法

管理学创立的过程中形成了科学的思维方式和一系列科学的研究方法，管理学的学习和研究以马克思主义的辩证唯物主义和历史唯物主义作为指导思想和方法论基础，以归纳法、试验法、演绎法、系统法、案例研究法作为基本方法。

第一，归纳法。归纳法是管理学的重要思维方式。通过对客观存在的一系列典型事物（或经验）进行分析和归纳，从中找出事物变化发展的一般规律，这种从典型到一般的思维方式就是归纳法，有的学者称之为“实证研究”。归纳法简述为从典型到一般的思考方法。

在管理学研究中，归纳法应用最广。但是，如果调查对象没有代表性，或代表性不够，归纳的结论就存在片面性；如果得出的结论不能通过实验证明，也不能重复再现，这种结论的可靠性就值得怀疑。

第二，试验法。人为地为某一试验创造一定条件，观察其实际试验结果，再与未给予这些条件的对比试验进行比较分析，寻找外加条件与试验结果之间的因果关系的某种普遍适应性的方法，就是试验法。

第三，演绎法。演绎法是管理学中又一重要的思维方式。对于复杂的管理问题，可以从某种概念或统计规律出发，或从由归纳法得到的一般规律性出发，建立起能反映某种逻辑关系的管理模型（或模式），这是一种合乎逻辑的推理。演绎法简述为从一般到典型的思考方式。从理论概念出发建立的模型称为“解释性模型”，如投入产出模型、企业系统动力学模型；从统计规律出发建立的模型称为“经济计量模型”，如柯布—道格拉斯生产函数模型；建立在经济归纳法基础上的模型称为“描述性模型”，如现金流量模型、库存储蓄量模型等。

第四，系统法。系统法是管理中十分重要的思维方法。自从 20 世纪 40 年代奥地利理论生物学家贝塔朗菲创立系统论以来，系统法把系统看成由相互联系、相互制约的若干要素结合而成的有特定功能的有机整体。为实现组织目标而有效地整合各种资源，这就是从管理系统整体性原理出发而提出的管理的本质特征。巴纳德、卡斯特等管理学家在创立现代管理理论时是以系统论作为理论基础的，系统思维应成为管理的指导性思维方式。

第五，案例研究法。案例研究法是管理学中一种较特殊的研究方法，已被管理学界普遍采用。案例研究法就是通过对典型管理案例进行分析，从而总结管理的经验和方法，如管理学家德鲁克通过对企业管理的典型案例分析，提出了目标管理的重要思想。

【知识检测】

一、单项选择题

1. 管理作为生产过程固有的属性，是指管理的（　　）。
   A. 目的性　B. 必要性　C. 科学性　D. 民主性
2. 我们学习、研究管理，是基于管理的（　　）。
   A. 自然性　B. 社会性　C. 重要性　D. 目的性
3. 说管理是一种艺术，强调的是管理的（　　）。
   A. 复杂性　B. 有效性　C. 实践性　D. 精确性
4. 管理的核心是（　　）。
   A. 决策与计划　B. 处理人际关系　C. 组织发展　D. 控制成本
5. 根据结果来衡量和探索管理过程，体现的是管理的（　　）。
   A. 自然属性　B. 社会属性　C. 科学性　D. 艺术性

二、多项选择题

1. 在管理过程中，管理者承担的职能是（　　）。
   A. 计划　B. 组织　C. 人员配备　D. 领导
   E. 控制
2. 管理学具有的特点包括（　　）。
   A. 一般性　B. 边缘性　C. 历史性　D. 多样性
   E. 实践性
3. 管理的二重性是指管理的（　　）。
   A. 科学性　B. 自然属性　C. 艺术性　D. 社会属性
   E. 人文属性
4. 管理的基本特征有（　　）。
   A. 管理的主体是管理者　B. 管理是一种文化现象
   C. 管理是一种社会现象　D. 管理的核心是决策
   E. 管理的核心是处理好人际关系
5. 管理的基本研究方法有（　　）。
   A. 归纳法　B. 系统法　C. 对比法　D. 试验法
   E. 演绎法　F. 案例研究法

三、名称解释

1. 管理
2. 管理学
3. 管理者

四、简答题

1. 管理的基本特征
2. 管理者的基本素质
3. 管理者的类型

五、案例应用分析

西安杨森的人性化管理

西安杨森制药有限公司（简称“西安杨森”）成立于1985年10月。合资中方以陕西省医药工业公司为代表，外方为美国强生公司的下属公司比利时杨森制药有限公司。总投资1.9亿元，注册资本比例为外方占52%，中方占48%，合资期限为50年。

一、严格管理，注重激励

合资企业的工人和中层管理人员是由几家中方合资单位提供的。起初，他们在管理意识上比较涣散，不适应严格的生产要求。有鉴于此，合资企业在管理上严格遵循西安杨森的公司标准，制定了严格的劳动纪律，使员工逐步适应新的管理模式。

通过调查研究发现，在中国员工尤其是较高层次的员工中，价值取向表现为对高报酬和工作成功的双重追求。优厚的待遇是西安杨森吸引和招聘人才的重要手段，而不断丰富的工作意义、不断增加的工作挑战性和成功的机会则是公司善于使用人才的关键所在。在创建初期，该公司主要依靠销售代表的个人能力，四处撒网，孤军奋战，对员工采用的是个人激励法。从“人员—职位—组织”匹配原则出发，选用那些具有冒险精神、勇于探索、争强好胜又认同企业哲学、对企业负责的人作为企业的销售代表，主要是医药大学应届毕业生和已有若干年工作经验的医药代表。此时，西安杨森大力宣传以“鹰”为代表形象的企业文化，即“鹰是强壮的，鹰是果敢的，鹰是敢于向山巅和天空挑战的，它们总是敢于伸出自己的颈项独立作战。在我们的队伍中，鼓励出头鸟，并且不仅要做出头鸟，还要做搏击长空的雄鹰。作为企业，我们要成为全世界优秀公司中的雄鹰”。

二、注重团队建设

在1996年年底的销售会议中，该公司成员集中学习并讨论了“雁的启示”：

“……当每只雁展翅高飞时，也为后面的队友提供了‘向上之风’。由于组成V字队形，可以增加雁群71%的飞行范围。

当某只雁离队时，它立即感到孤独飞行的困难和阻力。它会立即飞回队伍，善用前面同伴提供的‘向上之风’继续前进”。

三、充满人情味的工作环境

每当逢年过节，总裁即使在外出差、休假，也不会忘记邮寄贺卡，捎给员工一份祝福。在员工过生日的时候，总会得到公司领导的问候。员工生病休息，部门负责人甚至总裁都会亲自前去看望，或写信问候。员工结婚或生小孩，公司都会把这件事视为自己家庭的喜事而给予热烈祝贺，公司还曾举办过集体婚礼。公司的部分活动还邀请员工家属参加，一起分享大家庭的快乐。主办的内部刊物名字就叫《我们的家》，以此作为沟通信息、联络感情、相互关怀的桥梁。

经过公司的中外方高层领导之间几年的磨合，终于达成共识：员工个人的待业、就业、退休保险及人身保险由公司承担，由部门专门负责；员工的医疗费用可以全部报销。在住房上，西安杨森借鉴新加坡政府的做法，并结合中国房改政策，员工每月按工资支出25%，公司相应支出35%，建立员工购房基金。

四、加强爱国主义的传统教育

1996年11月22日，西安杨森的90多名高级管理人员和销售骨干与来自中央和地方新闻单位的记者及中国扶贫基金会的代表一起，由江西省宁冈县茅坪镇向井冈山市所在地的茨坪镇挺进，“进行30.8千米的‘96西安杨森领导健康新长征’”活动。他们每走3.08千米，就拿出308元人民币捐献给井冈山地区的人民，除此以外个人也进行了捐赠。公司还向井冈山地区的人民医院赠送了价值10万元的药品。

1996年冬天的早晨，北京天安门广场上出现了一支身穿“我爱中国”红蓝色大衣的30多人的队伍，中国人、外国人都有，连续许多天进行长跑，然后观看庄严肃穆的升国旗仪式，高唱国歌。这是西安杨森爱国主义教育的又一部分。

前任美籍总裁罗健瑞说：“我们重视爱国主义教育，使员工具备吃苦耐劳的精神，使我们企业更有凝聚力。因为很难想象，一个不热爱祖国的人怎能热爱公司？而且我也爱中国！”

资料来源：代凯军于2000年编著的《中外企业管理案例比较分析》。

案例讨论问题：

（1）西安杨森的管理实践中用到了哪些管理方法？

（2）失去员工认同的经营理念会成功得到贯彻吗？

（3）你认为在企业管理中应该如何正确运用教育方法？

【技能训练】

学习任务　拟定模拟公司名称并竞聘管理者

1. 学习目标

（1）选定目标企业（团队），熟悉基层管理者的综合技能，撰写竞聘演讲稿，模拟竞选管理者；

（2）培育团队精神和良好的沟通能力，学会展现个人的组织能力。

2. 学习内容

（1）小组统一安排时间对目标企业（团队）实地访问，获取第一手管理类信息资料；

（2）以自愿为原则，6~8人为一组，以目标企业（团队）为蓝本，组建“××公司”；

（3）撰写一份××模拟公司××管理岗位竞聘演讲稿。

3. 角色扮演

每组派两名选手以“××公司××岗位竞聘演讲”为题，发表竞聘演讲（发言时要有发言稿）。

4. 互动与点评

（1）投票选出公司部门经理（主管），完成模拟公司的初步组建；

（2）由教师与学生对各公司的组建情况（含竞聘提纲）进行评估打分。

5. 评价标准

（1）演讲材料包括自身的条件、优势以及未来的工作打算等基本内容，占40%；

（2）口语表达能力，占20%；

（3）回答问题能力，占20%；

（4）组织能力发挥，占20%。

学习情境二　编制计划

【学习任务】

◇ 通过学习定量决策法和定性决策法，知悉进行科学决策的方法。
◇ 立足管理四大职能，认知计划职能是管理的首要职能。
◇ 熟悉工作计划的基本框架，学会运用规范的程序和方法编制短（中）期工作计划。
◇ 理清目标管理工作思路，培养运用目标管理工具进行管理的能力。

【关键术语】

决策；盈亏平衡点；头脑风暴法；名义小组技术；工作计划；计划编制程序；计划编制方法；滚动计划法；目标管理。

【引言】

1876年：西方联合电报公司"大意失荆州"

1876年，亚历山大·格雷厄姆·贝尔发明了电话，并先于伊莱沙·格雷几小时申请了专利。但是，其所做的一切努力也使贝尔几乎倾尽所有，因此贝尔的岳父加德纳·哈伯德打算将电话专利权卖掉。当然，他所瞄准的目标就是当时长途通信业的霸主西方联合电报公司。

但是，当时的西方联合电报公司总裁威廉·奥顿拒绝了哈伯德的请求，他认为，"电话"有太多的缺点，因此不能严格地作为一种通信方式，这种装置对他们来说没有任何价值。奥顿拒绝哈伯德不仅是因为他们之间早有过节，而且他还认为不管电话这个发明取得了多大的成就，他的公司都有实力轻松地将贝尔逼出市场。

很快，西方联合电报公司就为它的短视付出了巨大的代价。公司的客户纷纷放弃电传打字机而改为从新成立的贝尔公司租借电话机。西方联合电报公司不得不被动跟进，利用格雷的专利以及托马斯·爱迪生的设计推出了自己公司版本的电话机。随后双方之间爆发了激烈的诉讼之争，西方联合电报公司最终败北，并被迫从贝尔公司租用电话设备。

资料来源：2005年版的《牛津管理评论》。

从管理学的观点来看，决策（decision making）的最古老和最直接的含义就是，在若干可供选择的行动方案中做出抉择。“凡事预则立，不预则废”，计划是最基本的一项管理工作，计划决定了整个管理的过程。

学习情境二的主要任务是学会编制计划，具体内容包括运用头脑风暴法、名义群体法和盈亏平衡法等方法进行决策，按照规范的程序和方法进行计划编制以及运用目标管理方法进行管理。

任务一　知悉决策方法

【案例导入】

小米的发展策略

小米成立两年半了，截至 11 月底，其营业额突破 100 亿元，原来计划卖 30 万部手机，但现在已经超过 700 万部。小米能够走到今天要感谢两家公司，苹果和诺基亚。

苹果手机的发布，带来了全世界对于审美的提升，也开启了智能手机时代。苹果手机是很在乎美感和设计的，它把手机带入视觉审美的时代。这也是小米强调的“设计先导”。苹果给我的启示是只有漂亮的产品才会得到传播，才会有口碑。

智能手机之所以这么火爆，除了苹果的功劳，还有诺基亚的迅速衰落，它不应该这么草率地主动放弃塞班系统，逼着用户转投到苹果和安卓的阵营。诺基亚丢掉的份额就是小米和其他手机的生存空间，所以感谢诺基亚，它为全球智能手机做出了巨大贡献，极大地推动了全球移动互联网的进程。

小米的成功经验有如下 4 点可以分享：

首先，小米不计成本地做最好的产品，其基本都采用苹果的供应商，如它是第一个采用高通 4 核 1.5G 芯片的手机。当然，这或许也有一个误区，就是国内手机厂家会只买贵的，不买对的。有人问，为什么小米 2 不用 1 300 万像素的相机，只用 800 万像素的相机，1 300 万像素的相机只贵几美元啊，这是因为 1 300 万像素的相机质量不够稳定。

其次，小米是营销在互联网，渠道在互联网，开创了互联网手机模式。小米通过模式的创新来改变传统手机的成本结构，达成最高的性价比，其营销费用很少，自然也省去了渠道的费用，通过模式的创新来改变手机公司的成本结构。

除了成本结构的改变，小米在定价方面也有独到之处。这就与 PC 一样，手机芯片也遵循摩尔定律，过一个季度，芯片就要降价。譬如我们买个高价手机，刚开始要花费 6 000 多元，过了一个月有可能会变成 50 000 元，这就会让消费者感觉自己是冤大头。小米的定价是反其道行之，按照发布时的成本定价，其定价基本都是同行的一半，一步到位。这种定价方式使得公司前期可能会亏钱，但后面是可以赚钱的，当然只是薄利。就因为这样，有人说小米是“期货公司”。

再次，小米的“铁人三项”，就是硬件、软件和互联网服务的一体化。这其中，它最大的创新就是引入的硬件和软件都向公众开放。小米就是要让消费者参与其中，有任何意见都可以反馈，小米会迅速给予回应，这样就能够让大家有参与感和拥有感。当然，这种做法也很容易招来质疑，会让负面的声音变成噪音。小米诞生到现在，网上有90%的信息都是负面的，但这并不影响小米的实际销量。因为它会有忠实的参与者，他们的口碑会影响到他们身边的朋友。

最后，也是最感欣慰的，那就是小米的粉丝。现在大家还没有理解粉丝经济，以前企业和消费者的关系就是买卖关系，而现在，小米要与消费者成为朋友关系。

小米每周更新四五十个甚至上百个功能，其中有1/3是由粉丝提供的。其实对于很多人来说，做手机还是一件神秘的事情，当你的建议一旦被采用，你就会有成就感。于是，小米给了几十万人这个互动的参与机会。

小米公司成立于2010年4月，是中国著名的一家专注于智能手机自主研发的移动互联网公司。它采取了与传统手机企业完全不同的发展策略，并取得了巨大的成功。

目前，智能手机已成为互联网特性的典型代表产品，今天的智能手机厂商如果仅用传统的模式开发和创造产品，那是无法满足智能手机时代的客户需求的，更无法取得竞争的优势。那么，在这种情况下该如何发展互联网的产品？如何对各种可能的产品特性做选择？就成为众多企业研究的课题。小米，无论是产品和业务模式都独树一帜。

资料来源：王彦长等主编的《管理大视野——管理案例、习题集》。

案例讨论题：

（1）试分析影响小米公司的战略决策的因素有哪些？

（2）小米的战略决策与传统的手机企业相比有什么不同？它最突出的特点是什么？

（3）你认为其他企业模仿小米手机的经营模式可以取得成功吗？为什么？

一、决策的内涵

决策是指为了实现某一特定目标，借助于一定的科学手段和方法，从两个或两个以上的可行方案中选择一个最优方案，并组织实施的全部过程。

决策是管理活动中第一位的基本职能，是管理的核心，整个管理过程都是围绕决策的制定和实施而展开的。决策有几个要求：一是目标必须清楚。决策前必须明确所要达到的目标，必须将局部的目标置于组织的总体的目标体系中，如果目标模糊或者整个目标体系混乱，就无法进行合理的决策。二是必须有两个及以上的备选方案。如果只有一种方案，就无法比较其优劣，也没有选择的余地。“多方案决策”是科学决策的重要原则。以可行方案为依据分析判断，每个方案都有优缺点，管理者需要掌握充分的信息，进行合理的逻辑分析。在本质上决策是一个循环过程，包括识别问题、确定目标、拟订方案、分析选择方案以及方案的实施和监督，贯穿整个管理活动的始终。

决策是人类社会的一项重要活动，它涉及人类生活的各个领域，如政治、军事、经济等。现代管理中的决策，是决策者在占有大量信息和丰富经验的基础上，确定目标，并借助于一定的手段、方法和技巧，对影响决策的诸因素进行分析研究，从多种可行性方案中做出选择和决定的活动。决策是为了解决问题而采取的对策，决策的基础在于对未来形势的判断，必然会有风险，决策的选泽与决策者的价值取向和目标有关。决策贯穿于管理工作的全过程，是管理过程的核心，是执行其他各项管理职能的基础。

伴随着管理学的发展，决策的概念也有不同的定义和阐释。赫伯特·西蒙的定义：决策就是找出要求制定决策的条件；寻找、拟定和分析可供选择的行动方案；选择特定的行动方案。邓肯的定义：理性的人对需要采取行动的局面以恰当的反应。时至今日，我们对决策概念的界定不下上百种，但仍未形成统一的看法，诸多界定归纳起来，基本有以下三种理解：

一是把决策看成一个包括提出问题、确立目标、设计和选择方案的过程。这是广义的理解。二是把决策看成从几种备选的行动方案中做出最终抉择，是决策者的拍板定案。这是狭义的理解。三是认为决策是对不确定条件下发生的偶发事件所做的处理决定。这类事件既无先例，也没有可遵循的规律，做出选择要冒一定的风险。这是对决策概念最狭义的理解。以上对决策概念的解释是从不同的角度做出的，要科学地理解决策概念，有必要考察决策专家赫伯特·西蒙在决策理论中对决策内涵的看法，西蒙强调“管理就是决策”。

许多管理学家都对决策的定义进行过探讨，尽管众说纷纭，但基本内涵大致相同，区别主要在于对决策概念是做狭义的理解还是广义的理解。从狭义上理解，决策就是人们为了达到一定的目的，在充分掌握信息和全面分析情况的基础上，用科学的方法拟定并评估各种方案，从几种行动方案中选择合理方案的过程；从广义上理解，决策不仅是拟定和选择方案的过程，还包括在做出决策之后，决策的执行和执行后的效果评价。

从一般意义上理解，决策就是做出决定的意思，即对需要解决的事情和执行的过程做出决定。实际上，决策不仅包括高层领导做出决定，还包括人们对日常问题做出的各种决定。如某企业要开发一个新产品或引进一条生产线，某人选购一种商品等，都带有决策的性质。决策活动与人类活动是密切相关的，贯穿于整个社会生活。管理成功的关键是明智的决策，组织的兴衰存亡常常取决于管理者特别是高层管理者的决策是否正确。

现代企业经营管理活动的复杂性和多样性，决定了经营管理决策有多种不同的类型。决策分析根据决策所采用的分析方法，可以把决策方法分为：①定性决策方法；②定量决策方法；③定性及定量相结合的方法。

◎ **知识链接**

决策是管理工作的基本要素之一。有人曾对高层管理者做过一项调查，要他们回答三个问题，即“你每天花时间最多的是哪些方面?”“你认为每天最重要的事情是什么?”“行使你的职责时感到最困难的工作是什么?”结果，绝大多数管理者的答案只有两个字：决策。

二、决策的方法

做出正确的决策不仅需要充分的信息，遵循决策的原则和科学的程序，还依靠科学的决策方法。常用的决策方法可以分为定性决策方法和定量决策方法两大类，定量决策方法也称“数学模型决策方法”。

（一）定性决策方法

定性决策方法也称“主观决策法”“软科学方法”，是指一种在经营决策过程中充分发挥人们的主观能动性的方法，即在系统研究分析的基础上，通过各种有效的组织形式、方法和步骤，充分依靠决策者的经验和能力，运用经济学、社会学、心理学的方法，根据掌握的情况来探索所决策事物的规律性，从而做出科学、合理的决策。

1. 头脑风暴法

头脑风暴法是比较常用的群体决策方法，这种决策法是美国学者奥斯本于 1939 年首创的。头脑风暴法又称“思维共振法”，即通过有关专家之间的信息交流，引起思维共振，产生组合效应，从而导致创造性思维。它利用思想的产生过程，鼓励提出任何种类的方案设计思想，同时禁止对各种方案的任何批判。因此，这种方法主要用于收集新设想。

在典型的头脑风暴法会议中，群体领导者以一种明确的方式向所有参与者阐明问题，但不指明会议的明确目的，要求与会者无拘无束地发表意见，敞开思路，畅所欲言。在一定的时间内自由提出尽可能多的方案，不允许任何批评，并且所有方案都当场记录下来，留待稍后再讨论和分析。

头脑风暴法会议的主要特点是：参加会议的人员是对决策问题较为熟悉的专家，人数一般为 5~10 人，时间一般较短；讨论中不允许对别人的意见进行批评和反驳，也不允许做结论，但可以在别人意见和方案的基础上加以补充、完善，以带动更多的建设性方案；会议主持人不发表意见，在没有偏见的倾听中吸取决策所需要的信息。这种方法已被实践证明，在决策目标明确的情况下，寻找新方案和创造性方面有较好的效果。

2. 德尔菲法

德尔菲法（Delphi technique）又称“专家意见法”，是在 20 世纪 40 年代由赫尔姆和达尔克首创，经过戈尔登和兰德公司进一步发展而成的。德尔菲这一名称起源于古希腊有关太阳神阿波罗的神话。传说中阿波罗具有预见未来的能力。为避免成员间相互影响，参加的专家可以互不了解，不留下署名方式反复多次征询意见和进行背靠背的交流，以充分发挥专家们的智慧、知识和经验，最后汇总得出一个能比较反映群体意志的预测结果。

德尔菲法的一般程序如下：

（1）确定调查目的，拟订调查提纲。必须先确定目标，拟订出要求专家回答问题的详细提纲，并同时向专家提供有关背景材料，包括预测目的、期限、调查表填写方法及其他希望、要求等说明。

（2）选择一批熟悉本问题的专家，至少有 20 人，包括理论和实践等各方面的专家。

（3）以通信方式向各位选定专家发出调查表，征询他们的意见。

（4）对返回的意见进行归纳，在综合、定量统计分析后再寄给有关专家，每个成员收到一本问卷结果的复制件。

（5）看过结果后，再次请成员提出他们的方案。第一轮的结果常常会激发出新的方案或改变某些人的原有观点。

（6）重复第（4）步和第（5）步，直到取得大体上一致的意见。

德尔菲法的特点是反复性和匿名性，能充分发挥各位专家的作用，同时有利于专家根据别人的意见修正自己的判断，不致碍于情面而固执己见。加上经过统计处理，可以对专家的意见进一步进行定量化，从而取得较为准确的决策结果。当然，这种方法也存在如背靠背分开的讨论不够彻底等缺点。

3. 提喻法

提喻法也称为“歌顿法”“综摄法”等。这是美国人歌顿在 1961 年创造的专家会议讨论法。它是针对与会者的心理活动、社会关系及决策问题的保密性而出现的。主持会议者不明确公布会议的主题，而是围绕主题提出一些相关问题，以启示专家们发表见解。其主要的办法是把决策问题分解成几个相关小问题，或采用类比的方式，暂时不提主要决策问题，待讨论一段时间后，再将主题提出。如要决策整顿老产品、设计和发展新产品等问题，而考虑到此项目上，组织人事变更可能牵扯与会者的利害关系，便先拿出市场发展趋势问题、材料性能等问题进行讨论，最后再转向主题。这种先从其他方面谈起，最后转回讨论决策问题本身的方法，可使与会者不受限制地发挥和独立思考。

4. 名义群体法

名义群体法是指在决策过程中对群体成员的讨论或人际沟通加以限制，但群体成员是独立思考的。群体成员都出席会议，群体成员先进行个体决策，成员不进行口头的交流，交流方法是纸和笔。

该方法的基本程序是：

（1）成员集合成一个群体，但在进行任何讨论之前，每个成员独立地写下其对问题的看法。

（2）经过一段沉默后，每个成员将自己的想法提交给群体，然后一个接一个地向大家说明自己的想法，直到每个人的想法都表达完并记录下来为止（通常记在一张活动挂图或黑板上）。所有的想法都记录下来之前不进行讨论。

（3）群体现在开始讨论，以便把每个想法搞清楚，并做出评价。

（4）每一个群体成员独立地把各种想法排出次序，最后的决策是综合排序最高的想法。

真实群体中，由于言语交流抑制了个体的创造力，而名义群体法的主要优点在于，使群体成员正式开会但不限制每个人的独立思考。

5. 电子会议

最新的定性决策方法是将名义群体法与计算机网络技术相结合的电子会议。几十名专家每人面前只有一台计算机终端，计算机将问题显示给决策参与者，他们把自己的回答打在计算机屏幕上。个人评论和票数统计都投影在会议室内的屏幕上。

电子会议方法的优点是匿名、诚实和快速。

（二）定量决策方法

定量决策方法，即决策的“硬技术”，是建立在数学模型的基础上的决策方法。它是把影响决策的因素定量化，利用一定的数学工具或方法，对决策过程中有关的变量与变量、变量和目标之间的关系进行分析，并通过求解来确定决策方案。

依据决策者掌握的情报资料的多少和对未来可能发生情况的了解程度，定量决策方法可以分为确定型决策、风险型决策和不确定型决策三种具体方法。

1. 确定型决策方法

确定型决策方法是指决策的自然状态是一种既定的情况，即经过分析计算可以得到各方案的明确结果，决策者只需要从备选方案中选择一个收益最大或者损失最小的方案即可。

（1）直观判断法

直观判断法是指决策影响因素不多，经过简单的定量分析，根据决策标准，可以判断方案的优劣而进行决策。如企业在筹资决策时有三种方案，在其他条件相同时，选择筹资成本最低者即可，详见表 2-1。

表 2-1　综合筹资成本

方案	银行贷款	发行债券	发行股票
综合筹资成本	6%	6.5%	8%

（2）量本利分析法在决策中的应用

量本利分析法也称“盈亏平衡分析法”，是指根据产品销售量、成本、利润的关系，通过数学模型，来分析和选择决策方案的方法。量本利分析法是一种简便有效、使用范围较广的定量决策方法，它广泛应用于生产方案的选择、目标成本预测、利润预测、价格制定等决策问题上。其核心是盈亏平衡点的分析，通过分析，可以预先判定产量或销售量保证企业不亏损的水平。盈亏平衡见图 2-1。

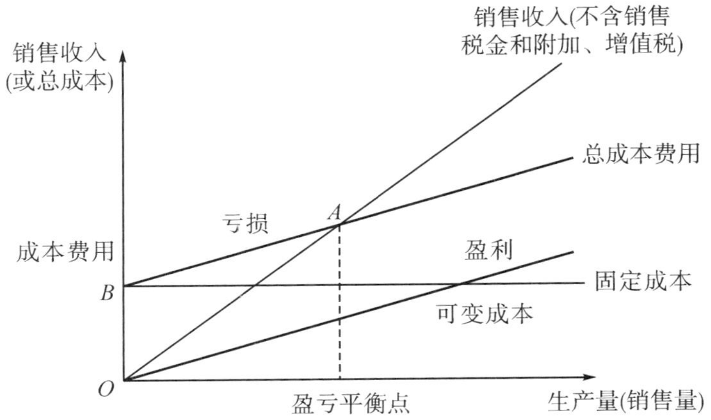

图 2-1　盈亏平衡

经济效益分析的主要特点是：把注意力集中在方案或系统的最终结果上，即根据每个方案在为目标服务时的效果，来权衡优缺点。经济效益分析是解决综合性非程序决策问题的效益费用（成本）分析。

从图 2-1 中可以得知，当销售收入与总成本相等时，这一点所对应的产量（销量）就称为“盈亏平衡点”。在盈亏平衡点上，企业既不盈利也不亏损，因此盈亏平衡点又称为“保本点”或“盈亏临界点”。企业的产量若高于平衡点的产量，则会盈利；若低于平衡点的产量，则会发生亏损。企业的经营决策基本都与产量、成本、利润有关，因此企业决策中的许多问题都可以通过量本利分析加以解决。例如，企业是否应购置新设备，如何确定某种产品的产量才能盈利，企业产品的定价水平是否合适等。

总成本（total cost）是一个厂商的总固定成本和总可变成本之和。

总成本 = 固定成本+ 变动成本

固定成本（fixed cost）又称“固定费用”，是指成本总额在一定时期和一定业务量范围内，不受业务量增减变动影响而能保持不变的成本。变动成本与固定成本相反，变动成本（variable costing）是指那些成本的总发生额在相关范围内，随着业务量的变动而呈线性变动的成本。直接人工、直接材料都是典型的变动成本，在一定期间内它们的发生总额随着业务量的增减而成正比例变动，但单位产品的耗费则保持不变。

其区别在于：

①固定成本大部分是间接成本，如企业管理人员的薪金和保险费、固定资产的折旧和维护费、办公费等。当产品产量或商品流转量的变动超过一定的范围时，固定费用就会有所增减。固定成本是指成本总额在一定时期和一定业务量范围内，不受业务量增减。

②固定成本是不管生不生产都会发生的成本，如折旧，也是变动影响而能保持不变的成本。

（3）基本公式

$$Z = S - C = S - V - F = (P - v)Q - F$$

式中，Z 表示利润，S 表示销售额，C 表示总成本，F 表示固定成本，V 表示总变动成本，P 表示销售单价，v 表示单位变动成本，Q 表示销售量。

根据盈亏平衡点定义，企业的销售量处在盈亏平衡点时，企业不亏不盈。

$$Q_0 = \frac{F}{P - v}$$

$$S_0 = \frac{F}{1 - \frac{v}{P}}$$

式中，Q_0表示盈亏平衡点销售量，S_0表示盈亏平衡点销售额，$P - v$ 表示单位边际贡献，$1 - \frac{v}{P}$ 表示边际贡献率。

从上式中可以看出，销售额减去变动总成本后的余额，补偿了固定成本后剩余的部分即利润。这个余额为边际贡献。可见，边际贡献是对固定成本和利润的贡献。当总的边际贡献与固定成本相当时，恰好是盈亏平衡，这时再增加一个单位的产品，就会增加一个边际贡献利润。

量本利分析法也称“盈亏平衡分析法”，可以用来确定企业的目标成本。

【例 2-1】某企业机床每台售价为 10 万元，单位变动成本为 5 万元，年固定成本为 400 万元。当目标利润确定为 500 万元时，目标成本应控制在什么水平？

$$s_i = \frac{400 + 500}{1 - \frac{5}{10}} = 180\ (\text{万元})$$

目标成本 = 销售额-目标利润

= 1 800-500

= 1 300（万元）

在保证实现 500 万元年目标利润的情况下，目标成本应控制在 1 300 元的水平。

量本利分析法也称“盈亏平衡分析法”，可以预测一定销售量下的利润水平。

【例 2-2】某企业销售一种商品，单位变动成本为 85 元，固定成本为 100 000 元，销售单价为 100 元。据市场预测，年度销售量为 8 000 件，企业可获得的利润是多少？

$Z = S - C = S - V - F = (P - v)Q - F$

$Z = 20\ 000$（元）

经过计算，企业预计可获得利润 20 000 元。

企业经营状况的好坏可以通过经营安全率来加以判定。经营安全率（L）是指实际或预计产量（或销售额）超过盈亏平衡点产量（或）销售额的差异数与实际或预计销售量（或销售额）的比值。计算公式如下：

$$L = \frac{S_i - S_0}{S_i} \times 100\% \text{ 或 } L = \frac{Q_i - Q_0}{Q_i} \times 100\%$$

上式中，$S_i - S_0$ 为安全余额，即实际销售额减去盈亏平衡点的销售额。安全余额越大，说明企业的盈利水平越高。

经营安全率（见表 2-2）是反映企业经营状况的一个重要指标。我们一般根据表 2-2 的数值来判断企业的经营状况。

表 2-2　经营安全率

经营安全率	10%以下	10%~14%	15%~24%	25%~30%	30%以上
经营安全状况	危险	要警惕	不太好	较安全	安全

【例 2-3】某公司销售空调机，单价为 6 000 元/台，该公司的年度固定成本为 100 万元，进货单价为 5 000 元/台，预测年度销售量为 1 200 台，试分析该公司的安全状况。

$$L = \frac{1\,200 - 1\,000}{1\,000} = 1000 \text{（台）}$$

$$L = \frac{1\,200 - 1\,000}{1\,000} \times 100\% = 20\%$$

我们对比表 2-2 的数据可知，该公司的经营状况处于不太好的情况。

2. 风险型决策方法

风险型决策是指由于存在着不可控的因素，一个决策方案可能出现几种不同的结果，但对各种可能结果可以用客观概率为依据来进行的决策。由于客观概率只是代表可能性大小，这就使得任何方案的执行都要承担一定的风险，所以称为“风险型决策”。这是企业经营中大量碰到的决策问题，如建设新工厂的投资决策、新产品的开发决策和企业兼并决策等。

迄今为止，学者们已开发出多种风险决策方法，如收益表法、边际分析法、决策树法、效用理论法等。其中，决策树法是一种应用最广、效果最显著的方法。

在风险型决策中，除了可以用决策收益表来进行决策外，还可以用决策树法来进行决策。所不同的是，决策树法既可以解决单阶段的决策问题，还可以解决决策收益表无法表达的多阶段序列决策问题。它具有思路清晰、一目了然、便于决策者集体讨论等优点。这种方法在经营管理上已被广泛应用于较复杂问题的决策。

简单来说，决策树法就是利用树型图进行决策的方法。它是通过图解的方式将决策方案的相关因素分解开，确定并逐项计算其发生的概率和期望值，进而比较和选优的方法。

（1）决策树法的构成要素

决策点：其所要决策的问题，用方框“口”表示。

方案枝：由决策点引出的直线，每条直线代表一个方案，并由它与状态结点相连。

状态结点：反映各种自然状态所能获得的机会，在各个方案枝的末端，用圆圈“○”表示。

概率枝：从状态结点引出的若干条直线，反映各种自然状态可能出现的概率，每条直线代表一种自然状态。

损益值点：反映在各种自然状态下可能的收益值或损失值，用三角形“△”表示。

（2）决策树法的步骤

应用决策树法进行决策，主要有三个步骤：

第一步是绘制决策树形图（见图 2-2）。从左至右，首先绘出决策点，引出方案枝，其次在方案枝的末端绘出状态结点，引出概率枝，最后将有关部门的参数（包括概率、不同自然状态、损益值等）注明于图上。

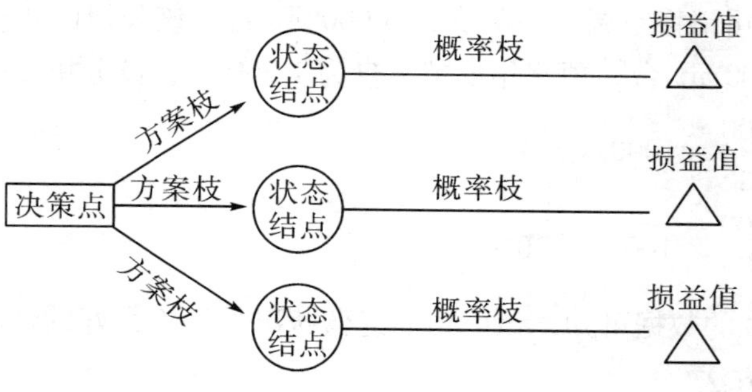

图 2-2　决策树形图

第二步是计算各方案的期望值。期望值的计算要从右向左依次进行。首先将各种自然状态的收益值分别乘以各自概率枝上的概率，其次乘以计算期限，最后将各概率枝的值相加，标于状态结点上。

第三步，剪枝决策。比较各方案的期望值（如方案实施有费用发生，应将状态结点值减去方案的费用后再进行比较），剪掉期望值小的方案（在落选的方案枝上画上“‖”表示舍弃不用），最终只剩下一条贯穿始终的方案枝，它的期望值最大，是最佳方案，将此最大值标于决策点上。

【例 2-4】某企业准备投产一种新产品，现在有新建和改建两个方案，分别需要投资 140 万元和 80 万元。未来五年的销售情况预测是：畅销的概率为 0.4，销售一般的概率为 0.4，滞销的概率为 0.2。各种自然状态下的年度销售利润见表 2-3 的决策方案损益值。问企业应选择哪个方案？

表 2-3　决策方案损益值

方案	畅销	一般	滞销
新建	120	50	-30
改建	100	30	10

解：

步骤 1：先绘制决策树形图和计算期望值，决策树计算如图 2-3 所示。

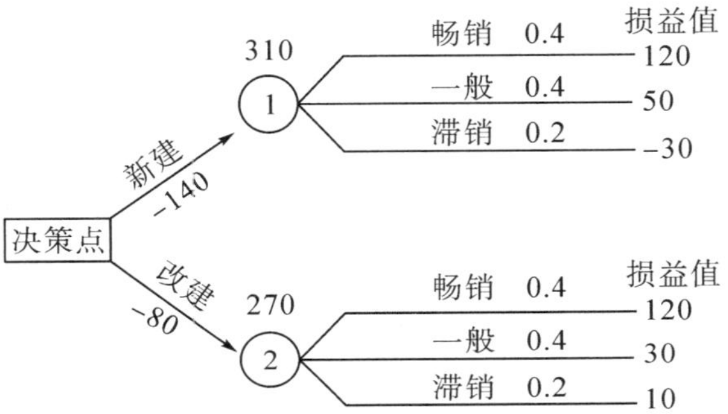

图 2-3　决策树计算

结点① EMV =［120×0.4 + 50×0.4 +（-30）×0.2］×5=310（万元）

结点② EMV =（100×0.4 + 30×0.4 + 10×0.2）×5= 270（万元）

步骤 2：比较两个方案的净收益。

新建方案的净收益 = 310 - 140 = 170（万元）

改建方案的净收益 = 270 - 80 = 190（万元）

经比较，应选择改建方案，故应将新建方案剪去。

3. 不确定型决策方法

不确定型决策是指由于存在不可控制的因素，一个方案可能出现几种不同的结果，而对各种可能结果没有客观概率作为依据的决策。对于不确定型决策来说，有一些公认的决策准则，下面结合实例依次说明。

【例 2-5】某厂准备开发一种新产品，为此设计了三种生产方案：甲方案，新建车间、大批量生产；乙方案，扩建车间、中批量生产；丙方案，利用原设备、小批量生产。由于缺乏相关资料，我们对未来市场上的需求状况只能做大致的估计，可能是高需求、中需求、低需求三种状态分析，每种方案在各种自然状态下的损益值如表 2-4 所示。

表 2-4 每种方案在各种自然状态下的损益值 单位：万元

自然状态	甲	乙	丙
高需求	960*	720	590
中需求	520	540*	320
低需求	-240	10	60*

注：“*”为对应于各种自然状态的最大损益值。

由于决策者的意志、胆识、经验等个性素质不同，可能根据不同的标准和原则，选择自己认为满意的方案。根据实践经验的总结，可以有下述选择标准：

（1）乐观决策标准（大中取大法）

采用这种方法的决策者对未来持乐观看法，认为未来会出现最好的自然状态，假设未来是高需求，各方案的收益值都是最大的，从各方案最大的收益值中选出其中最好的方案作为决策方案。比较乐观的决策者愿意争取一切机会获得最好结果。

本例中，各方案的最大收益值分别为960万元、720万元、590万元，最大收益值中的最大者为960万元，因此选择甲方案。“未来是高需求”只是决策者一种乐观的假设，因此是一个比较冒险的决策。如果确实实现，可获最大收益，但一旦未来情况不如预计的乐观，就要承受更大的损失。一般只有风险较小、把握较大的问题才可应用这一标准进行决策。

（2）悲观决策标准（小中取大法）

采用这种方法的决策者对未来持悲观看法。因此，决策者从最坏的自然状态出发，从各方案最小的损益中选择一个最大的作为决策方案。决策步骤是先从各方案中选一个最小收益值，再从这些最小收益值中选出一个最大损益值，其对应方案便是最优方案。这是在各种最不利的情况下又从中找出一个最有利的方案。

本例中，各方案的最小损益值分别为-240万元、10万元和60万元，其中最大者为60万元，因此应选择丙方案。

这是一种保守的决策，属于减少风险的稳妥型决策。当决策者遇到把握很小、风险较大的决策问题时，采用这一标准是可取的。

（3）折中法（乐观系数法则）

决策者认为既应对未来有乐观的态度，又要注意不利因素的影响，产生了一种介于乐观标准和悲观标准之间的折中决策。具体做法是：由决策者对最好的结果和最坏的结果出现的可能性做出估计，确定一个乐观系数。乐观系数介于0和1之间，乐观系数为0时，即悲观决策，乐观系数为1时，即乐观决策。

（4）后悔值法（大中取小法）

决策者在选定方案后，如果实践证明对自然状态的估计出现失误，无形中企业就遭受了机会损失，决策者就会为此感到后悔，后悔遗憾原则就是要使这种后悔减到最低程度。

这种决策方法是以方案的机会损失大小来判别方案的优劣。机会损失是指由于决策采取了错误的决策方案所造成的损失，如高需求时采取了保守决策，低需求时采取了投资较大的方案。后悔结果的大小可通过后悔值来表示。每种自然状态下的最大损益值与各方案的损益值之差，称为“后悔值”。

后悔遗憾标准的决策过程是：先确定各方案的最大后悔值，然后选择这些最大后悔值中的最小后悔值所对应的方案为最优方案，即大中取小。下面我们以前例进行分析。

第一步，找出对应于各种自然状态的最大损益值。在表 2-5 中用“ * ”标出。

表 2-5　各种自然状态下的损益值和最大损益值　　单位：万元

自然状态	甲	乙	丙
高需求	960*	720	580
中需求	520	540*	320
低需求	-240	10	60*

第二步，将对应于每种自然状态的各项损益值从相应的最大值中减去，求出后悔值。见表 2-6。

表 2-6　各种自然状态下的后悔值　　单位：万元

自然状态	甲	乙	丙
高需求	0	240	580
中需求	20	0	320
低需求	300	50	0
最大后悔值	300	240	580

第三步，找出各个方案的最大后悔值：300，240，580。

第四步，从最大后悔值中选择最小值。其所对应的方案为最优方案。Min {300，240，580} = 240（万元）。所以乙方案是最优的决策方案。

不确定型决策，选择最优方案虽然有不同的评价标准，实际上都是决策者根据自己的经验、态度以及对客观条件的分析，主观确定的概率。上述各种决策标准都有其片面性与适应性。决策者可以根据决策目标、企业环境以及对风险的态度决定取舍。实际工作中，很多企业面临某些重要的不确定型决策问题时，往往采用不同的标准分别进行测算，并比较测算的结果，以权衡确定最优方案。

三、决策的过程

（一）确定决策目标

决策目标是指在一定外部环境和内部环境条件下，在市场调查和研究的基础上所预测达到的结果。决策目标是根据所要解决的问题来确定的，因此必须把握住所要解决问题的要害。决策目标是决策的指导，只有明确了决策目标，才能避免决策的失误。

（二）拟订备选方案

决策目标确定以后，就应拟订达到目标的各种备选方案。拟订备选方案，首先需要分析和研究目标实现的外部条件和内部条件，及决策事物未来的运动趋势和发展状况；其次在此基础上，将外部环境各不利因素和有利因素、内部业务活动的有利条件和不利条件等，同决策事物未来趋势和发展状况进行组合分析，拟订出实现目标的方案；最后将这些方案同目标要求进行粗略的分析对比，权衡利弊，从中选择出若干个利多弊少的可行方案，供进一步评估和抉择。

（三）评价备选方案

备选方案拟订以后，随之便是对备选方案进行评价，这就需要制定一个评价标准，判断哪一个方案最有利于达到决策目标。评价的方法通常有三种：经验判断法、数学分析法和试验法。

（四）选择方案

选择方案就是对各种备选方案进行总体权衡后，由决策者挑选一个最好的方案。

【案例分析】

安娜该如何决策

安娜从一所不太著名的大学计算机学院毕业后，10 年来一直在某发展中的大城市里的一家中等规模的电脑公司当程序设计员。现在，她的年薪为 50 000 美元。她工作的这家公司，每年要增加 4~6 个部门。这样扩大下去，公司的前景还是很好的，也增加了很多新的管理职位。其中有些职位包括优厚的年终分红在内，公司每年要付给 90 000 美元。有时，公司还会提升程序员为分公司的经理。虽然过去没有让妇女担任过这样的管理职位，但安娜相信，凭她的工作资历和这一行业女性的不断增加，在不久的将来，她会得到这样的机会。

安娜的父亲雷森先生自己开了一家电脑维修公司，主要维修计算机硬件，并为一些大的电脑公司做售后服务，同时也销售一些计算机配件。最近由于健康和年龄的原因，雷森先生不得不退休。他雇了一位刚毕业的大学生来临时经营电脑维修公司，店里的其他部门继续由安娜的母亲经营。雷森想让女儿安娜回来经营她最终要继承的电脑维修公司。而且，由于近年来购买电脑的个人数量不断增加，他对电脑维修行业的前景是十分看好的。

雷森先生在前几年的经营过程中，建立了良好的信誉，不断有大的电脑公司委托其做该城市的售后维修中心。因此，维修公司发展和扩大的可能性是很大的。

安娜和双亲讨论时，得知维修公司现在一年的营业额大约为400 000美元，而毛利润差不多是170 000美元。由于雷森先生已退休，他和他的太太要提前支取工资80 000美元，加上每年60 000美元的经营费用，交税前的净利润为每年30 000美元。自雷森先生退休以来，从维修公司得到的利润基本上和从前相同。目前，他付给其新雇用的大学毕业生的薪金为每年36 000美元，雷森夫人得到的薪金为每年35 000美元，雷森先生自己不再从维修公司支取薪金了。

如果安娜决定担任起维修公司的管理工作，雷森先生打算也按他退休前的工资数付给她50 000美元的年薪。他还打算，开始时，把维修公司经营所得利润的25%作为安娜的分红；两年后增加到50%。因为雷森夫人将不再在该公司任职，就必须再雇一个非全日制的办事员帮助安娜经营维修公司，他估计这笔费用大约需要16 000美元。

雷森先生已知有人试图出600 000美元买他的维修公司。这笔款项的大部分，安娜在不久的将来是要继承的。对雷森夫妇来说，他们的经济状况并不需要过多地去用这笔资产来养老送终。

资料来源：http://wenku.baidu.com/view/f4b494c06137ee06eff918c4.html.

案例讨论题：

（1）对安娜来说，有什么行动方案可供选择？

（2）你建议采用哪种备选方案？

（3）安娜的个人价值观对她做出决策会有何影响？

任务二　认知计划职能

【案例导入】

10分钟提高效率

美国某钢铁公司总裁舒瓦普向一位效率专家利请教：“如何更好地执行计划？”利声称可以给舒瓦普一样东西，在10分钟内能把他公司业绩提高50%。接着，利递给舒瓦普一张白纸，说：“请在这张纸上写下你明天要做的6件最重要的事。”舒瓦普用了约5分钟时间写完。利接着说：“现在用数字标明每件事情对于你和公司的重要性次序。”舒瓦普又花了约5分钟做完。利说：“好了，现在这张纸就是我要给你的。明天早上第一件事是把纸条拿出来，做第一项最重要的。不看其他的，只做第一项，直到完成为止。然后用同样办法对待第2项、第3项……直到下班为止。即使只做完一件事，那也不要紧，因为你总在做最重要的事。你可以试着每天这样做，直到你相信这个方法有价值时，请将你认为的价值给我寄支票。”

一个月后，舒瓦普给利寄去一张2.5万美元的支票，并在他的员工中普及这种方法。5年后，当年这个不为人知的小钢铁公司成为世界最大钢铁公司之一。

资料来源：易明于2005年出版的《10分钟提高效率》《特别关注》。

案例讨论题：

（1）效率专家利认为“即使只做完一件事，那也不要紧，因为你总在做最重要的事情”，你认为制订计划光做最重要的事够吗？

（2）效率专家利执行计划的方法使这个不为人知的小钢铁公司成为世界最大钢铁公司之一。为什么计划能有这么大的作用？

为了使集体活动卓有成效，首先必须明确所追求的目标是什么，完成这些目标必须通过哪些途径，采取什么方案，这些活动便是管理的计划职能。通过计划活动，那些本来不一定能够实现的事情变得有可能实现，有可能变糟的事情得以向好的方向转化。计划活动是连接可能与现实、今天与明天、现在与未来的桥梁。

组织中的管理者，无论职位高低，位置大小，或多或少都要进行计划活动。计划活动既是各级管理人员的一个共同的职能，也是管理活动的首要职能。不管每个层次的管理，首先都是从计划开始的。

一、计划的内涵

（一）计划的定义

关于计划的定义，不同的学者对其有不同的理解，下面是一些学者关于计划含义的不同陈述：

（1）计划是预先决定的行动方案。

（2）计划是事先对未来应采取的行动所做的规划和安排。

（3）计划职能包含规定组织的目标，制定整体战略以实现这些目标，以及将计划逐层展开，以便协调和将各种活动一体化。计划既涉及目标（做什么），也涉及达到目标的方法（怎么做）。

（4）计划是一种结果，它是计划工作所包含的一系列活动完成之后产生的，它是对未来行动方案的一种说明。

（5）计划工作是一种预测未来、设立目标、决定政策、选择方案的连续程序，以期能够经济地使用现有的资源，有效地把握未来的发展，获得最大的组织成效。

这些陈述分别从目的角度、过程角度、结果角度、内容角度和实施角度给出了计划所包含的含义，对于我们完整地理解计划的含义非常重要。

管理存在于集体协作活动中。为了使人们的集体活动卓有成效，就必须使人们明确他们应该去完成什么目标，明确为了完成这些目标必须通过什么途径和采取什么方案。这种旨在明确所追求的目标以及相应的行动方案的活动，就是管理的计划职能。计划是所有管理职能中的一个最基本的职能，也是管理的首要职能。它是在预见未来的基础上对组织活动的目标和实现目标的途径做出筹划和安排，以保证组织活动有条不紊地进行。计划工作的内容包括对组织活动环境的分析与预测，对组织活动方向、内容和方式的选择或决策，以及将决策落到实处的具体性计划方案的编制等有机联系的环节。古人所说的“运筹帷幄”，就是对计划职能的最形象的概括。

计划是根据社会的需要以及组织的自身能力，通过计划的编制、执行和检查，确定组织在一定时期内的奋斗目标，有效地利用组织的人力、物力、财力等资源，协调安排好组织的各项活动，取得最佳的经济效益和社会效益。

计划要根据组织内外部的实际情况，权衡客观需要的可能，通过科学的预测，提出在未来一定时期内组织所要达到的目标以及实现目标的方法。计划就是预先决定要做些什么、为何要做、如何去做、何时何地去做和由谁去做。通过计划活动，增加了目标实现的可能性，使有可能变糟的事情得以向好的方向转化。尽管计划不是万能的，周密的计划也会受到各种环境因素的干扰，但如果没有计划，许多事情的发展就会失控。常言道，人无远虑，必有近忧，深刻地道出了计划的重要性。

（二）计划的重要性

管理是人类有目的的活动，而计划是组织目标的具体表现形式，它是为实现组织目标而拟订方案和措施的过程。计划对组织目标的实现有着很强的指导意义，任何组织，为了达到预定的目标都需要计划。计划对管理的重要意义有以下几个方面：

1. 计划是管理活动的参照

计划为管理工作提供了基础，是管理者行动的依据。管理者要根据计划分派任务并确定下级的权力和责任，促使组织中的全体人员的活动方向趋于一致而形成一种复合的组织行为，以保证达到计划所设定的目标。大到国家，小到车间，都需要有计划指导其发展。例如，国家要根据五年计划安排基本建设项目的投资，企业要根据年度生产经营计划安排各月的生产任务，并进行新产品开发和技术改造。计划使得管理者的指挥、控制、协调更有效，使管理工作的监督和检查以及纠偏有了明确的依据。

计划的重要内容是组织目标，计划是制定控制标准的主要依据，有了控制标准才能衡量实际的实施效果，发现偏差，即时纠正，使组织活动不脱离管理者所期望的发展方向。

2. 计划有利于合理配置资源、提高效益

计划工作的重要任务就是使未来的组织活动均衡发展。计划可以使组织的有限资源得到更合理的配置，通过各种方案的技术分析，选择最有效的方案用于实施。由于有了计划，组织中各成员的努力将合成一种组织效应，这将大大提高工作效率从而带来经济效益。

3. 计划是降低风险、掌握主动的手段

未来的情况是不断变化的，计划是预期这种变化并且设法消除变化对组织造成不良影响的一种有效的手段。计划的预见性能够消除不必要的活动所带来的浪费，能够避免在活动中由于缺乏依据而进行轻率判断所造成的损失。对未来的变化如果没有预先的估计，就可能导致组织行为的失效，给组织带来各种风险。计划作为组织未来活动的一种筹划，会对未来的各种情况进行预测和充分的考虑，针对各种变化因素制定各种应对措施，以合理的方案（一般会有备选方案）安排达成目标的系列活动，使组织未来活动的风险大大降低。

◎ 知识链接

计划是管理的首要职能，是一切工作的基础。人们常把计划比喻成管理的宪法，可见计划的重要性。计划工作实际上就是事先决定做什么、如何做以及由谁去做的问题。制订计划应遵循重点、统筹、连锁、发展、便于控制和经济的原则。

二、计划的类型

管理实践活动的复杂性决定了组织计划的多样性，各种组织根据不同的背景和不同的需要会制订各种各样的计划。按照不同的标准对计划进行分类，有利于更准确地把握计划在不同情况下的特性和作用。本节将介绍常见的几种关于计划的分类方法和基于这些分类方法的各种计划。

（一）长期计划、中期计划和短期计划

按计划执行时间跨度可以将计划划分为三种，即长期计划、中期计划和短期计划。一般而言，一年或一年以下可以完成的计划称为“短期计划”，如年度计划、季度计划都是短期计划；一年以上至五年可以完成的计划称为“中期计划”；五年以上可以完成的计划称为“长期计划”。这种划分标准不是绝对的，会因组织的规模和目标的特性而有所不同。例如，我国的“南水北调”工程，规模巨大，它涉及许多建设领域和地方行政单位的管理活动，即使是短期计划可能也需要两年以上的时间。而对于时装公司来说，流行时装生产的中期计划可能至多为半年。

由于计划执行时间的长短不同，决定了所需考虑的环境因素的多少以及这些因素可能发生的变化程度都不相同，因此不同的计划所考虑的内容会有较大的差别。长期计划的主要任务是指出组织在较长时期内的发展方向和方针，规定组织各部门在较长时期内从事某种活动应达到的目标和要求，绘制组织长期发展的蓝图，内容相对比较笼统。而中、短期计划的内容比较具体，对在中、短期内组织某项活动的目标、行动方案、实施措施和手段、具体的考核指标都有具体、明确的规定。短期计划一般还会将工作细分到具体的作业单位，并给出工作日程表和预算等。

（二）综合性计划和专业性计划

按计划针对的对象范围可以将计划分为综合性计划和专业性计划两大类。

组织的综合性计划是对业务经营过程中各方面活动所做的全面规划和安排。在较长一段时期内执行的战略计划往往是覆盖面较广泛的综合性计划，但短期计划也有的是综合性的，如企业往往需要编制年度综合经营计划。

专业性计划则是对某一专业领域的职能工作所做的计划，它通常是综合性计划某一方面内容的细化。比如，与企业经营活动直接相关的销售计划、生产计划、产品研发计划以及为业务活动服务的人事计划、财务计划、物资供应计划、技术改造计划等，都是特定职能领域的专业性计划。这些计划只涉及企业活动的某一方面，它们与综合性计划的关系是局部与整体的关系。职能型计划包括以下内容：

1. 组织计划

组织计划是为了完成管理目标所进行的组织设计，它包括为完成管理目标所做的组织机构的安排和人事的聘任、选择与培养，是完成管理目标的基本保证。

2. 生产计划

生产计划是为了完成生产的目标，从原材料到产品的转换所做出的程序安排。它包括原料的采购计划、库存计划、产品加工计划和产品验收计划等。如果是综合生产计划，还应包括产品销售计划。产品销售计划是和市场环境紧密联系的，它推动了整个生产计划的制订与执行。

3. 财务计划

财务计划是关于如何筹资和资本如何使用，以便有效地促进组织的业务活动的计划。换言之，它是关于组织系统货币流的控制规划。财务计划的收支平衡，保证了组织系统的稳定性。若财务收支不平衡，将会带来两种结果：货币流减少和货币流增加。货币流减少表示组织的管理功能在衰退，货币流增加（积累）则预示着组织的管理功能在扩大、发展。为了保证组织的生存和发展，起码要保持财务平衡，进一步应追求财务的良性循环和货币的增值，因此财务计划对于企业而言非常重要，它对组织的各种活动起到了保证及支持的作用。预算是财务计划的一个基本表现形式。

4. 市场计划

市场计划是企业为了扩大市场份额、增加销售量的计划。如果说企业的组织计划和生产计划主要是基于企业自身的功能而制订的，那么市场计划则是根据市场环境和自身功能两方面因素综合制订的。管理者对企业的内部功能是可以控制和操纵的，但对于企业的外部环境，管理者一般难以控制和施加影响。因此，市场计划往往需要考虑多种因素，制订难度较大。市场计划可以使企业有效地创造市场环境，促进企业的发展。

◎ **知识链接**

各种功能计划都是为实现组织目标而服务的。这些计划相互依赖、相互作用。组织在制订功能计划时必须统筹考虑、全面安排，以及有效地利用功能计划这种手段，实现组织的总体目标。

（三）指向性计划与具体性计划

这是从计划内容的详尽程度来划分的。指向性计划也可称为“指导性计划”，一般只规定一些指导性的目标、方向、方针和政策等，并由高层决策部门制订，适用于战略规划、中长期计划等。具体性计划具有非常明确的目标和措施，具有很强的可操作性，一般由基层制订，适用于总计划下的专业计划或具体的项目计划，如新产品开发计划、技术改造计划等。

（四）程序性计划与非程序性计划

管理活动本身可以分为两类：一类是例行活动，也就是在日常经常重复出现的工作，如商店每日的盘点；工厂车间每日生产的零配件的数量统计，确定明日的材料提取量等。有关这类活动的决策计划，同样也是经常重复的，而且具有一定的稳定结构，可以建立一定的工作程序，这类针对例行活动的计划称之为“程序性计划”。

组织中的另一类管理活动属于非例行活动，不重复出现，如企业新产品的开发、实施企业转制、重组等。这些问题过去从未出现且没有固定的解决方法和程序，与此相对应的计划被称为“非程序性计划”。

◎ **知识链接**

W. H. 纽曼把计划分为常规计划和专用计划。他认为常规计划包括政策、标准方法和常规作业程序，所有这些都是用来处理常发生的问题，即每当一种常见的问题发生时，常规计划就能提供一种现成的行动指导。专用计划包括特殊情况专门设计的方案、进程表和一些特殊的方法等，它用来处理一次性的而非重复性的问题。

（五）战略计划和战术计划

根据计划对企业经营影响范围和影响程度的不同，以及计划制订者所处的管理层次的不同，可将计划分为战略计划和战术计划。

1. 战略计划

战略计划是由高层次管理者制订的，是关于组织活动长远发展方向、基本目的的计划，其内容不追求具体、明确，只规定总的发展方向、基本策略和具有指导性的政策、方针。一般大型企业都有战略计划，对于多种经营的事业部制企业，各事业部也需要制订相应的部门战略计划。企业整体层次的战略，通常称为“总战略”或“发展战略”，而事业部层次的战略则称为“经营战略”或“竞争战略”。

战略计划是组织的其他各种计划的最高指导原则。它要对如下问题做出明确规定：①组织的重大任务；②根据组织与环境条件的现状，制定出组织未来的管理目标、方针和原则；③战略计划的实际功效；④组织的模式、功能。

战略计划的基本特点为：①包含的时间跨度大，涉及的范围广；②内容抽象、概括，不要求直接的可操作性；③计划方案的使用往往是一次性的；④计划的前提条件大多是不确定的，计划的执行结果也带有很大的不确定性。因此，战略计划的制订者必须具有较高的风险意识，能在大量的不确定性因素中选定企业未来行动的目标和经营方向。

2. 战术计划

战术计划一般由组织的中低层管理者制订，接受高层管理者的监督，是关于组织活动如何具体运作的计划。对企业来说，主要是指各项业务活动的作业计划。战术计划是规定需由何人、在何时、通过何种办法做事，以及使用多少资源来做事。简而言之，战略计划是确保企业“做正确的事”，而战术计划则是追求“正确地做事”。

战术计划的主要特点是：①涉及的时间跨度较短，覆盖的范围较窄；②内容具体、明确，并要求具有可操作性；③计划的任务主要是规定如何在已知条件下实现企业的各项分目标。战术计划的风险程度比战略计划低。通常，战术计划又可细分为施政计划、协调发展计划和作业计划等。

总之，依据不同的分类标准，可以给计划赋予不同的名称。不同类别的计划可能具有相同的特性，如短期计划、作业计划和战术计划具有很多相同的特性，而长期计划、战略计划和指向性计划也具有很多相同的特性。

【案例分析】

王新工作上的烦恼

王新是海天机械装配厂的经理，这是一家生产小型机械的装配厂，在当地有一定的市场份额。王新每天到达工作岗位时都随身带着一份列有他当天要处理的各项事务的清单。清单上的有些项目是集团总部的上级打电话通知他需要处理的，另一些是他自己在一天多次的现场巡视中发现的或者他手下报告的不正常的情况。

每天，王新与往常一样带着他的清单来到办公室。他做的第一件事是审查工厂各班次监督人员呈送上来的作业报告。他为工厂每天 24 小时连续生产，各班次的监督人员被要求在当班结束时提交一份报告，说明这班次开展了什么工作，发生了什么问题。看完前一天的报告后，王新通常要同他的几位主要下属开一个早会，会上他们决定对于报告中所反映的各种问题应采取什么措施。王新在白天也参加一些会议，会见来厂的访问者。他们中有些是供应商或潜在供应商的销售代表，有此则是工厂的客户。此外，也有一些来自地方、省、国家政府机构的人员。总部职能管理人员和王新的直接上司也会来厂考察。当陪伴这些来访者和他自己的下属参观的时候，王新常常会发现一些问题，并将它们列入他那待处理事项的清单中。王新发现自己明显无暇顾及长期计划工作，而这些活动是他改进工厂的长期生产效率所必须做的。他似乎总是在处理某种危机，他不知道哪里出了问题。为什么他就不能以一种使自己不这么紧张的方式工作呢？

资料来源：王彦长等主编的《管理大视野——管理案例、习题集》。

案例讨论题：

（1）从管理职能的角度，可以对王新的工作做一种什么样的分析？

（2）请对王新工作效率进行评价。

任务三　制订工作计划

【案例导入】

宏大实业发展有限公司的发展计划

某年12月以后，宏大实业发展有限公司（以下简称“宏大公司”）的总经理汤军一直在想着两件事：一是年终已到，应抽个时间开个会议，好好总结一下一年来的工作。近年来外部环境发生了很大的变化，尽管公司想方设法拓展市场，但困难重重，好在公司经营比较灵活，苦苦挣扎，这些年总算摇摇晃晃走过来了，现在是该好好总结一下，看看问题到底在哪儿。二是该好好谋划一下之后该怎么办？更远的该想想以后5年怎么干，乃至于以后10年怎么干？于是汤军从事务堆里抽出身来，到淮海大学去听了两次关于现代企业管理的讲座，教授的精彩演讲对他触动很大。公司成立至今，转眼已有10多个年头了。10多年来，公司取得过很大的成就，靠运气、靠机遇，当然也靠大家的努力。细细想来，公司的管理全靠经验，特别是靠汤军自己的经验，遇事都由他自己拍板，从来没有公司通盘的目标与计划，因而常常是干到哪儿是哪儿。可现在公司已发展到有几千万资产，近300个员工，再这样下去可不行。汤军每想到这些，晚上都睡不着觉，到底该怎样制订公司的目标与计划呢？这正是汤军一直在苦苦思考的问题。

宏大公司是一家民营企业，是改革开放的春风为宏大公司的建立和发展创造了条件。因此汤军常对员工讲，公司之所以有今天，一靠他们三兄弟拼命苦干，但更主要的是靠改革开放带来的机遇。15年前，汤氏三兄弟只身来到了省里的工业重镇A市，当时他们口袋里只有父母给的全家的积蓄800元人民币，但汤氏三兄弟决心用这800元创一番事业，摆脱祖祖辈辈日出而作、日落而归的脸朝黄土、背朝天的农民生活。到了A市，汤氏三兄弟借了一处棚户房落脚，每天分头出去找营生，在一年时间里他们收过破烂、贩过水果、打过短工，但他们感到这都不是他们要干的。老大汤军经过观察和向人请教，发现A市的建筑业发展很快，城市要建设，老百姓要造房子，所以建筑公司任务不少，但当时由于种种原因，建筑材料却常常短缺，因而建筑公司也失去了很多工程。汤军得知，建筑材料中的水泥、黄沙都很缺。他想到，在老家镇边，他表舅开了家小水泥厂，生产出的水泥在当地还销不完，因而不得不减少生产。他与老二、老三一同商量决定做水泥生意。他们在A市找到需要水泥的建筑队，讲好价，然后到老家租船借车把水泥运出来，去掉成本每袋水泥能净得几块钱。利虽然不厚，但积少成多，一年下来他们挣了几万元。当时的中国，“万元户”可是个令人羡慕的名称。当然这一年中，汤氏三兄弟也吃尽了苦，汤军一年里住了两次医院，一次是劳累过度晕在路边被人送进医院，另一次是肝炎住院，医生的诊断是营养严重不良引起抵抗力差而得肝炎。虽然如此，看到一年下来的收获，汤氏三兄弟感到第一步走对了，决心继续走下去。他们又干了两年贩运水泥的活，那时他们已有一定的经济实力，同时又认识了很多人，有了一张不错的关系网。汤军在贩运水泥中，看到改革开放后，A市角角落落都在大兴土木，建筑队的活忙得干不过来，他想，家乡也有木工、泥瓦匠，何不把他们组织起来，建个工程队，到城里来闯天下呢？三兄弟一商量就说干就干，没几个月一个工程队开进了城，当然水泥照样贩，这也算是两条腿走路了。

一晃15年过去了，当初贩运水泥起家的汤氏三兄弟，今天已是拥有几千万资产的宏大公司的老板了。公司现有一家贸易分公司、建筑装饰公司和一家房地产公司，有员工近300人。老大汤军当公司总经理，老二、老三做副总经理，并分兼下属公司的经理。汤军老婆的叔叔任财务主管，他们表舅的大儿子任公司销售主管。总之，公司的主要职位都是家族里面的人担任，汤军具有绝对权威。

公司总经理汤军是汤氏兄弟中的老大，当初到A市时只有24岁，他在老家读完了小学，接着断断续续花了6年时间才读完初中，原因是家里穷，又遇上了水灾，两度休学，但他读书的决心很大，只要条件许可，他就会去上学，而且边读书边干农活。15年前，是他带着两个弟弟离开农村进城闯天下的。他为人真诚，好交朋友，又能吃苦耐劳，因此深得两位弟弟的敬重，只要他讲如何做，他们就会拼命干。正是在他的带领下，宏大公司从无到有，从小到大。现在A市汤氏三兄弟的宏大公司已是大名鼎鼎了，民营企业家汤军的名声更是非同凡响。但汤军心里明白，公司这些年的日子也不太好过。建筑公司任务还可以，但由于成本上升，创利已不能与前几年同日而语了，只能是维持，略有盈余。况且建筑市场竞争日益加剧，公司的前景难以预料。贸易公司能勉强维持已是上上大吉了，况且仓库里还积压了不少货无法出手，贸易公司的日子不太好过。房地产公司更是一年不如一年，当初刚开办房地产公司时，由于抓准了时机，两个楼盘着实赚了一大笔，这为公司的发展立了大功。可是好景不长，房地产市场疲软，生意越来越难做。好在汤军当机立断，微利或持平把积压的房屋作为动迁房基本脱手了，要不后果真不堪设想，就是这样，现在还留着的几十套房子把公司压得喘不过气来。

面对这些困难，汤军一直在想如何摆脱现在的这种状况，如何发展。发展的机会也不是没有。在淮海大学听讲座时，汤军认识了A市的一家国有大公司的老总，交谈中汤军得知，这家公司正在寻找在非洲销售他们公司当家产品——小型柴油机的代理商，据说这种产品在非洲很有市场。这家公司的老总很想与宏大公司合作，利用民营企业的优势，去抢占非洲市场。汤军深感这是个机会，但该如何把握呢？某日，汤军与市建委的一位处长在一起吃饭，这位老乡告诉他，市里规划近期开始江海路拓宽工程，江海路在A市就像上海的南京路，两边均是商店。借着这一机会，好多大商店都想扩建商厦，但苦于资金不够。这位老乡问汤军，有没有兴趣进军江海路。如果有的话，他可牵线搭桥。宏大公司的贸易公司早想进驻江海路了，但苦于没机会，现在机会来了，机会很诱人，但投入也不会少，该怎么办？随着改革开放的深入，住房分配制度将有一个根本的变化，随着福利分房的结束，汤军想到房地产市场一定会逐步转暖。宏大公司的房地产公司已有一段时间没正常运作了，现在是不是该动了？

总之，摆在宏大公司老板汤军面前的困难很多，但机会也不少，新的一年到底该干些什么？怎么干？以后的5年、10年又该如何干？这些问题一直盘旋在汤军的脑海中。

资料来源：http://jpkc.hnu.cn/2007sb-glx/course/KeTangjx/KeTangjx.html.

案例讨论题：

(1) 宏大公司是否应制订短、中、长期计划？为什么？

(2) 如果你是汤军，你该如何编制公司的发展计划？

一、计划编制的程序

计划工作是一个由若干互相衔接的步骤所组成的连续的过程。不同的计划，其工作有不同的特点，但一般来说，这一过程可以大致分为以下八个步骤：

(一) 估量机会

从一定意义上讲，估量机会是正式的计划工作开始之前所必须做的准备工作，它不是计划工作的一部分，但却是计划工作的真正起点。其内容包括初步考察未来可能出现的机会以及本组织认识和把握机会的能力，根据自身的优势和劣势判断本组织的竞争地位，明确进行计划的理由以及期望得到的结果等。一般来说，制订的计划目标能否实现，便取决于这一步骤的工作。

(二) 确立目标

在估量机会的基础上，计划工作的第一步就是要为组织以及各组成部分确立目标。目标要说明预期的成果，指明将要做的工作有哪些、重点应放在哪里、将必须完成哪些任务等。企业或组织的总目标将成为所有计划的指南，各个领域的分目标和各个部门的具体目标必须反映总目标的要求，通过各领域、各层次目标的相互支持、相互协调形成一个完整的目标系统。

(三) 拟订计划的前提条件

拟订计划的前提条件就是计划实施时的预期的内外部环境条件。由于未来环境的复杂性，要搞清楚其每一个细节是不现实的，也是不经济的。因此，组织所要确定的计划前提必须限于那些关键性的、对计划的实施影响最大的条件。负责计划工作的人员对计划前提条件了解得越透，那么组织计划工作也将越协调。

（四）确定备选方案

一般来说，实现某一既定的目标往往存在着多个可供选择的方案。这就要求主管人员通过初步的考察和计算，排除希望不大的那些方案，将备选方案确定为最有成功把握的几个方案，从中进行科学的选择。

（五）评价备选方案

在找出了各种备选方案并考察了它们各自的优缺点之后，计划的下一个步骤便是根据计划的前提条件和计划目标，通过各种因素来分析评价方案。

一般来说，由于备选方案多，而且有大量的可变因素和限定条件，从而评价备选方案的工作往往是非常复杂的，为此常需要借助于运筹学、数学方法和计算技术等各种手段来进行方案评价。

（六）选择方案

这一步骤实际上意味着进行决策或决断，是确定采用哪一个计划的关键步骤。管理人员依据自己的经验，通过对备选方案进行实验，或者对方案进行分析研究来做出选择。在对各种备选方案进行分析和评价的过程中，可能会发现同时有两个或更多的方案是可取的，在这种情况下，管理人员也许会决定同时采取几个方案。

（七）拟订派生计划

在选定一个基本的计划方案后，还必须围绕基本计划来拟订一系列派生计划来辅助基本计划的实施。例如，某大企业在做出新建一个分厂的计划，各种派生计划都要围绕它来进行拟定，如人员的招聘和培训计划、材料和设备的采购计划、广告宣传计划、资金筹措计划等。

（八）用预算将计划数字化

计划的最后一个步骤就是要将之转化为预算，使之数字化。预算是用数字的形式表示的组织在未来某一确定期间内的计划，是计划的数量说明，是用数字形式对预期结果的一种表示，既包括财务方面的，如收入、支出和资本预算等；也包括非财务方面的，如材料、工时、产量等方面的预算。预算是汇总各类计划的工具，同时也是衡量计划执行情况的重要标准，因此预算又常被看成一种重要的控制手段。

不同的计划，它们所涉及的人力、资金或者所用时间都会有所不同，但它们计划工作的步骤却是共通的，任何一种完整的计划工作都要遵循这些步骤。应该指出的是，计划工作中的某些步骤，即提出备选方案、对备选方案进行评价以及选择备选方案，实际也就是前一章讨论的决策过程。在机会和目的为已知的条件下，计划工作的核心确实就是决策的过程。

二、计划编制方法

（一）滚动计划法

滚动计划法是一种将短期计划、中期计划和长期计划有机地结合起来，根据计划的执行情况和环境的变化情况，定期修订未来计划并筑起向前推移的计划制订方法。

由于环境的不断变化，存在着众多的不确定因素，因而在计划实施一段时间后，就可能出现与实际不符的情况。管理者采用滚动计划法有利于在外界环境不断变化的情况下，使计划更加符合实际，更好地保证计划的指导作用，从而提高计划工作的质量；同时也有利于保证长期计划、中期计划和短期计划互相衔接，使各期计划基本保持一致；最后，它还使得组织的计划工作富有弹性，从而有利于提高组织的应变能力。

滚动计划法的使用一般为：制订分期、分阶段计划，计划内容近细远粗；完成一个计划阶段后，根据实际情况与计划进行比较，修订计划使之向前滚动一个阶段。

（二）网络计划法

网络计划法是20世纪50年代以来出现的一类计划控制方法，所谓网络计划技术，就是把工程项目当成一个系统，用网络图、表格或矩阵表示各项具体工作的先后顺序和相互关系，以时间为中心，找出从开工到完工所需时间最长的关键线路，并围绕关键线路对系统进行统筹规划、合理安排以及对各项工作的进度严密控制，以达到用最少的时间或资源消耗来完成系统预定目标的一种计划与控制方法。

根据一张网络图就可以确定出关键路线或关键作业，即对整个工期造成影响的那些作业。然后可以依据上述分析，重新调整和平衡人力、物力、财力等资源的分配，最终得到一个多快好省的方案。一般来说，网络计划方法特别适用于项目性的作业，如大型设备的制造、各种工程建设等。

（三）预算方法

预算是用数字表示的未来某一个时期的计划。预算可以用货币单位（如收支预算、资金预算等），也可以用其他单位（如用工时、机时、产量、销售量、原材料消耗等）来表示预期的结果。计划数字化为预算，将使管理人员明确资金和资源与部门或个人的对应关系，从而有利于充分授权给下属，使其在预算的限度内实施计划。此外，由于预算非常便于用来进行控制，因此预算不仅是一种细化的计划，同时还是非常常用的控制手段。常见的预算方法有零基预算法、弹性预算法和滚动预算法。

1. 零基预算法

零基预算法的特点是，组织在编制预算时，对于任何项目，不论是原有项目，还是新设的项目，均不考虑基期的费用开支水平，而一律以零为起点，从根本上重新论证各个项目的必要性及其规模。

这种预算方法大致可分为三个步骤：首先，由各部门根据组织的总目标和本部门所承担的任务，提出本部门在计划期内需要发生哪些费用项目，论证各个项目进行的目的及其花费数额；其次，对每一个费用项目进行成本效益分析，并依此排定各个费用项目的优先次序；最后，根据上述次序，结合计划期内可动用的资金规模，分配资金，落实预算。采用零基预算法，由于每个项目的费用预算都是以零为基数重新加以计算的，因而也就避免了传统上在编制预算时只重视前期变化的普遍倾向。

2. 弹性预算法

通常的预算都是根据计划期内一定的业务量水平为基础来编制的。实际业务量水平常常是起伏波动的，从而就有必要对原预算数进行调整，于是提出了弹性预算法。弹性预算法也称为“可变预算法”，即在编制预算时，针对计划期内业务量可能发生的变动，编制出一套能适应多种业务量的费用预算，以便分别反映在各种业务量情况下所应开支的费用水平。这种方法多用于费用预算的场合。

弹性预算法的基本原理在于，其费用预算中包括两部分内容：一部分是固定费用；另一部分是可变费用。固定费用不随业务量的变化而变动，变动费用是期内的实际业务量乘以单位业务的可变费用，固定费用与变动费用之和即弹性费用。编制弹性预算便于企业根据实际的业务量水平，选用相应业务量水平的费用预算数作为标准，与实际支出数进行对比，这样既有利于管理人员事前对费用开支进行控制，也有利于管理人员事后对各项费用的节约或超支进行分析。

3. 滚动预算法

一般的预算都是以一年为期进行编制的。在计划期内的经济活动具有不确定性，预算往往只能提出一些比较笼统的数字。滚动预算法就是为了克服上述弊端而提出来的。滚动预算法有点类似于滚动计划法，其做法就是使预算期总是保持在 12 个月的长度，每过一个月就在期末增加一个月的预算，逐期往后滚动。这种方法也称为“连续预算法”，它能使各级主管人员对未来永远保持 12 个月的考虑和计划，从而有利于保证业务活动稳定而又有秩序地运行。

滚动预算法主要采用长计划、短安排的方式进行。这种预算方法有利于管理人员对预算资料做经常性的分析研究，并能够根据当前的预算执行情况及时地加以调整和修订。

【案例分析】

百灵制衣有限公司的经营发展计划

百灵制衣有限公司是某地区一家著名的服装公司，其生产的百灵衬衫是全国知名品牌，一直被消费者认为是高档次衬衣的代表。在经历了 20 世纪 90 年代中期的高速发展之后，该公司的整体销售却逐渐呈现出疲态，市场面临巨变，并且出现了很多竞争对手，其中不少采用非常具有攻击性的销售策略。这使百灵制衣有限公司面临巨大的压力。

李强是百灵制衣有限公司刚上任的总经理，很想有所作为。同时公司上下也都在密切关注着刚上任的李总，希望李总能够拿出一个有效的公司经营计划，使公司能够应对竞争压力而上一个新的台阶。这使得李强的压力很大，他迫切希望自己能够制订出可行而有效的经营计划。

经过调查，李强发现衬衣市场的销售总额同期略微下降了1~2个百分点。但是，仍然有些新进入的品牌取得了巨大成功。湘益服饰有限公司就是其中的佼佼者，它推出的全麻系列的衬衣因为用料新颖、透气性好且价格适中而风靡全国，并且成为首屈一指的麻质服装品牌。由于竞争激烈，许多高档衬衣生产厂家退出了竞争，只有包括百灵制衣有限公司在内的几家高档品牌维持了2%~3%的增长。

李强发现使百灵制衣有限公司在内的几家高档品牌压力增大的原因是因为高档制衣公司所采用的精细技术迅速普及，就连普通衬衫厂家也能做出同样质量的产品了。李强还发现，衬衣的消费群体越来越对全棉衬衣感兴趣，因为它们穿着舒适透气；但是全棉衬衣也有弱点，就是不如涤棉衬衣挺括。由于竞争激烈，几乎所有的厂家，无论是高档品牌还是中档品牌，都纷纷转向全棉面料衬衣的生产和销售，以期能够扩大利润。但精明的消费者还是发现，全棉的概念下面，产品并不相同，因为全棉衬衣的透气性是与织数密切相关的，织数越高，透气性越好，穿着也越舒适，但这样一来，棉纱的要求就越细，成本也就越高。现在市场上经济型的衬衣大概在100元，全棉的衬衣大概在150~300元，而百灵制衣有限公司和其他高档品牌的普通衬衣要卖到200~300元，高级全棉衬衫则要卖到400元以上。

更令人头疼的是，百灵制衣有限公司现在面临着多家竞争公司的进攻，就连它们做的广告都是针对百灵制衣有限公司的核心产品的。

虽然面临着竞争对手的进攻，全麻的衬衣似乎带来了新的市场机会，但是李强欣慰地发现，现在看来消费者要完全接受这种质地的产品还需要一个漫长的过程，因为麻质衬衣的手感相比棉质衬衣还是有些怪异，消费者购买最多的往往还是自己熟悉的棉质衬衣。

面对挑战，李强始终认为，作为全国较高档次的品牌之一，百灵制衣有限公司无论如何都应该采用最好的原料，完成最精良的做工，虽然这会造成成本的居高不下，但这是一个卓越品牌必须具备的。

现在，李强正认真思考引进一种新产品系列，这种产品虽然是以麻为主料，但由于采用了新工艺，手感同棉质非常相似，而透气性则达到了同样高的标准。但是在优势之外，这种产品也有它的不足，主要是价格问题。这种产品的价格要高出市场整体水平很多，零售价可能达到600~700元。考虑到整个市场的接受水平，李强不得不怀疑这种产品的目标顾客群到底有多大。如果潜在顾客并不是很多，销售这种新产品也就没有多大意义。不过，以该公司现有的产品来进行市场竞争，李强又觉得有些巧妇难为无米之炊之感，他到底该如何制订该公司的经营计划呢？

资料来源：http://jpkc.hnu.cn/2007sb-glx/course/KeTangjx/KeTangjx.html.

案例讨论题：

（1）请分析百灵制衣有限公司经营环境发生了什么变化？李强制订该公司的经营计划有什么主要作用？

（2）百灵制衣有限公司与其他服装企业相比，有哪些长处与不足？

（3）请联系计划工作的程序的相关内容，说一说李强应该如何制订公司的经营计划。

任务四 践行目标管理

【案例导入】

表 2-7 某公司员工的绩效考核

目标类型	目标体系	指标说明	权重	目标值	自我评分	下级/同级评分
收入目标	季度营业收入目标	一季度：20 万元，二季度：30 万元 三季度：30 万元，四季度：20 万元	20%	25 万元/季		
客户开发目标	新客户开发目标	一季度：洽谈两家意向客户 二季度：洽谈一家意向客户 三季度：洽谈一家意向客户 四季度：洽谈两家意向客户	20%	1 家/季		
人员分析目标	一季度人员分析目标	完成长三角区域工艺、市级及销售人员的分析	15%	各项数据准确、完善		
	二季度人员分析目标	完成长三角区域所有其他职能岗位人员的分析	15%			
	三季度人员分析目标	完成长三角区域所有的职能岗位人员的分析	15%			
	四季度人员分析目标	完成京津唐区域所有的职能岗位人员的分析	15%			

资料来源：根据六安市明法人力资源服务有限公司提供的相关资料改编。

一、目标管理的定义和性质

（一）目标的定义

企业以及任何其他的社会组织都有其之所以存在的目的和使命，这些目的和使命是通过完成一定的目标而得以实现的。因此，我们得出一个结论，目标是指企业或组织所指向的终点。

（二）目标的性质

1. 目标层次性

企业的目标可以看成由从上至下的多个目标层次所构成的一个等级结构。处于最顶层的是企业的目的和使命，以下依次为企业在一定时期的总目标、各个领域的目标、各个部门的目标，最底层则是组织成员的个人目标。在目标等级结构中，相邻两层目标之间构成了目标—手段链的关系，下一层次的目标是保证上一层次目标得以实现的手段。

2. 目标网络性

企业的目标很少表现为线性相关的方式，即一个目标实现之后才接着开始实现另一个目标，而是通常表现为一个彼此依存的网络体系。正因如此，有些目标尽管看起来对自己的部门有利，但对组织整体却可能是有害的，因此管理者在制定目标时需要部门间的相互协调。

3. 目标多样性

一个企业可能同时追求多种多样的目标，如利润率和投资回收率，国际市场上的地位，科研方面的竞争力，本行业中的主导地位，企业的社会责任，等等。同样，对于企业的各个部门乃至每一个组织成员也都具有多样性的目标。

4. 长期目标和短期目标

组织的长期计划和短期计划之间必须形成一个相互协调的整体关系，才能使计划工作取得成效。短期目标的设定是为了长期目标的实现；长期目标是对短期目标的指导。

◎ **应用案例**

这家酒业公司怎么了

不久前，为最大限度地节约成本、增加利润，某酒业公司决定在整个公司内实施目标管理，并根据目标实施和完成情况，一年进行一次绩效评估。

事实上，该公司在此之前为销售部门制定奖金系统时已经用了这种方法。该公司通过对比实际销售额与目标销售额，支付给销售人员相应的奖金。这样，销售人员的实际薪资就包括基本工资和一定比例的个人销售奖金两部分。销售额大幅度提上去了，但是却苦了生产部门，他们很难及时完成交货计划。因此，销售部总是抱怨生产部不能按时交货。于是，公司高层管理者决定为所有部门和员工建立一个目标设定流程。生产部门的目标包括按时交货和库存成本两个部分。为了实施这个新的流程，他们需要用到绩效评估系统。该公司请了一家咨询公司指导管理人员设计新的绩效评估系统，并就现有的薪资结构提出了相关建议。该公司付给咨询顾问高昂的费用修改基本薪资结构，包括岗位分析和工作描述，还请了咨询顾问参与制定奖金系统。该系统与年度目标的实现程度密切相连。咨询顾问指导经理们如何组织目标设定的讨论和绩效回顾流程。总经理期待着很快能够提高业绩。

然而不幸的是，业绩不但没有上升，反而下滑了。部门间的矛盾加剧，尤其是销售部和生产部。生产部埋怨销售部销售预测准确性太差，而销售部埋怨生产部无法按时交货。每个部门都指责其他部门存在的问题。客户满意度下降，利润也在急剧下滑。

资料来源：http://jpkc.cug.edu.cn/2006jpkc/glx7/resoures/andp/1%20(5).htm.

案例讨论题：

(1) 本案例的问题可能出在哪里?

(2) 为什么设定目标（并与工资挂钩）反而导致了矛盾加剧和利润下降?

二、目标管理的特征和意义

（一）目标管理的特征

1. 目标的制定者就是目标的执行者

在传统管理中，组织目标的制定是最高层管理者的特权，下级管理者和一般员工只有执行的义务，目标的制定和目标的贯彻是相分离的；目标管理强调组织目标的制定要由上下级共同参与协商，目标的制定方式是“由上而下”和“由下而上”的结合，目标的达成也是上下级共同参加的结果。

2. 目标的实施过程是“自我管理”“自我控制”的过程

传统的管理是一种监督和强迫的方式，而目标管理强调组织所有成员的参与，注重的是“自我管理”和“自我控制”。

3. 目标是考评各级人员的依据

传统管理的工作考评主要是以被考评对象的品质、态度等为依据来进行，目标管理则强调考核要以工作实绩为依据。员工本人首先应对照目标进行实绩的自我检查，其次则是上下级共同确定考核结果，并以此作为奖惩的依据，因此具有客观的特点。

4. 重视人的因素

目标管理是一种参与的、民主的、自我控制的管理制度，也是一种把个人需求与组织目标结合起来的管理制度。在这一制度下，上级与下级的关系是平等的，是相互尊重、相互依赖和相互支持的，下级在承诺目标和被授权之后是自觉、自主和自治的。

（二）目标管理的意义

目标管理的意义可以简单地归纳为以下几点：

1. 目标管理有利于组织全面提高管理水平

现实可行的目标的制定依赖于计划工作的保证，同样计划也必须以最终目标为依据才有意义。这就迫使组织的管理人员为实现最终目标而进行计划，同时也促使他们考虑为实现目标所采用的手段，考虑与这些目标相适应的组织机构和人员，而一套精心设计的目标体系则提供了最好的控制标准。

2. 目标管理有利于改善组织结构

为了将目标落实到岗位上，人们必须明确组织结构的状况，从而有利于发现组织结构设计中所存在的问题。

3. 目标管理有利于激励人们的主动精神，诱发人们的责任感

通过实施目标管理，每一个员工都参加了为自己拟定目标的工作，他们不再是被动的接受者，而是有着明确目标的、能够掌握自己命运的主动的追求者。

4. 目标管理有助于开展有效的控制工作

控制就是对进行着的业务活动加以衡量，发现计划实施过程中所发生的偏离并采取措

施加以纠正，从而保证既定目标的实现。对业务活动的衡量取决于所使用的标准，而一套明确的、可考核的目标将是最好的控制标准。

◎ **知识链接**

"目标管理"（management by objective，MBO）是美国管理大师彼得·德鲁克（Peter Drucker）1954 年在其名著《管理实践》中最先提出的概念。它是一种以目标为导向，以人为中心，以成果为标准，而使组织和个人取得最佳业绩的现代管理方法。

德鲁克认为，并不是有了工作才有目标，相反，有了目标才能确定每个人的工作。因此，企业的使命和任务必须转化为目标，如果一个领域没有目标，这个领域的工作必然会被忽视。也因此，管理者应该通过目标对下级进行管理，当组织最高层管理者确定了组织目标后，必须对其进行有效分解，转变成各个部门以及个人的分目标，管理者根据分目标的完成情况对下级进行考核、评价和奖惩。

三、目标管理的方法

（一）明确目标

目标管理中的目标应具体明确，明确的目标要比只要求人们尽力地去做有更高的业绩，而且高水平的业绩是和更高的目标相联系的。人们注意到，在企业中，目标技能的改善会继续提高生产率。

（二）参与决策

目标管理用参与的方式决定目标，上级和下级共同参与目标的选择和对如何实现目标达成一致意见。MBO 中的目标不是像传统的目标设定那样，单向由上级给下级规定目标，然后分解成子目标落实到组织的各个层次上，而是用参与的方式决定目标，上级与下级共同参与选择设定各对应层次的目标，即通过上下级协商的方式，逐级制定出整体的组织目标、经营单位的目标、部门的目标直至个人的目标。因此，MBO 的目标转化过程既是"自上而下"的，又是"自下而上"的。

（三）规定期限

每一个目标的完成都有一个明确的时间界限。MBO 强调时间性，制定的每一个目标都有明确的时间期限要求。在大多数情况下，目标的制定可与年度预算或主要项目的完成期限一致。一些目标应该安排在很短的时期内完成，而另一些目标则要安排在更长的时期内完成。在典型的情况下，组织层次的位置越低，为完成目标而设置的时间往往越短。

（四）反馈绩效

目标管理寻求不断将事情的进展情况反馈给个人，以便他们能够调整自己的行动。也包括正式的评估会议，上下级共同回顾和检查进展情况。尤其重要的是，管理人员要努力吸引下属人员对照预先设立的目标来评价业绩，积极参加评价过程，用这种鼓励自我评价和自我发展的方法，鞭策员工对待工作要全身心投入，并创造一种激励的环境。

【案例分析】

某化工公司的目标管理

某化工公司是一个地方中型企业，在实行目标管理之前，公司领导总感到员工的积极性没有最大限度地发挥出来，上下级之间关系也比较紧张，管理很不顺畅，所以公司效益从1993年以来连续下滑。为从根本上扭转这种被动的管理局面，从管理中要效益，公司领导班子达成共识，从“九五”计划第一年（1996年）开始，在公司实行目标管理。

一、确定目标

该公司根据企业“九五”计划的总体要求来确定公司的总目标。总目标包含以下四个方面，并尽量用定量指标表达，目标又分期望和必达两种（以1996年为准）：

（1）社会贡献目标。该公司作为一家地方性的化工企业，不仅要满足地区经济发展的物质要求，还要满足人民群众对化工产品的不断增长需求。具体指标为：总产值7 914万元必达，期望达到8 644万元；净产值1 336万元必达，期望达到1 468万元；上缴税款517万元必达，期望达到648万元。

（2）市场目标。随着市场经济的发展与深入，化工产品市场竞争越来越激烈。该公司在本地区是具有竞争力的企业，所以在力图巩固现有市场份额的基础上，强化市场营销策略，不断扩大销售量，并开拓外省（自治区、直辖市）市场，从而提高市场占有率。其销售指标为期望年增8%～10%，必须达到年增6%～7%。对市场的占有率指标为：期望达到38%，必须达到34%。

（3）公司发展目标。该公司根据“九五”计划发展规划，确定其发展目标为：销售收入6 287万元必达，期望达到7 100万元，且年增6%～8%；资产总额650万元，且年增10%～12%；必须开发5个新系列化工产品，期望开发6个新产品系列；员工人数年增长3%，且实行全员培训，员工培训合格率必达85%，期望达到98%。

（4）公司利益和效益目标。确定的具体指标如下：利润总额为480万元，期望实现540万元；销售利润率为7.6%，期望达到8.5%；劳动生产率年增85%，期望年增105%；成本降低率递减5%；合格品率达到92%，期望达到95%；物质消耗率年下降7%；一级品占全部合格品比重达50%，期望达到60%。

二、目标分解

该公司对于总目标的每一个表达指标，都按纵横两个系统从上至下层层分解。从横向系统来看，即公司每一个职能部门都细分到各自的目标，并且一直到科室人员。从纵向系统来看，从公司总部到下属车间、段、班组直至每个岗位工人都要落实细分的目标。由此形成层层关联的目标连锁体系。

现以公司实现利润总额为480万元为例，对其目标进行分解。为确保1996年实现利润总额达480万元，经过分析可知，这取决于成本的降低，而成本的降低又分解为原材料成本、工时成本、废品损失和管理费用四个第三层次的目标，然后继续分解下去，共细分成96项具体目标，涉及降低物耗，提高劳动生产率，保证和提高产品质量以及管理部门节约、高效的具体要求。最后按归口分级原则落实到责任单位和责任人。

三、执行目标

该公司按照目标管理的要求，让各目标执行者“自主管理”，使其能在“自我控制”下充分发挥积极性和潜能，为员工实现自己的细分目标创造一个宽松的管理环境，不再强调上级对下级严密监督和下级任何事情都必须请示上级才行动的陈旧管理模式。

在此阶段，该公司领导注重做到以下几点：

(1) 对于大多数公司所属部门和岗位，都进行充分的委权和放权，提高自主管理和自我控制的水平。对于极少数下级部门和岗位，上级领导对下级部门和成员仍应实施一定的监督权，以确保这些关键部门和岗位的目标得以实现。

(2) 公司建立和健全了自身的管理信息系统，创造了执行目标所需的信息交流条件，使得上下级和平级之间的不同单位、部门、人员都能在执行各自的目标时得到信息的支持。

(3) 公司各级领导人员对下级及成员并不是完全放任着不管。他们的职责主要表现在三个方面，即①为下级创造良好的工作环境；②对下级部门和下级人员做好必要的指导和协调工作；③遇到例外事项时，上级要主动到下级部门中去协商研究解决，而不是简单地下指令。

在上述该公司成本降低的96项具体目标落实到公司有关部门和个人后，他们就按各自的目标制订了具体的实施方案。实施方案包括执行目标所需的权限、工作环境、信息交流渠道、工作任务、计划进度、例外事项处理原则等。在每天的工作中，每个执行目标者都要自己问自己，如今天要做些什么才能为自己的目标完成做出贡献，然后对每天的工作和时间进行最佳组合的安排，尽可能取得最大工作效率。

四、评定成果

该公司在进行目标管理时，很重视成果评定。当预定目标实施期限结束时（一般为一年），就大规模开展评定成果活动，借以总结成绩，鼓励先进，同时发现差距和问题，为更好地开展下一轮的目标管理打好基础。

某化工公司强调，评定成果要贯彻三项原则：一是以自我评定为主，上级评定与自我评定相结合；二是要考虑目标要达到的程度、目标的复杂程度和执行目标的努力程度，并对这三个主要因素进行综合评定；三是按综合评定成果进行奖励，体现公平、公正的激励原则。

例如，三车间聚丙乙烯产品成本目标是6 500元/吨，公司考核部门的标价标准是：达到6 500元，得100分；降至6 400元/吨以下，得120分；超过6 600元/吨，得10分；

处在每吨6 500~6 600元时，得50分。三车间全体员工经过一年的努力，最终自评成绩是120分，成功使成本降至6 400元/吨以下，在达到目标程度这一因素上取得了最优级，并经过公司考核部门认可。

成本是一个综合项目，涉及企业管理的许多方面。三车间的成本目标定为6 500元/吨，确属于比较复杂、困难、繁重的目标。公司考核部门在制定评价标准时，把6 500元/吨定为难度比较大的目标，记为100分；6 400元/吨以下为难度极大的目标，记为120分；6 600元/吨以上为较为容易的目标，记为10分。在评定时，影响成本的环境和条件没有大的改变。因此，三车间和公司考核部门一致确认，6 500元/吨的成本目标应记为100分。

在评定执行目标的努力程度时，公司考核部门也制定了“很努力”“比较努力”“一般努力”三个等级，分值分别是120分、100分和80分。三车间自评结论是在全车间同心协力，努力奋斗一年，应该记120分。

当然，在确定目标的复杂程度和执行的努力程度时，公司考核部门都有一些更多的细分指标和因素来保证。比如，执行努力程度要看出勤率、工时利用率以及合理化建议多少等。

对于不同层级的部门和岗位，三个因素在评定成果中所占的比例有所不同。一般越是上级职位和部门，第一要素所占比重越大。本例中的三车间属基层部门，可按5∶3∶2比例，对其成果分值最终予以确定。

三车间综合评价分=120×50%（目标达到程度）+100×30%（目标复杂程度）+120×20%（执行中努力程度）=114（分）

由于三车间进行的目标管理成绩很大，该公司对其进行了表彰和奖励。三车间每个员工也通过评定成果做了一次认真、全面、系统的总结。每个员工也有自己细分目标的评定结果，成绩并非一刀切完全相同。因此，后进员工要认真总结教训和学习先进员工的经验，以便把下一轮目标管理搞好。

该公司执行目标管理的第一年就取得了丰硕成果。公司总目标都超额实现，总产值达到8 953万元，净产值达到1 534万元，上缴税款为680万元。总目标中对社会贡献的目标全部超过期望目标。在市场目标方面：1996年比1995年的销售量增长了9%，市场占有率达到35%，都超过了必达目标。在公司发展目标方面：销售额达到7 130万元，比上年增长85%；资产总额为730万元，比上年增长15%；已开发出6个新品种系列；员工培训上岗合格率已达93%。在公司利益和效益目标上，已实现利润总额为630万元，其他各项经济效益指标也全部达到甚至超过预定目标。

同时，在公司内部的上下级关系和人际关系方面开始变得融洽、和睦，员工群众的积极性、主动性、创造性得以真正发挥出来。全公司呈现出一种同心协力、努力奋斗，力争实现公司目标的新景象。

资料来源：http://www.scemi.com/glx/glxjpkc/ckzl.asp.

案例讨论题：

(1) 某化工公司为什么要推行目标管理？推行目标管理有哪些作用？

(2) 从管理角度分析，目标管理有何特色？

(3) 某化工公司是如何按照目标管理的程序来操作的？你认为在实际应用目标管理中还要注意什么问题？

【知识检测】

一、单项选择题

1. 整个管理过程都是围绕（　　）的制定和实施而展开的。

A. 计划　　B. 决策　　C. 目标　　D. 战略

2. 任何组织决策都必须先确定组织活动的（　　）。

A. 内容　　B. 条件　　C. 目标　　D. 问题

3. （　　）是管理的首要职能，是一切工作的基础。

A. 计划　　B. 决策　　C. 目标　　D. 战略

4. 组织的（　　）是对业务经营过程中各方面活动所做的全面规划和安排。

A. 长期计划　　B. 程序性计划　　C. 综合性计划　　D. 战略计划

5. 计划工作的真正起点是（　　）。

A. 确立目标　　B. 估量机会　　C. 拟定前提条件　　D. 确定备选方案

6. 泰罗认为，想要提高劳动生产率，就必须成为工作中的（　　）。

A. 一流的干部　　B. 一流的工人　　C. 一流的设备　　D. 一流的原料

二、多项选择题

1. 定性决策方法（　　）。

A. 德尔菲法　　B. 直观判断法　　C. 头脑风暴法　　D. 提喻法

E. 名义群体法　　F. 电子会议

2. 按计划执行时间跨度可以将计划划分为（　　）。

A. 战略计划　　B. 短期计划　　C. 战术计划　　D. 中期计划

E. 长期计划

3. 全部可控的前提条件有（　　）。

A. 企业的研究开发计划　　B. 进入新市场的时机

C. 本企业的市场份额　　D. 物价水平

E. 工厂的选址

4. 制订计划的方法有（　　）。

A. 滚动计划法　　B. 备选方案法

C. 预算方法　　D. 网络计划法

5. 目标管理的方法有（　　）。

A. 参与决策　　B. 规定期限　　C. 明确目标　　D. 反馈绩效

E. 滚动计划

三、名称解释

1. 决策
2. 计划工作
3. 头脑风暴法
4. 目标管理

四、案例应用分析

Swan 公司自行车市场计划

伊格纳茨·施温于 1895 年在芝加哥创办了 Swan（施温）自行车公司，后来该公司成长为世界最大的自行车制造商。在 20 世纪 60 年代，Swan 公司占有美国自行车市场 25% 的份额。不过，过去是过去，现在是现在。

爱德华·小施温是创始人伊格纳茨·施温的长孙，1979 年他接过公司的控制权，那时，问题已经出现，而糟糕的计划和决策又使已有的问题雪上加霜。

20 世纪 70 年代，Swan 公司不断投资于它的强大零售分销网络和品牌，以便主宰 10 挡变速车市场。但进入 80 年代，市场转移了，山地车取代 10 挡变速车成为销量最大的车型，并且轻型的、高技术的、外国生产的自行车在成年的自行车爱好者中日益普及。Swan 公司错过了这两次市场转换的机会，它对市场的变化反应太慢，管理当局专注于削减成本而不是创新。结果，Swan 公司的市场份额开始迅速地被更富于远见的自行车制造商夺走，这些制造商销售的品牌有特莱克、坎农戴尔、巨人和钻石等。

或许，Swan 公司最大的错误是没有把握住自行车是一种全球产品，公司迟迟未能开发海外市场和利用国外的生产条件。一直拖到 20 世纪 70 年代末，Swan 公司才开始加入国外竞争，把大量的自行车转移到日本进行生产，但那时，中国台湾地区不断扩张的自行车工业已经在价格上击败了日本生产厂家。作为对付这种竞争的一种策略，Swan 公司开始少量进口中国台湾地区制造的巨人牌自行车，然后贴上 Swan 商标在美国市场上出售。

1981 年，当 Swan 公司设在芝加哥的主要工厂的工人开始罢工时，公司采取了一项现在看来也许是愚蠢至极的行动。管理当局不是与工人谈判解决问题，而是关闭了工厂，将工程师和设备迁往中国台湾地区的巨人公司自行车工厂。作为与巨人公司合伙关系的一部分，Swan公司将所有的一切，包括技术、工程、生产能力都交给了巨人公司，这正是巨人公司要成为占据统治地位的自行车制造商所求之不得的。作为交换条件，Swan公司获准进口和在美国市场上以Swan商标经销巨人公司制造的自行车。正如一家美国竞争者所言，“Swan是将特许权盛在银盘上奉送给了巨人公司”。到1984年，巨人公司每年交付给Swan公司70万辆自行车，以Swan商标销售，占该公司年销售额的70%。几年后，巨人公司利用从Swan公司那里获得的知识，在美国市场上建立了他们自己的商标。

到1992年，巨人公司和中国大陆的自行车公司，已经在世界市场上占据了统治地位。巨人公司销售的每10辆自行车中，就有7辆是以自己的商标出售的，而Swan公司怎么样了？当它的市场份额在1992年10月跌落到5%时，公司开始申请破产。

资料来源：天津大学管理学院赵涛的《管理学》课件。

案例讨论题：

（1）根据案例所提供的情况，请解释Swan公司在1965年、1975年和1985年应当分别制订什么样的计划？

（2）应当制订怎样的长期计划来挽救该公司？

【技能训练】

学习任务　编制模拟公司月度（季度）工作计划

1. 学习目标

（1）编制模拟公司中（短）期工作计划，培养初步编制工作计划能力；

（2）培养分析、归纳与演讲能力。

2. 学习内容

（1）小组统一安排时间对目标企业（团队）实地访问，获得第一手管理类信息资料；

（2）运用创造性思维，以小组为单位，确定模拟公司一定时间段的工作任务；

（3）通过共同讨论、修改并拟定模拟公司（部门）中、短期工作计划一份。

3. 角色扮演

每组推选一名同学展示本组以“××年（季、月）××公司工作计划”为题的工作计划。

4. 互动与点评

（1）其他组同学可以对非本组工作计划内容进行现场提问；

（2）各小组之间可以进行相互交流；

（3）由教师与学生对各组展示的工作计划进行评估打分。

5. 评价标准

（1）计划书格式、主要安排的工作事项等基本内容，占40%；

（2）口语表达能力，占20%；

（3）回答问题能力，占20%；

（4）组织能力发挥，占20%。

学习情境三　组织设计

【学习任务】

◇ 立足管理的四大职能，认知管理组织职能。
◇ 熟悉四大组织结构类型，参考目标企业层级和宽度，设计模拟公司组织结构。
◇ 依据目标企业工作内容，拟定模拟公司岗位职责。
◇ 熟悉目标企业人员配备原则和程序，归纳模拟公司人员配备的路径。
◇ 把握组织文化功能，酝酿模拟公司组织文化建设内容。

【关键术语】

组织；组织工作；组织结构；直线职能制；人员配备；集权与分权；组织文化。

【引言】

销售经理的人选难题

M公司是一家专营计算机芯片的股份公司，赵帆是这家公司的负责人。公司的总部设在深圳，销售网点遍及北京、上海、西安等地，年销售业务以30%以上的速度递增。

半个月前，销售部经理李波因个人原因向公司提交了辞呈，虽然公司多次挽留，但仍未改变他的决定。现在，公司急需任命一位销售部经理来代替李波。可是，赵帆和公司其他部门的几位负责人讨论了几天，也没有就销售部经理的合适人选达成一致的意见。

赵帆认为销售部副经理杨阳不错，可以接替李波。但他这个想法遭到其他人的反对。

人事部经理周林说："第一，他个人能力确实不错，才思敏捷、分析透彻、适应性强，但我认为他做事太咄咄逼人，听不进他人的意见。如果提拔他当经理，很可能与下属关系搞不好；第二，文化程度不高。现在公司销售部有很多大学毕业生，让一个学历不高的人来担任经理，他们很难服气；第三，公司任命主管干部都考虑知识化，一般主管干部都要求有较高学历。如果任命杨阳，可能会影响公司形象。"

产品部负责人说："杨阳是个很称职的销售员，但是过分的热心和乐观令人不安，这有可能导致他无法进行正确而实际的市场调查和研究工作。”

其他的人也发表了大致相同的意见。赵帆又想到了销售部另一位副经理余力。余力做事不喜欢张扬，生性随和，擅于团结下属，能让手下人很好地结合在一起，办起事来毅力十足，百折不挠。余力之前受命代表公司与上海一家公司谈判分销事宜。事后，这家公司代表对余力有很高的赞赏。让余力出任销售部经理，似乎顺应民心，但赵帆还是犹豫不定。余力做事有时候不够果断，缺乏魄力，心也太软。在他手下，有几位表现很差的销售员，按理说应该辞掉，可余力却不忍心。究竟余力适不适合担任销售部主管呢？赵帆还没有想好。

接下来，周林又透露了一个消息：Y 公司销售部经理王悦最近与老板闹翻，要辞职不干。不如趁此机会把他挖过来，他的能力都是有目共睹的。

赵帆听后，觉得也是一个办法，但又觉得不太妥当。王悦的确是一位难得的人才，但他能否很快熟悉本公司的业务，理顺各种关系，有效地开展工作呢？外来的和尚不一定就会念经。再说，这样做很可能会挫伤本公司销售人员的积极性。

面对这些候选人，赵帆陷入了沉思。

资料来源：中南大学管理学精品课程。

这则案例生动地描述了 M 公司在人员配备中出现的问题。组织是管理活动的载体，是组织目标的实现机构。组织是管理的另一项基本职能。管理者的主要任务之一就是要使组织不断发展、完善，使之更加富有成效。

学习情境三的主要学习任务就是进行组织设计，内容包括认知组织职能的工作内容及常用的组织结构类型，熟悉组织结构设计原则和程序，学会编制岗位说明书以及感悟组织文化等。

任务一　认知组织职能

【案例导入】

差别

两个同龄的年轻人同时受雇于一家店铺，并且拿同样的薪水。可是，一段时间以后，叫阿诺德的那个小伙子青云直上，而那个叫布鲁诺的小伙子却在原地踏步。布鲁诺很不满意老板的不公正待遇。终于有一天，他到老板那儿发牢骚了。老板一边耐心地听着他的抱怨，一边在心里盘算着怎么向他解释清楚他和阿诺德之间的差别。

“布鲁诺先生，”老板开口说话了，“您现在到集市上去看一下，看看今天早上有什么卖的。”布鲁诺从集市上回来向老板汇报说，今早集市上只有一个农民拉了一车土豆在卖。

“有多少?”老板问。布鲁诺赶紧戴上帽子又跑到集市上，然后回来告诉老板一共40袋土豆。“价格是多少?”老板再问。布鲁诺又第三次跑到集市上问来了价格。

“好吧，”老板对他说，“现在请您坐在这把椅子上一句话也不要说，看看别人怎么说?”

阿诺德很快就从集市上回来了，向老板汇报说到现在为止只有一个农民在卖土豆，一共40口袋，价格是多少，土豆的质量很不错，他带回来一个让老板看看。这个农民一个小时后还会弄来几箱西红柿，据他看价格非常公道，昨天他们铺子的西红柿卖得很快，库存已经不多了。他想这么便宜的西红柿老板肯定会要进一些的，所以他不仅带回了一个西红柿做样品，而且把那个农民也带来了，他现在正在外面等着回话呢。

此时，老板转向了布鲁诺，说：“现在您肯定知道为什么阿诺德的薪水比您高了吧?”

资料来源：http://www.yc14z.com/Article/xzjd/201102/405.html.

案例讨论题：

(1) 布鲁诺和阿诺德之间的差别对你有什么启示?

(2) 如何理解组织工作将恰当的人放到恰当的位置发挥恰当的作用?

一、组织的内涵

(一) 组织的定义

从广义上说，组织是指由诸多要素按照一定方式相互联系起来的系统。从这个角度来看，组织和系统是同等程度的概念。在这个定义中包含有生物学中有机体的组织，如皮下组织等出自细胞组成的活组织；动物的群体组织，如一窝蜜蜂就是一个以蜂王为核心、秩序井然的群体；还有人的组织等。

从狭义上说，组织就是指人们为了实现一定的目标，互相协作结合而成的集体或团体，如党团组织、工会组织、企业、军事组织等。狭义的组织专门指人群而言，运用于社会管理之中。在现代社会生活中，人们已普遍认识到组织是人们按照一定的目的、任务和形式编制起来的社会集团。组织不仅是社会的细胞、社会的基本单元，可以说还是社会的基础。本书所要研究的组织是指狭义的组织。

◎ 知识链接

巴纳德认为，正式组织是有意识地协调两个以上的人的活动与力量的体系。卡斯特对组织的定义是：一个属于更广泛环境的分系统，并包括怀有目的并为目标奋斗的人们；一个技术分系统——人们使用的知识、技术、装备和设施；一个结构分系统——人们在一起进行整体活动；一个社会心理分系统——处于社会关系中的人们；一个管理分系统——负责协调各分系统，并计划与控制全面的活动。组织的定义有很多，人们对组织的认识仍处于不断深入的过程中，随着人类实践的向前发展，人们的认识还会进一步演变和深化，但这并不妨碍人们对组织的理解。

组织理论研究的对象就是“组织”，组织的概念有两个含义，即实体意义的组织和管理学意义的组织。

1. 实体意义的组织

实体意义的组织，也就是指这是人们进行合作活动的必要条件。一般泛指各种各样的社会组织或事业单位，如企业、机关、学校、医院等。美国的切斯特·巴纳德认为，由于生理的、心理的、物质的、社会的限制，人们为了达到个人的和共同的目标，就必须合作，于是形成群体，即组织。

实体组织有三个含义：一是组织必须具有目标；二是组织必须有分工与协作；三是组织要有不同层次的权利与责任制度。

2. 管理学意义的组织

管理学意义的组织，就是无形的组织活动，这是按一定目的和程序而组成的一种权责角色结构，对资源进行合理配置。其中有以下四个重要概念：

（1）职权，它是指经由一定的正式程序所赋予某项职位的一种权力。居其位者，可以承担指挥、监督、控制，以及惩罚、裁决等工作。这种权力是一种职位的权力而不是某特定个人的权力。

（2）职责，它是指某项职位应该完成某项任务的责任。

（3）负责，它主要是反映上下级之间的一种关系。下级有向上级报告自己工作绩效的义务或责任；上级有对下级的工作进行必要指导的责任。

（4）组织系统图，它主要是反映组织内各机构以及岗位上下、左右关系的一种图表。其主要内容包括组织结构的设计、适度和正确的授权、人力资源管理和组织文化建设。

（二）组织工作含义和特点

组织工作作为一项管理职能，是指在组织目标已经确定的情况下，将实现组织目标所需进行的各项业务活动加以分类组合，并根据管理宽度原理，划分出不同的管理层次和部门，将监督各类活动所必需的职权授予各层次、各部门的主管人员，以及规定这些层次和部门间的相互配合关系。它的目的就是要通过建立一个适于组织成员相互合作、发挥各自才能的良好环境，使组织成员都能在各自的岗位上为组织目标的实现做出应有的贡献。

从组织工作的含义来看，设计、建立并保持一种组织结构，基本上就是主管人员的组织工作职能的内容。具体来讲，组织工作职能的内容包括以下四个方面：①根据组织目标设计和建立一套组织机构和职位系统；②确定职权关系，从而把组织上下、左右联系起来；③与管理的其他职能相结合，以保证所设计和建立的组织结构有效地运转；④根据组织内外部要素的变化，适时地调整组织结构。

从组织工作的含义及具体内容来看，组织工作的职能具有以下一些特点：

首先，组织工作是一个过程。

这个过程由一系列的逻辑步骤所组成，包括①确定组织目标；②对目标进行分解，拟定派生目标；③明确实现目标所必需的各项业务工作或活动，并加以分类；④根据可利用的人力、物力以及利用它们的最佳途径来划分各类业务工作或活动；⑤授予执行有关各项业务工作或活动的各类人员以职权和职责；⑥通过职权关系和信息系统，把各层次、各部门联结成为一个有机的整体。

组织工作过程的结束，其最终表现或最终成果就是一系列的组织系统图和职务说明书。组织系统图描述的是一个组织内部的各种机构，以及其中相应的职位和相互的关系；而职务说明书则是详细地规定了各个职务的职权和职责以及与其相关的上下、左右的关系。

其次，组织工作是动态的。

通过组织工作建立起来的组织结构不是一成不变的，而是随着组织内外部要素的变化而变化的。

最后，组织工作应重视非正式组织。

非正式组织是在组织成员之间感情相投的基础上，由于现实观点、爱好、兴趣、习惯、志向等一致而自发形成的伙伴关系。

非正式组织的特点在于，非正式组织在满足组织成员个人的心理和感情需要上，比正式组织更有优越性，所以应发挥非正式组织比正式组织具有更强凝聚力的作用。非正式组织形式灵活，稳定性弱，覆盖面广，几乎所有的正式组织的成员都可以介入某种类型的非正式组织。

二、组织的类型

对组织中决策权限的分配以及直线指挥和参谋辅助关系的确定，可以形成不同的组织体制。当然，基于职权关系的组织体制，同基于部门化设计的组织结构，两者是相辅相成、相互配合的。没有按职能划分部门这种结构设计基础，组织就不可能从直线制（一种简单结构）演变为直线职能制和职能制（它们都为职能结构）；同理，没有职权关系的界定为基础，直线职能制和职能制组织也就形不成区别。对于任何一种组织形式，包括事业部制和矩阵制，都应该从组织结构和组织体制相结合的角度进行理解。

（一）直线制

这种组织形式的主要特点是：命令系统单一直线传递、管理权力高度集中、实行一元化管理、决策迅速。但其要求最高管理者要通晓多种专业知识。这种形式适用于规模较小、任务比较单一、人员较少的组织。以制造业企业为例，直线制组织的结构如图 3-1 所示。

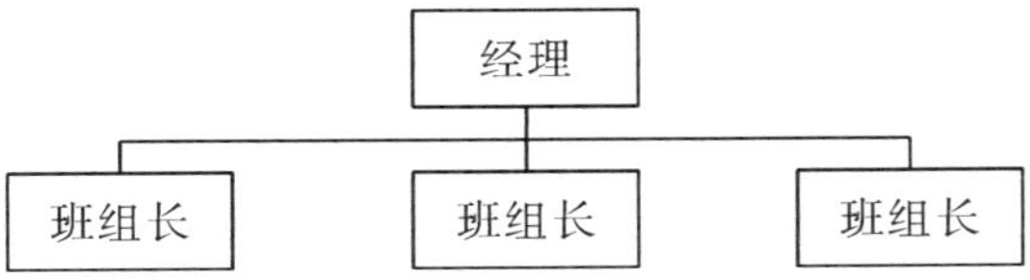

图 3-1　**直线制组织的结构**

（二）职能制

这种组织形式的特点是：在组织中设置若干职能专门化的机构，这些职能机构在自己的职责范围内都有权向下发布命令和指示。其优点是能够充分发挥职能机构的专业管理作用，并使直线经理人员摆脱琐碎的经济技术分析工作。其缺点是多头领导，不能实行统一的指挥。这种组织形式适用于任务较复杂的社会管理组织和生产技术复杂、各项管理需要具有专门知识的企业管理组织。职能制组织的结构如图 3-2 所示。

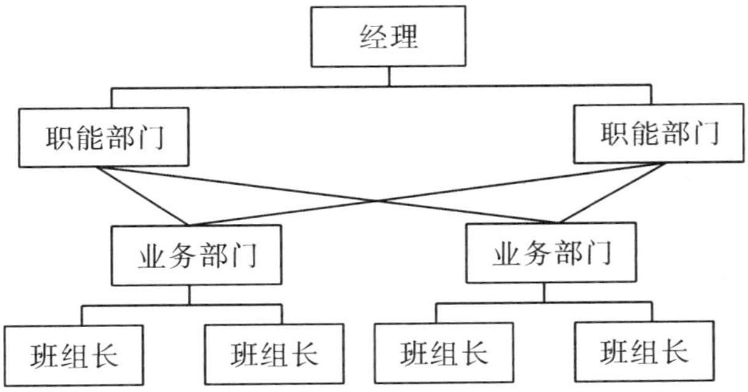

图 3-2　**职能制组织的结构**

（三）直线职能制

直线职能制是一种综合直线制和职能制两种类型组织特点而形成的组织结构形式。它与直线制的区别就在于设置了职能机构；与职能制的区别就在于，职能机构只是作为直线管理者的参谋和助手，而不具有对下面直接进行指挥的权力。因此，这种组织形式保持了直线制集中统一指挥的优点，又具有职能分工专业化的长处。但是，这种类型的组织具有职能部门之间横向联系较差、信息传递路线较长、适应环境变化差的缺陷。直线职能制是一种普遍适用的组织形式，我国大多数企业和一些非营利组织均采用这种组织形式。如以企业为例，直线职能制组织的结构如图 3-3 所示。

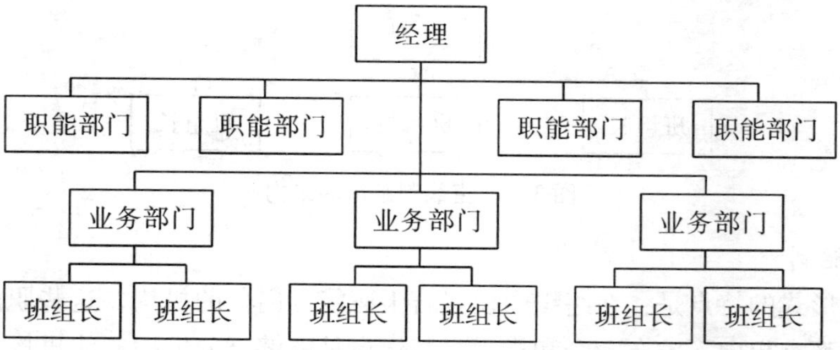

图 3-3　直线职能制组织的结构

（四）事业部制

这种组织形式的特点是：组织按地区或所经营的各种产品和事业来划分部门，各事业部独立核算、自计盈亏，适应性和稳定性强，有利于组织的最高管理者摆脱日常事务而专心致力于组织的战略决策和长期规划，有利于调动各事业部的积极性和主动性，并且有利于公司对各事业部的绩效进行考评。这种组织结构形式的主要缺点是资源重复配置、管理费用较高且事业部之间协作较差。这种组织形式主要适用于产品多样化和从事多角化经营的组织，也适用于面临市场环境复杂多变或所处地理位置分散的大型企业和巨型企业。事业部制组织的结构如图 3-4 所示。

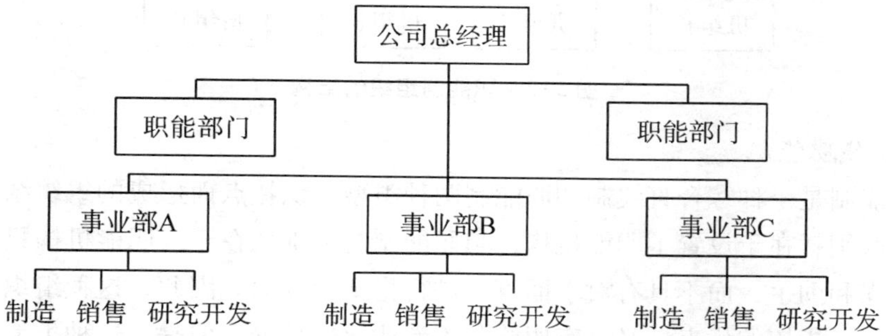

图 3-4　事业部制组织的结构

（五）矩阵制结构

这是一种把按职能划分的部门同按产品、服务或工程项目划分的部门结合起来的组织形式。在这种组织中，每个成员既要接受垂直部门的领导，又要在执行某项任务时接受项目负责人的指挥。其主要优点是灵活性和适应性较强，有利于加强各职能部门之间的协作和配合，并且有利于开发新技术、新产品和激发组织成员的创造性。其主要缺点是组织结构稳定性较差，双重职权关系容易引起冲突，同时还可能导致项目经理过多、机构臃肿的弊端。这种组织主要适用于科研、设计、规划项目等创新性较强的工作或者单位。矩阵制组织的结构如图 3-5 所示。

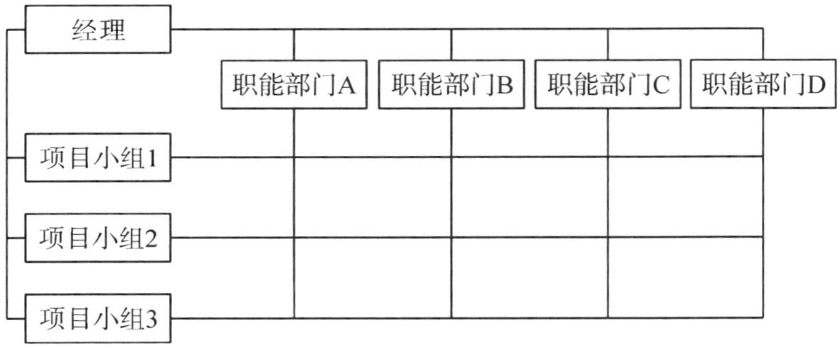

图 3-5　矩阵制组织的结构

以上介绍的五种类型是典型的组织结构形式，这些类型是对实际存在的组织结构形式一定程度的理论抽象，仅是一个基本框架，而现实组织则要比这些框架复杂得多。此外，多数组织的组织结构并不是纯而又纯的一种类型，而是多种类型的综合体。随着社会生产力的发展和人们对管理客观规律认识的逐步深化，组织结构形式的类型也将得到进一步的完善和发展。

【案例分析】

海尔集团组织架构变革的启示

2007 年，海尔集团再次大规模调整集团架构，将旗下业务组成包括白电（白色家电）、数码及个人产品、客户解决方案、装备部品制造、金融、商业流通集团在内的六大集团。

回顾海尔集团的发展历程，其发展战略大致可分成三个阶段。第一阶段，即名牌发展战略。在这一阶段，海尔集团只做冰箱一种产品，通过七年的努力，逐步建立起品牌的声誉与信用。第二阶段，即多元化战略。在这一阶段，海尔集团紧紧围绕产品质量进行自身核心能力的构建与培育，很快在国内产业多元化的经营，产品线也迅速由原有较为单一的冰箱、洗衣机等产品拓展到丰富的家电产品以及其他产品，如电脑、手机等。第三阶段，即国际化战略，在中国加入 WTO（世界贸易组织）以及 2008 年奥运的契机下，海尔集团加速发展，围绕全球化品牌目标，全面提升其自身的国际竞争力，力争成为国际化企业。

围绕这三个不同时期战略的变化，海尔集团进行了几次大规模的组织架构调整。

一、单一产品线的直线职能制

这一时期，海尔集团的组织架构模式的效能在“日事日毕”“日清日高”为特征的 OEC 管理模式下达到了顶峰。随着海尔集团多元化战略进程的推进，直线职能制的弊端也开始逐渐显现，对其多元化战略产生了阻碍。多元化经营加重了企业高层管理者的工作负担，信息沟通不畅，不能对外部环境的变化及时做出反应，适应性较差；直线职能制下的员工专业化发展不利于培养素质全面的、能够经营整个企业的管理人才，从而在对多元化经营特别是新经济增长的机会把握上带来损失。

正是基于这些弊端，在多元化经营战略下，海尔集团的组织架构由原有的直线职能制开始向事业部（事业本部）模式进行转变。

二、面向多元化经营要求的事业部制

实际的集团管理过程中即表现为集团总部和各业务单元（如事业本部）之间的职能定位。在职业部制的组织结构下，整个海尔集团管理模式就是以总部为投资决策中心、事业本部为经营决策中心、事业部为利润中心、各分厂为成本中心的定位进行运作的。

在多元化经营环境下，事业部制具有其独特优势但也具有其不可避免的一些缺点，如各事业部自主经营、独立核算，考虑问题往往从本部出发，忽视了整个企业的利益，影响事业部间的协作；各个事业部都需要设置一套职能结构，因而失去了职能部门内部的规模经济效应；事业部基于自身产品或服务进行自身能力的构建，往往会导致产品线之间缺乏协调，失去了深度竞争力和技术专门化，产品线间的整合与标准化变得更加困难。

这些给海尔集团的发展带来了新的问题，即如何为实现企业战略构建更加有效地感知客户需求并更加有效地利用有限的资源以快速满足客户需求。

三、国际化战略下的组织架构

为适应国际化经营并实现这一资源利用效率的提升，海尔集团进行了两次不同形式的组织结构调整：第一次是基于业务流程再造的组织结构变革；第二次则是最近这一次以子集团形式出现的组织架构调整。

第一次组织结构的调整，是以业务流程再造为出发点，以顾客满意度为目标，以速度为核心。海尔集团的业务流程再造正如张瑞敏所描述的：在海尔的市场链流程图上，第一个大圈是全球供应商资源。通过互联网可以在全球范围内找到最好的供应商，分供方也可以去满足客户的需求，物流把全集团的资源整合起来，找到最好的供应商。第二个大圈是产品制造部门，包括 ODM、OEM 等。第三个大圈是全球体系。这种组织架构使海尔集团的整个组织形态从传统金字塔型向流程型方向转变，优化了管理资源和市场资源的配置，实现了组织结构的扁平化。

最近这一次的组织结构调整，我们惊讶地发现，新成立的各子集团再次拥有了产供销资源。那么，是海尔集团推倒了市场链的组织结构吗？事实不然，尽管各子集团重新拥有了自己的产供销资源，但是商流集团仍然保留下来，虽然其功能受到削弱，但并不代表海尔集团否认了业务流程再造的成果。同时，金融集团的成立还加强了海尔集团内部资金运作的监管力度。因此，这次组织结构的调整，应当是在以业务流程再造为基础上的市场链与事业部两者优势结合、强化不同产品运营模式的结构变革。子集团架构的变革，更多的是基于适应不同类别产品运营模式的差异性以及竞争策略的调整。正如海尔集团内部管理人员所透露的，其目的是以产品运营模式为核心，重组现有集团下属的各个事业部，以提高运营的效率。

资料来源：http://www.chinairn.com/doc/4090/187711.html.

案例讨论题：

（1）谈谈海尔集团都采用过哪几种组织类型。

（2）举例说明你身边的一些组织类型。

任务二　设计组织结构

【案例导入】

温特图书公司的组织改组

温特图书公司原是美国一家地方性的图书公司。近 10 年来，这家公司从一个中部小镇的书店发展成为一家跨越 7 个地区、拥有 47 家分店的图书公司。多年来，公司的经营管理基本上是成功的。下属各分店，除 7 个处于市镇的闹区外，其余分店都位于僻静的地区。除了少数分店也兼营一些其他商品外，绝大多数的分店都专营图书。每个分店的年销售额为 26 万美元，纯盈利达 2 万美元。但是近 3 年来，公司的利润开始下降。

2 个月前，公司新聘苏珊任该图书公司的总经理。经过一段时间对公司历史和现状的调查了解，苏珊与公司的 3 位副总经理和 6 个地区经理共同讨论公司的形势。

苏珊认为，她主要应该做的是对公司的组织进行改革。就目前来说，公司 6 个地区的经理都全权负责各自地区内的所有分店，并且掌握有关资金的借贷、各分店经理的任免以及广告宣传和投资等权力。在阐述了自己的观点以后，苏珊便提出了改组组织的问题。

一位副总经理说道："我同意你改组的意见。但是，我认为我们需要的是分权而不是集权。就目前的情况来说，我们虽聘任了各分店的经理，但是我们却没有给他们进行控制指挥的权力，我们应该使他们成为一个有职有权、名副其实的经理，而不是一个有名无实、只有虚名的经理，实际上却做销售员的工作。"

另一位副总经理抢着发言："你认为应该对组织结构进行改革，这是对的。但是，在如何改的问题上，我认为你的看法是错误的。我认为，我们不需要设什么分店的业务经理。我们所需要的是更多的集权。我们公司的规模这么大，应该建立管理资讯系统。我们可以透过资讯系统在总部进行统一的控制指挥，广告工作也应由公司统一规划，而不是让各分店自行处理。如果统一集中的话，就用不着花这么多工夫去聘请这么多的分店经理了。"

“你们两位该不是忘记我们了吧？”一位地区经理插话说，“如果我们采用第一种方案，那么所有的工作都推到了分店经理的身上；如果采用第二种方案，那么总部就要包揽一切。我认为，如果不设立一些地区性的部门，要管理好这么多的分店是不可能的。”“我们并不是要让你们失业。”苏珊插话说，“我们只是想把公司的工作做得更好。我要对组织进行改革，并不是要增加人手或是裁员。我只是认为，如果公司某些部门的组织能安排得更好，工作的效率就会提高。”

资料来源：https://gsglx.tlu.edu.cn/s/30/t/88/6f/95/info28565.htm.

案例分析题：

1. 有哪些因素促使该图书公司要进行组织变革？

2. 你认为该图书公司现有的组织形态和讨论会中两个副总经理所提出的方案怎么样？

一、组织设计的内容

组织设计（organizations designing）是一个动态的工作过程，包含了众多的工作内容。想要科学地进行组织设计，管理者就要根据组织设计的内在规律性有步骤地进行，才能取得良好的效果。组织的设计内容包括：组织结构设计、组织体制设计、组织优化和组织改造。组织结构的设计就是要对企业的业务和组织的职、责、权、利等方面的内容进行适当的划分，具体涉及组织层次设计、管理幅度设计和结构设计。组织体制设计为组织结构的设计提供了基本要求和总体原则，包括了确定组织体制的内涵和进行组织体制分类。组织优化则是指组织要根据外界环境而不断优化，组织优化要从组织诊断入手，分析组织缺陷的表象。组织改造有三种基本方式，分别是改良式、爆破式和计划式。

组织设计可能存在三种情况：一是新建的企业需要进行组织结构设计；二是原有组织结构出现较大的问题或企业的目标发生变化，原有组织结构需要进行重新评价和设计；三是组织结构需要进行局部的调整和完善。

二、组织设计的原则

（一）职位设立原则

职位的设立原则是因事设职和因人设职相结合的原则，使目标互动的每项内容都落实到具体的岗位和部门，即“事事有人做”。组织设计中应优先考虑工作的特点和需要，要求因事设职，因职用人，但并不意味着可以忽视人的因素。组织设计过程中必须重视人的因素，保证有能力的人能够有机会去做他们真正胜任的工作。

◎**应用案例**（见图 3-6）

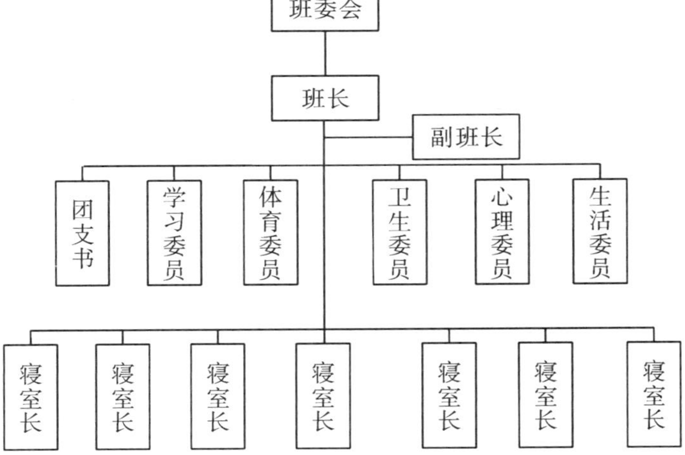

图 3-6　班级管理组织结构

（二）权责对等原则

组织中每个部门和职务都必须完成规定的工作和任务，不仅要明确各个部门的任务和责任，而且在组织设计中，还要规定相应的权利。对等的权利和责任，既能保证任务的完成，又能防止权力的滥用。

（三）优化原则

任何组织都存在于一定的环境之中，外部环境会对组织产生一定的影响，因此组织结构的设计要充分考虑内外部环境，使组织结构适应外部环境，谋求内外部资源的优化配置。即整体设计应紧扣企业的发展战略，充分考虑企业未来所要从事的行业、规模、技术以及人力资源配置等，为企业提供一个几年内相对稳定且实用的平台。

（四）命令统一原则

组织中必须保证统一的命令和指挥原则，否则会导致组织的混乱，这个原则具体就是指组织中的任何成员只能接受一个上司的领导。

◎**应用案例**

一封辞职信

尊敬的钟院长：

您好！

我叫李玲，是医院内科的护士长，我当护士长已经有半年了，但我再也无法忍受这种工作了，我实在干不下去了。我有两个上司，他们都有不同的要求，都要求优先处理自己布置的事情。然而我只是一个凡人，没有分身术，我已经尽了自己最大的努力来适应这样的工作要求，但看来我还是失败了，让我给您举个例子吧。

昨天早上8:00，我刚到办公室，医院的主任护士叫住我，告诉我她下午要在董事会上做汇报，现急需一份床位利用情况报告，让我10:00前务必完成。而这样一份报告至少要花一个半小时才能写出来。

30分钟以后，我的直接主管，基层护士监督员王华走进来突然质问我为什么不见我的两位护士上班。我告诉她外科李主任因急诊外科手术正缺人手，从我这要走了她们两位借用一下，尽管我表示反对，但李主任坚持说只能这么办。王华听完我的解释，叫我立即让这些护士回到内科来，并告诉我一个小时以后，他回来检查我是否把这件事办好了！像这样的事情举不胜举，每天都要发生好几次。

这样的工作我实在无法胜任，特向您辞职，请批准！

李玲

2019. 12. 20

资料来源：http://wenku.baidu.com/view/82b600d376a20029bd642d3d.html.

案例讨论题：

（1）案例中李玲所在的这家医院在组织结构的运行上合理吗？为什么？

（2）要避免案例中的这种结局，谈谈你的建议。

三、组织设计的程序

组织结构的设计是一项复杂的系统工程，因而必须建立科学的程序。这个程序一般包括以下几个步骤：

（一）确定组织目标

组织目标是进行组织设计的基本出发点。任何组织都是为了实现其一定目标的工具，没有明确的目标，组织就失去了存在的意义。因此，管理组织设计的第一步，就是要在综合分析组织外部环境和内部条件的基础上，合理确定组织的总目标及各种具体的派生目标。

（二）确定业务内容

确定业务内容主要是指相关人员要根据组织目标的要求，确定为实现组织目标所必须进行的业务管理工作项目，并按其性质适当分类，如市场研究、经营决策、产品开发、质量管理、营销管理、人员配备等。明确各类活动的范围和大概工作量，进行业务流程的总体设计，使总体业务流程优化。

（三）确定组织结构

确定组织结构主要是指相关人员要根据组织规模、生产技术特点、地域分布、市场环境、员工素质及各类管理业务工作量的大小，参考同类其他组织设计的经验和教训，确定应采取什么样的管理组织形式，需要设计哪些单位和部门，并把性质相同或相近的管理业务工作分归适当的单位和部门负责，以此形成层次化、部门化的结构。

（四）配备职务人员

配备职务人员主要是指相关人员要根据各单位和部门所分管的业务工作的性质和对职务人员素质的要求，挑选和配备称职的职务人员及其行政负责人，并明确其职务和职称，还要对职务人员设定相应的管理情境。

（五）规定职责权限

规定职责权限主要是指相关人员要根据组织目标的要求，对各单位和部门及其负责人的管理业务工作应负的责任以及评价工作成绩的标准进行明确；同时，还要根据业务工作的实际需要，授予各单位和部门及其负责人以相应的职权，遵循权责对等的原则。

（六）形成组织结构

形成组织结构是组织设计的最后一步，通过明确规定各单位、各部门之间的相互关系，制定它们之间在信息沟通和相互协调方面的原则和方法，把各组织联结起来，形成一个能够协调运行、有效地实现组织目标的管理组织系统。

【案例分析】

中小型制造型企业组织结构

中小型制造型企业主要从事产品的研发、生产和销售等业务。为了保证企业各项功能的顺利开展和运作，组织结构的有效性就显得尤为重要了。一般情况下，制造型企业应紧紧确立生产部、品质部以及供应链部的中心地位，然后根据实际工作的需要设立其他相应的职能部门。中小型制造型企业组织结构如图 3-7 所示。

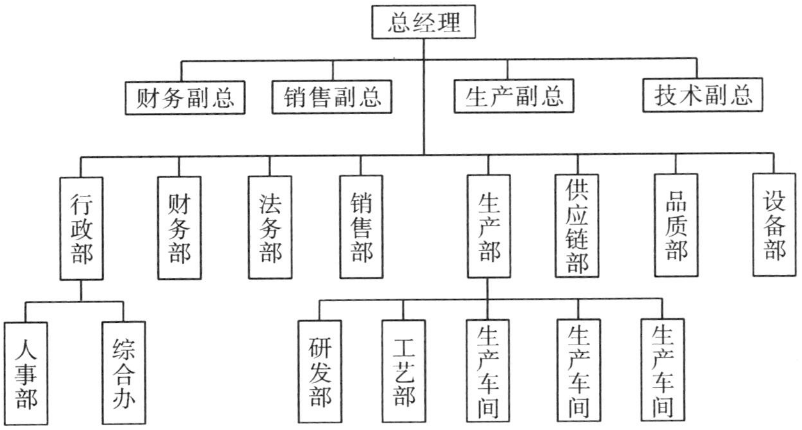

图 3-7 中小型制造型企业组织结构

资料来源：根据明法人力资源服务有限公司培训资料中小型制造型企业组织结构编制。

案例讨论题：

（1）对照图 3-7 的内容，说说各部门之间的职权关系。

（2）通常情况下，一名销售主管的岗位职责是什么？

任务三　配备组织人员

【案例导入】

环球商贸公司管理人员招聘

环球商贸公司成立于 2010 年，成立后公司发展迅速，目前拥有 10 多家连锁店。近年来，从公司外部招聘来的中高层管理人员，大约有 50%的人员不符合岗位的要求，工作绩效明显低于公司内部提拔起来的人员。在过去的两年中，从公司外聘的中高层管理人员中有 8 人不是自动离职就是被解雇。从外部招聘来的宇都分公司经理因年度考评不合格而被免职之后，终于促使总裁黄天宇召开一个由行政副总裁、人力资源部经理出席的专题会议，分析这些外聘的管理人员频繁离职和被解雇的原因，并试图得出一个全面的解决方案。

人力资源部经理优先就招聘和录用的过程做了一个回顾，公司是通过职业介绍所或在报纸上刊登招聘广告来获得职位候选人的。人员挑选的过程包括填写 1 份申请表、3 份测试试卷（1 份智力测试和 2 份性格测试），进行有限的简历检查和必要的面试。行政副总裁认为，他们在录用某些职员时，犯了判断上的错误，这些人的履历表看起来不错，他们说起话来也头头是道，但是工作了几个星期之后，其不足之处就明显地暴露出来了。

黄总裁则认为，根本的问题在于没有根据工作岗位的要求来选择适用的人才。“从离职人员的情况来看，几乎所有我们录用的人都能够完成领导交办的工作，但他们很少在工作上有所作为、有所创新”。人力资源部经理提出了自己的观点，他认为公司在招聘时过分强调了人员的性格和能力，而并不重视应聘者过去在零售业方面的记录，如在 7 名被录用的部门经理中，有 4 人来自与其任职无关的行业。行政副总裁指出，大部分被录用的职员都有某些共同的特征，如他们大都在 30 岁左右，而且经常跳槽，曾多次变换自己的工作；他们都雄心勃勃，并不十分安于现状；在加入本公司后，他们中的大部分人与同事关系不是很融洽，与直属下级的关系尤为不佳。

会议结束的时候，黄总裁要求人力资源部经理要彻底解决公司目前在人员招聘上存在的问题，采取有效措施从根本上提高公司人才招聘的质量。

资料来源：http://www.qzrc.com/CompanyDetail.aspx? id=17219.

案例讨论题：

（1）环球商贸公司管理人员的招聘有什么问题？造成这些问题的原因是什么？

（2）你对该公司管理人员的招聘有哪些更好、更具体的建议？

一、组织人员配备原则和程序

（一）组织人员的配备原则

为使组织内人与事的组合优化，且发挥最大的作用，人员配备需要遵守一定的原则，主要有因事择人、因人制宜、人事动态平衡三点。

1. 因事择人

我们必须明确的是选人的目的是担任一定的职务，完成任务。为保证工作的有效完成，我们就必须要求工作者具备相应的知识和能力。

◎**应用案例**3-1

市场部经理的岗位职责和任职条件

职责描述：

①负责市场调查与分析（市场调查、行业跟踪、竞争对手分析、品牌推广分析、品牌管理分析、消费者购买心理分析）；

②负责市场策略与规划（品牌战略、目标市场选择、产品定价、新产品推广、渠道选择、资料整理）；

③负责市场推广与品牌传播（包装策略、促销方案、广告传播）；

④负责业务公关组织与实施（市场沟通、代理商选择、信息发布、涉外文档撰写）；

⑤负责场业务的监督与管理（监督合作伙伴行为、新入职人员及相关人员的培训和监管、产销协调）。

任职要求：

①本科及以上学历，市场营销、企业管理及相关专业；

②5 年以上市场管理经验；

③对市场营销工作有较深刻的认识；

④有较强的市场感知能力和敏锐的把握市场动态、市场方向的能力；

⑤工作努力，积极进取，有良好的沟通、协调、组织能力；

⑥有较优秀的英语听、说、读、写能力（有国外市场的企业）；

⑦有高度的工作热情和良好的团队合作能力。

◎**应用案例**3-2

财务主管的岗位职责和任职条件

职责描述：

①熟练运用金税财务软件，能独立完成全盘账务处理；

②协调与税务、工商、银行等政府部门的关系，能熟练办理缴税、开票、对账、年审等相关工作；

③按照相关规定，负责组织财务人员设置建立财务等相关账册；

④独立负责管理公司全面的财务会计工作，领导财务人员处理凭证审核、记账、算账、核算、报账、填表、财务分析等日常工作；

⑤按月清理核对应收应付、应收未收、应付未付、暂收暂付款和往来户账目，杜绝死账；

⑥负责公司三大报表的出具、分析等工作；

⑦负责组织财务人员对账册、单据及有关资料的管理和每月结账后凭单的装订存档工作；

⑧协助部门经理建立健全公司财务制度以及分配的管理工作；

⑨完成领导安排的其他事宜。

任职要求：

①大专及以上学历，财务类专业，助理会计师以上资质；

②熟练使用各类财务软件、Excel 表格、Word 文档、PPT 等；

③三年以上一般纳税人企业工作经验，具有金税系统实际操作经验，有一年以上集团公司财务工作经验；

④有相关从事行业财务经验或有驾照者优先。

2. 因人制宜

因人制宜是指不同的工作应要求不同的人去完成，因为不同的人具有不同的能力和素质。只有根据人的特点来安排工作，才能使人的潜能得到最充分的发挥，最大限度地激发其工作热情。

3. 人事动态平衡

组织是在不断发展的，组织中的人的能力和知识也在不断地提高和完善。组织中人与事的配合需要根据情况的变化不断调整，使人力资源得到更为合理的使用。

（二）组织人员的配备程序

一是制订用人计划。落实用人计划，包括数量、层次和结构等应符合组织的目标和组织结构设置的要求。

二是确定用人来源。用人的来源有两种：外部招聘和内部调整。外部招聘有利于新成员的加入，为组织带来活力，内部的调整有利于内部结构的优化，为组织节省资源。

三是考察人员。考察人员是指对应聘人员进行考察，看是否符合岗位要求，确定备选人员。

四是确定人选。确定人选是指选最合适的人员进行上岗培训，确保其能够符合组织和岗位的需要。

五是考评。组织要对员工的业绩进行考评，据此决定员工的待遇等。

二、组织人员的分类

有效团队的成员不仅有各自的专长，同时也为团队带来不同的风格。一般而言，组织人员有四种特征（贡献者、合作者、沟通者、挑战者），每一种皆有助于团队的成功，而每一位成员多少会表现出每一种风格的不同层面。

（一）贡献者

贡献者（contributor）属于任务导向的人。他们视团队为一个由各种专家组成的团队，每一位成员皆各有所长。团队成功的关键在于任务的圆满完成，因此他们乐于分享信息与己之所长。他们不仅尽量向别人提供可利用的信息，也常帮助其他团队训练成员。

贡献者督促团队达成较高的绩效标准，他们处事分轻重缓急，同时擅于利用时间与信息。他们重视专业与效率，常利用“品质”“卓越”“结果”等字眼来描写自己的期望。对他人而言，他们是一群有组织、可信赖、可使团队立于不败之地的成员。

（二）合作者

合作者（collaborator）认为对团队目标的承认是很重要的，因此必须确保团队的目标明确，以回答诸如下列的问题：我们要做什么？我们为谁做这些事？虽然他们重视团队在整个企业中扮演的角色，然而合作者不至于见树不见林，他们也可专注于目前的工作。他们帮助团队发展长短期目标，并且定期检查和讨论任务的进展情况。合作者是有弹性的、开放的，而且是合作的。他们愿意广泛地参与，任劳任怨。他们乐于与其他团队分享光荣，也愿意埋头苦干，隐身幕后，做一名无名英雄。

（三）沟通者

沟通者（communicator）属于程序导向。他们对于团队如何完成任务、达成怎样的目标最有兴趣。他们认为团队必须有一种保持效率的吸引力，利用倾听、耐心、幽默还有各种技巧，可以创造一个开放、和谐、非正式的气氛。为了鼓励参与，他们督促沉默的成员多发表意见，同时要求较健谈者多倾听。他们也帮助建立组织的向心力，如会前、会后非正式地谈论各种运动比赛等。

沟通者是积极进取的人，在团队刚组成或有新成员加入时，他们对于组织的建立和衔接特别重要。他们对于团队工作的热诚，是帮助建立与维持团队的动力。

（四）挑战者

挑战者（challenger）特别关心团队的方向与成败，往往他们不停地质疑团队的目标、作业方式，甚至工作伦理。他们希望别人也如自己一般的诚实和直率。即使在一个鼓励成员唯唯诺诺的企业文化中，他们也准备和领导人或其他多数成员持不同论点，因此很可能被误解为不适合当团队的成员。

挑战者对于团队面对的问题持开放的态度，即使是有关他们对于团队的贡献如何等。经由书面或口头报告，他们努力界定各种问题及选择方案，还有对于客户与成员的影响等。挑战者致力于解决问题，他们鼓励团队承担必要的风险以实现创新。

【案例分析】

销售部的责任

某化工公司是生产销售卫生面材的，销售经理谢先生在与客户的接触中发现客户经常抱怨以下几件事：

(1) 该材料在生产线上加工时，对员工的技术要求较高，拉力太大或太小都会影响最终产品的质量，同时在调试的过程中也增加了材料的浪费。

(2) 售出材料的质量不稳定。

(3) 时有交货不准时的现象。

面对这些现象，谢经理组织了一次部门会议，征求各销售人员的意见。销售员王某认为这几个问题都不是本部门所能解决的，最多只能把情况反映上去。张某认为应该直接与生产部、技术部和运输部联系，以取得相关部门的支持。其他几个销售员也认为这不是销售部的责任。作为销售经理，你应该如何去做呢？

谢经理在仔细考虑之后，决定以书面报告的形式直接向总经理汇报。总经理李先生在看到报告后，立即把营销副总经理郑先生找来，要他负责解决这些问题。郑先生看了报告后又把销售经理谢先生找来，先责备了他为什么不向自己报告，后又指示销售经理与相关部门直接联系以解决这些问题。

谢经理根据郑副总的指示先后与储运部、生产部、供应部、财务部进行联系，得到如下答复：

储运部："因为没有成品，生产跟不上，去找生产部。"

生产部："原材料供应不及时，影响生产进度，去找供应部。"

供应部："没有足够的资金，去找财务部。"

财务部："因为销售部回款不力，应收款占用大量资金。"

技术部："可以为客户提供技术支持。"

质管部："质量控制太严，更无法交货。"

问题绕了一圈，又回到谢经理这里，可谢经理也有话说："不就是这些问题，客户才不按期付款的呀！”谢经理现在该怎么做呢？

资料来源：中南大学管理学精品课程。

案例分析题：

（1）本案例出现问题的关键在什么地方？

（2）试指出解决这一问题的具体方案。

任务四 建设组织文化

【案例导入】

希尔顿酒店宾至如归

美国希尔顿酒店创立于1919年，在数年的时间里，从一家酒店扩展到100多家，遍布世界五大洲的各大城市，成为全球最大规模的酒店之一。80多年来，希尔顿酒店生意如此之好，财富增长如此之快，其成功的秘诀是牢牢地确立了自己的企业理念，并把这个理念贯彻到每一个员工的思想和行为中去，酒店创造“宾至如归”的文化氛围，注重企业员工礼仪的培养，并通过服务人员的“微笑服务”体现出来。

企业礼仪是企业的精神风貌，它包括企业的待客礼仪、经营作风、员工风度、环境布置风格以及内部的信息沟通方式等内容。企业礼仪往往较为传统，体现了企业的经营理念。它赋予企业浓厚的人情味，对培育企业精神和塑造企业形象起着潜移默化的作用。

希尔顿总公司的董事长唐纳·希尔顿十分注重对员工的文明礼仪教育，倡导员工要微笑服务。他每天至少到一家希尔顿酒店与酒店的服务人员接触，向各级人员（从总经理到服务员）问得最多的一句话，必定是“你今天对客人微笑了没有？”

1930年是美国经济萧条最严重的一年，全美国的酒店倒闭了80%，希尔顿的酒店也一家接着一家地亏损不堪，一度负债达50万美元，希尔顿并不灰心，他召集每一家酒店员工向他们特别交代和呼吁：“目前正值酒店亏空靠借债度日时期，我决定强渡难关。一旦美国经济恐慌时期过去，我们希尔顿酒店很快就能进入云开月出的局面。因此，我请各位记住，希尔顿的礼仪万万不能忘。无论酒店本身遭遇的困难如何，希尔顿酒店的服务员脸上的微笑永远是属于顾客的。”事实上，在那纷纷倒闭后只剩下20%的酒店中，只有希尔顿酒店的服务员的微笑是美好的。

经济萧条刚过，希尔顿酒店系统就领先进入新的繁荣期，跨入经营的黄金时代。希尔顿酒店紧接着充实了一批现代化设备。此时，希尔顿的每一家酒店在召开集体员工会议时都要问：“现在我们的酒店已新添了一流设备，你觉得还必须配合一些什么一流的东西使客人更喜欢呢？”在员工回答之后，希尔顿笑着摇头说，“请你们想一想，如果酒店里只有一流的设备而没有一流的服务员的微笑，那些旅客会认为我们供应了他们全部最喜欢的东西吗？如果缺少服务员的美好微笑，就好比花园里失去了春天的太阳和春风。假如我是旅客，我宁愿住进虽然只有残旧地毯，却处处见到微笑的酒店，也不愿走进只有一流设备而不见微笑的地方。”

当希尔顿坐专机来到某一国境内的希尔顿酒店视察时，服务人员就会立即想到一件事，那就是他们的老板可能随时会来到自己面前再问那句名言“你今天对客人微笑了没有?”

资料来源：根据希尔顿酒店发展史改编。

案例讨论题：

(1) 希尔顿酒店成功的秘诀是什么？

(2) 企业文化的功能有哪些？

文化因素对组织的管理具有重要的意义和举足轻重的作用。组织文化贯穿于组织的所有活动之中，影响着组织成员的行为、素质、精神面貌和整个组织的工作意识形态及竞争能力。

组织文化是一个组织在长期发展过程中沉淀下来的，一旦形成便不容易发生变化，因此它在一定程度上代表着组织的灵魂，是组织彰显自身形象的有效载体。今天的组织在规范管理规章制度的同时，也强调了自身的文化建设，以发挥文化的“软约束”作用，弥补规章制度等“硬性管理”的不足。

一、组织文化的内涵

组织文化是组织在长期的实践活动中所形成的，并且为组织成员普遍认可和遵循的具有本组织特色的价值观念、团体意识、工作作风、行为规范和思维方式的总和及其在组织活动中的反映。

组织文化是一种反映组织特色，支配员工行为的价值观念和价值观念体系。可以说，组织文化是组织的人格，代表着组织的氛围，不同的组织有不同的氛围。组织文化看不见也摸不着，却人人感受得到。

另外，就组织特定的内涵而言，组织是按照一定的目的和形式而建构起来的社会集合体。为了满足组织运作的要求，组织成员必须要有共同的目标、共同的理想、共同的行为准则以及与此相适应的机构和制度，否则组织就会是一盘散沙。而组织文化的任务就是努力创造这些共同的价值观念体系和共同的行为准则。

◎ 知识链接

被引用最多的国际公认的组织文化定义是沙因（Edgar H Schein）先生在《组织文化与领导》中的定义：群体在解决其外在适应性与内部整合的问题时，学得的一组基本假定，因为它们运作得很好，而被视为有效，因此传授给新成员，作为当遇到这些问题时，如何去知觉、思考及感觉的正确方法。

沙因先生的定义之所以被公认，是因为“尽管组织文化的探讨至少有五大传统十二个观点，再说明了此领域复杂多元。但我觉得有用仍是评估这些传统和观点的重要指标……只有在功能论基础上，我们才能讨论组织文化对企业经营的助益和功用。而显然，Schein的论著正是此中佼佼者。”

——郑伯勋教授

二、组织文化的结构

组织文化的结构是组织文化系统内各要素之间的时空顺序、主次地位和结合方式，也就是组织文化的构成、形成、层次、内容、类型等比例关系和位置关系。它表明各个要素是如何链接、形成组织文化的整体模式的。一般而言，组织文化可以分为四个层次：第一层是深层的精神文化；第二层是中层的制度文化；第三层是浅层的行为文化；第四层是表层的物质文化。组织文化的结构如图 3-8 所示。

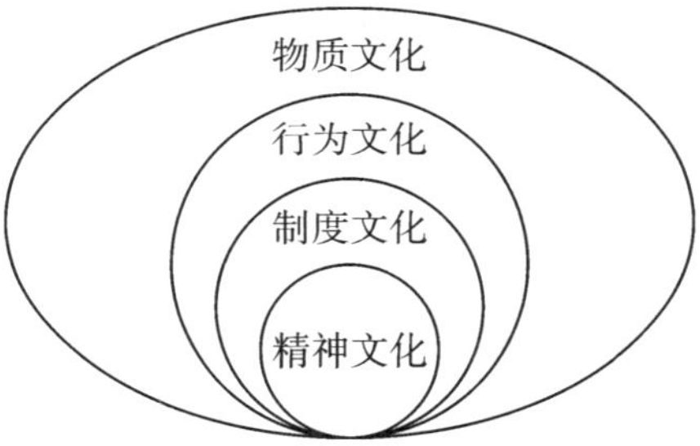

图 3-8　组织文化的结构

（一）精神文化

精神文化是组织文化的核心层次，主要是指组织的领导和员工共同信守的基本信念、价值标准、职业道德和精神风貌，它是组织文化的核心和灵魂，是形成组织文化的物质层和制度层的基础和原因。组织文化中有没有精神层是衡量一个组织是否形成了自己的组织文化的主要标志和标准。组织文化的精神层主要包括组织哲学、组织价值观、组织精神和组织道德等内容，是组织意识形态的总和。

组织文化三个层次的内容相互依存、相互作用并且不断发展，形成了形形色色的组织文化：①组织精神层的内容决定了物质层和制度层的内容，精神层是组织文化的核心；②制度层是精神层和物质层的中介；③物质层和制度层是精神层的直观体现。可以看出，组织文化的精神层是最根本的，它决定着其他两个层次。因此，建设组织文化要以精神层文化的确立为核心。

（二）制度文化

制度文化是组织文化的中间层次，把组织物质文化和组织精神文化有机地结合成一个整体。制度文化主要是指对组织和成员的行为产生规范性、约束性影响的部分，是具有组织特色的各种情境制度、道德规范和员工行为准则的总和。它集中体现了组织文化的物质层和精神层对成员和组织行为的要求。制度层规定了组织成员在共同的生产经营活动中应当遵守的行为准则，主要包括组织领导体制、组织机构和组织管理制度三个方面。

这一要求包括两部分内容：一是书面约束，即书面规定的组织成员在共同的工作活动中所应当遵循的行动准则，主要包括各种工作制度、责任制度、特殊制度（如员工生日、生病和退休时，干部要访问员工家庭等）和特殊风俗（组织特有的典礼、特色活动，如生日晚会、厂庆活动等）；二是对行为的非书面约束，俗称"游戏规则"，即组织虽然没有明文规定组织成员该做什么，但是组织成员经过组织文化的熏陶并接受之后，会在生活和工作中自觉地执行组织文化的要求。

（三）行为文化

行为文化即组织行为文化，它是组织员工在生产经营、学习娱乐中产生的活动文化，包括组织经营活动、公共关系活动、人际关系活动、文娱体育活动中产生的文化现象。组织行为文化是组织经营作风、精神风貌、人际关系的动态体现，也是组织精神、核心价值观的折射。

（四）物质文化

物质文化是组织文化的表层部分，它是组织创造的物质文化，是一种以物质形态为主要研究对象的表层组织文化，是形成组织文化精神层和制度层的条件。优秀的组织文化是通过重视产品的开发、服务的质量、产品的信誉和组织生产环境、生活环境、文化设施等物质现象来体现的。

物质层主要包含两部分内容：一是表现特定设计思想、生产理念的产品和服务，如产品的特色、式样、品质、售后服务等；二是组织创造出来的组织环境、组织容貌、生产环境（硬件和软件设施）和组织外部特征，如组织的标志、建筑风格以及工作区和生活区的绿化等。

◎ **管理故事**

一辈子只做一碗汤

张×家门前有两家卖老豆腐的小店。一家叫"潘记"，另一家叫"张记"。两家店是同时开张的。刚开始，"潘记"生意十分兴隆，吃老豆腐的人得排队等候，来得晚就吃不上了。潘记的特点是：豆腐做得很结实，口感好，给的量特别足。相比之下，张记老豆腐就不一样了，首先是豆腐做得软，软得像汤汁，不成形状；其次是给的豆腐少，加的汤多，一碗老豆腐半碗多汤。因此，有一段时间，张记的门前冷冷清清。

有一天早上，因为张×起床晚了，只好来到张记的豆腐店。吃完了一碗老豆腐，老板走过来，笑着问他豆腐怎么样。张×实话实说："味道还行，就是豆腐有点软。"老板笑了笑，竟有几分满意的样子。张×问："你怎么不学学潘记呢?"老板看着他说："学他什么呀?"张×说："把豆腐做得结实一点呀!"老板反问道："我为什么要学他呢?"沉思了一下，老板自我解释说："我知道了，你是说，来我这边吃豆腐的人少，是吗?"张×点点头。老板建议张×两个月以后再来，看看是否会有变化。

大概一个多月后，张记的门前居然真的排起了长队。张×很好奇，也排队买了一碗，看看碗里的豆腐，仍然是稀稀的汤汁，和以前没什么两样，吃起来，也是从前的味道。老板脸上仍然挂着憨厚的笑，张×也笑着问："能告诉我这其中的秘诀吗?"老板说："其实，我和潘记的老板是师兄弟。"张×有些惊讶："那你们做的豆腐不一样呀?"老板说："是不一样。我师兄——潘记做的豆腐确实好，我真比不上；但我的豆腐汤是加入好几种骨头，再配上调料，再经过12个小时熬制而成，师兄在这方面就不如我了。"见张×还有些不解，老板继续解释："这是我师傅特意传授给我们的。师傅说，生意要想长远，就必须有自己的特长。师傅还告诉我们，'吃'的生意最难做，因为众口难调，人的口味是不断变化的，即使是山珍海味，经常吃也会烦，因此师傅传给我们不同的手艺。这样，人们吃腻了我师兄的豆腐，就会到我这里来喝汤。时间长了，人们还会回到我师兄那里。再过一段时间，人们又会来我这里。这样，我们师兄弟的生意就能比较长远地做下去，并且互不影响。"张×试探地问："你难道就不想跟师兄学做豆腐吗?"老板却说："师傅告诉我们，能做精一件事就不容易了。有时候，你想样样精，结果样样差。"

张记老板的这番话使张×明白了一个道理，除了与老豆腐有关，与一个人的择业、一个人一辈子的坚守似乎都有些关联……

三、组织文化的功能

组织文化的功能是指组织文化发挥作用，对组织的生产、经营、管理等活动产生影响。组织文化的功能具有双重性，可以分为正功能和负功能。组织文化的正功能能提高组织承诺，增强组织成员行为的一致性，引导组织的成长、进步，进而提升组织的效能。但同时也不能忽视在特定背景下，组织文化会对组织发展产生束缚和限制等负面效应。然而，无论组织文化发挥哪类功能，它都是长期的、潜移默化的影响组织。

（一）导向功能

组织文化能对组织整体和组织的每个成员的价值取向及行为取向起引导作用。通过外显的层面（企业文化设施、技术教育和娱乐培训等）和内隐的层面（组织的价值标准、道德规范、行为准则和生活观念），组织文化可以使组织成员的思想、价值观、行为与组织的目标保持一致，从而确保组织目标的实现。人们能把自己的行为对照组织的要求进行比较和调整，使自己的行为基本符合或体现组织价值观的要求。正因如此，许多组织都在通过文化的导向功能来塑造新进成员。

（二）凝聚功能

组织文化是一种黏合剂，它把组织成员的个人目标同化于组织的目标，通过共享的价值观、行为准则和道德规范使成员固守在组织之内，并紧密地联系在一起。当组织成员对组织产生了强烈的“认同感”，组织就成为具有共同价值观念、精神状态和理想追求的统一体，从而改变原来那种从个人角度建立价值观念的一盘散沙状态。这样一来，组织文化比组织外在的硬性管理办法天然地具有一种更强的凝聚力和感召力，使每个成员产生浓厚的归属感和荣誉感，从而对组织更加忠诚。

（三）约束功能

组织文化对组织成员的思想、心理和行为具有约束作用和规范作用。组织文化的约束不是一种制度化的硬约束，而是一种软约束，这种约束产生于组织的文化氛围、群体行为准则和道德规范。组织可以发挥文化的这一功能来减少那些起消极作用的“破坏分子”，从而维持组织的良好秩序。

（四）激励功能

优秀的组织文化能够满足成员的多种需要，有助于员工获得较高层次的心理满足，并对不合理的需要予以约束，使组织成员从内心产生高昂的情绪和奋发进取的精神。同时，积极向上的价值观念和行为准则会形成强烈的使命感和持久的驱动力，从而引导组织成员的自我激励。组织可以发挥文化的这一功能，促使适当的组织成员充当“活性因子”，从而增加组织的活力。

（五）辐射功能

组织同个人一样，都有自己的形象和个性，而组织文化就是组织的个性，具有鲜明的特征，更容易为社会所接受，为企业更好地获得社会支持提供帮助，如迪士尼公司的“微笑文化”和微软的“精英文化”等。一个在文化上具有鲜明个性特征的组织，更容易在社会公众面前树立自己的形象，提高组织的知名度。

尽管组织文化存在上述好的功能，但是我们也应该注意到，组织文化同时还可能成为组织变革和发展的潜在障碍。这些障碍主要表现在以下方面：

1. 变革创新的障碍

组织文化往往需要经过多年的建设和沉淀才能形成，而正是这种时间和资源的持久性投入，使得组织文化具有很强的“路径依赖性”。当组织面对动态的环境时，组织共享的价值观就可能不愿背离原先的“路径”，从而与进一步提高组织效率的要求发生冲突，成为组织发展的束缚。

2. 多样化的障碍

组织文化对成员有着明显的遵从压力，它们限定了组织可以接受的价值观和行为准则。组织希望通过聘用各具特色、存在差异的不同员工来获得多元化优势。但是一旦新成员试图融入组织文化之中时，这些多元化的行为和优势就可能丧失。因此当组织文化大大削弱了来自不同背景的人带给组织的独特优势时，它就成了组织发展的障碍。

四、组织文化的培育

组织文化建设是指组织有意识地发扬其积极的、优良的文化，克服其消极的、劣性的文化过程，即使组织文化不断优化的过程。

（一）组织文化建设的一般原则

1. 全员与专家参与相结合的原则

文化，归根结底是以人为载体，人是文化生成与承载的第一要素。因此，组织文化建设中的第一要义就是要强调关心人、尊重人、理解人和信任人。优秀的组织总是把普通组织成员看成提高质量和生产率的根本源泉，对组织成员必须尊重他们，关心他们，而不是把他们和资本、设备一起看作生产工具。文化靠专家的引导，并且以全民为基础。

2. 形式与内容相结合的原则

组织文化属意识形态的范畴，但它又要通过组织或员工的行为及外部形态表现出来，这就容易形成表里不一的现象。人力资源管理做的是务实性工作，组织文化建设做的是“务虚性”工作。这就要求建设组织文化必须先从组织成员的思想观念入手，树立正确的价值观念和哲学思想，在此基础上形成组织精神和组织形象，防止搞形式主义，言行不一。形式主义不仅不能建设好组织文化，而且还是对组织文化概念的歪曲。因此，在组织建设文化时，应注意虚实结合、密切配合；既不要急功近利，又不能浮躁冒进。

3. 立足民族传统文化，注重吸收外来先进文化

组织文化建设应该是在传统文化的基础上进行增值开发，否则组织文化就会失去存在的基础，也就没有了生命力。增值开发就是对传统文化进行借鉴，去其糟粕，取其精华。我国传统文化中的民本思想、平等思想、务实思想等都是值得增值开发的内容。

（二）组织文化建设的一般程序

1. 制定组织文化系统的核心内容

企业价值观和企业精神是组织文化的核心内容。

首先，企业价值观体系的确立应结合本企业自身的性质、规模、技术特点、人员构成等因素；其次，良好的价值观应从企业整体利益的角度来考虑问题，更好地融合全体员工的行为；再次，一个企业的价值观应该凝聚全体员工的理想和信念，体现企业发展的方向和目标，成为鼓励员工努力工作的精神力量；最后，企业的价值观中应包含强烈的社会责任感，使社会公众对企业产生良好的印象。

2. 进行组织文化表层的建设

进行组织文化表层的建设主要是指组织文化的物质层和制度层的建设。

组织文化的表层建设主要是从企业的硬件设施和环境因素方面入手，包括制定相应的规章制度、行为准则，设计公司旗帜，建造一定的硬件设施等，为组织文化精神层的建设提供物质上的保证。

3. 组织文化核心观念的贯彻和渗透

组织文化核心观念的贯彻和渗透主要包括员工的选聘和教育、英雄人物的榜样作用、礼节和仪式的安排和设计、组织的宣传口号的设计传播等。

【案例分析】

海尔集团文化

海尔集团创立于1984年，多年来持续稳定发展，已成为在海内外享有美誉的大型国际化企业集团。其产品从1984年的单一冰箱发展到拥有白色家电、黑色家电、米色家电在内的96大门类15 100多个规格的产品群，并出口到世界160多个国家和地区。2005年，海尔集团全球营业额突破1 039亿元人民币。2005年，海尔集团蝉联中国最有价值品牌第一名，品牌价值高达600亿元。

海尔集团时任总裁张瑞敏说："海尔是海，海是无限的。"海尔集团还是一本书，是一部创业、改革、发展史，一部管理的百科全书，一部企业文化专著。海尔集团成功的秘诀在于企业文化。用张瑞敏的话说，就是"有生于无，无形财富可以变成有形财富"。

海尔文化可以分为表层海尔文化、浅层海尔文化、中层海尔文化等多个层次。

表层海尔文化：海尔标志、海尔中心大楼、海尔广告、海尔的样品展室，海尔的园区绿化，可爱的海尔兄弟商标等。

浅层海尔文化：海尔员工礼貌、有素养，标准蓝色着装；迅速反应，马上行动的作风；等等。

中层海尔文化：产品——注重环保、用户至上的海尔产品，"大地瓜""小小神童"洗衣机、"宽带电压"、瘦长的"小王子"电冰箱等产品所体现的"乡情"及其文化、科技内涵；服务——海尔的客户需求调查、海尔生产线现场参观、工业旅游专线的设计、售后服务"用户永远是对的"理念的建立和实施、无搬动服务及24小时安装到位的服务项目；等等。

深层海尔文化：OEC管理模式，"日事日毕、日清日高"和"3E卡"管理，定额淘汰，竞争上岗的组织平台等。

里层海尔文化："有缺陷的产品就是废品"的质量理念；"东方亮了，再亮西方"的市场扩张理念；"先卖信誉，再卖产品"的营销理念；"人人是人才，赛马不相马"的人才观；"用户永远是对的"和"把用户的烦恼降到零"的售后服务理念；"先难后易，先创名牌后创汇"的国际市场战略；"用户的难题就是我们开发的课题"和"要干就干最好的"科研开发理念；海尔的企业斜坡球体定律等，可谓丰富多彩，全面系统，配套协调。

内层海尔文化：海尔远景，也就是十年之内，进入世界500强的奋斗目标。

海尔文化内核：也就是海尔的哲学与价值观，那就是“敬业报国，追求卓越”“海尔真诚到永远”。就像张瑞敏所说的：“我想无论哪个企业的目标应该都是一样的，都要追求长期利益的最大化。但这只是一个目标，并不是目的。企业存在的目的是和社会融为一体，推动社会的进步。”

资料来源：http://wiki.mbalib.com/wiki.

案例讨论题：

（1）请对海尔集团的各种文化根据组织文化的结构进行分类。

（2）海尔集团的各种组织文化的作用是什么？

【知识检测】

一、单项选择题

1.（　　）是管理活动的载体，是组织目标的实现机构。

A. 计划　　B. 单位　　C. 组织　　D. 企业

2.“组织中的任何成员只能接受一个上司的领导”说明组织设立必须遵循（　　）。

A. 权责对等　　B. 命令统一　　C. 因人设职　　D. 因事设职

3. 组织变革实施的第一步是（　　）。

A. 确定目标　　B. 制订计划

C. 发现问题征兆　　D. 诊断问题

4. 组织文化能影响每个成员的价值取向，说明组织文化有（　　）功能。

A. 凝聚功能　　B. 约束功能　　C. 激励功能　　D. 导向功能

5. 组织文化的载体是（　　）。

A. 领导　　B. 所有组织成员

C. 专家　　D. 员工

二、多项选择题

1. 组织的类型有（　　）。

A. 职能制　　B. 直线制　　C. 事业部制　　D. 扁平制

E. 直线职能制　　F. 矩阵结构

2. 组织设计的原则有（　　）。

A. 因事设职和因人设职　　B. 权责对等

C. 约束原则　　D. 命令统一

E. 优化原则

3. 组织人员的分类有（　　）。
A. 贡献者　B. 合作者　C. 挑战者　D. 管理者
E. 沟通者
4. 组织变革的外部动因有（　　）。
A. 市场变化　B. 资源变化　C. 技术变化　D. 环境变化
5. 组织文化的功能有（　　）。
A. 导向功能　B. 凝聚功能　C. 激励功能　D. 约束功能
E. 宣传功能　F. 辐射功能

三、名称解释

1. 组织
2. 组织文化
3. 职能制

四、简答题

1. 组织设计的程序是什么？
2. 组织人员的配备原则有哪些？
3. 组织文化的功能是什么？

五、案例应用分析

美国西南航空公司

美国西南航空公司创建于1971年，当时只有少量顾客、几只包袋和一小群焦急不安的员工，现在已成为美国第六大航空公司，拥有1.8万名员工，服务范围已横跨美国22个州的45个大城市。

1. 总裁用爱心管理公司

时任公司总裁兼董事长的赫伯·凯勒，是一位传奇式的创办人，他用爱心（LUV）建立了这家公司。LUV说明了公司总部设在达拉斯的友爱机场，LUV也是他们在纽约上市股票的标志，还是西南航空公司的精神。这种精神从公司总部一直感染到公司的门卫、地勤人员。

当踏进西南航空公司总部大门时，你就会感受到一种特殊的气氛。一个巨大的、敞顶的三层楼高的门厅内，展示着公司历史上值得纪念的事件。当你穿越欢迎区域，进入把办公室分列两侧的长走廊时，你就会沉浸在公司为员工举行庆祝活动的气氛中——令人激动地布置着有数百幅配有镜架的图案，镶嵌着成千上万张员工的照片，歌颂内容有公司主办的晚会和集体活动、垒球队、社区节目以及万圣节、复活节。早期员工们的一些艺术品，连墙面到油画也巧妙地穿插在无数图案中。

2. 公司处处是欢乐和奖品

你到处可以看到奖品。饰板上用签条标明的“心中的英雄奖”“基蒂霍克奖”“精神胜利奖”“总统奖”和“幽默奖”(这张奖状还是倒挂着的)，并骄傲地写上了领奖人的名字。你甚至还可以看到“当月顾客奖”。

当员工们轻松地迈步穿越大厅过道，前往自己的工作岗位，到处洋溢着微笑和欢乐，谈论着“好得不能再好的服务”“男女英雄”和“爱心”等。公司制定的“三句话训示”挂满了整个建筑物，最后一行写着：“总之，员工们在公司内部将得到同样的关心、尊敬和爱护，也正是公司盼望他们能和外面的每一位顾客共同分享。”喜欢讲挖苦话的人也许会想：是不是走进了好莱坞摄影棚里？不！不！这是西南航空公司。

这里有西南航空公司保持热火朝天的爱心精神的具体事例：在总部办公室内，每月做一次空气过滤，饮用水不断循环流动，纯净得和瓶装水一样。

节日比赛丰富多彩。情人节那天有最高级的服装，复活节有装饰考究的节日彩蛋，还有女帽竞赛，当然还有万圣节竞赛。每年一度规模盛大的万圣节到来时，他们把总部大楼全部开放，让员工们的家属及附近的小学生都来参与“恶作剧”或“给点心”的游戏。

公司专为后勤人员设立“心中的英雄奖”，其获得者可以把本部门的名称印在指定的飞机上作为荣誉，为期一年。

3. 透明式的管理

如果你要见总裁，只要他在办公室，你可以直接进去，不用通报，也没有人会对你说：“不，你不能见他。”

每年举行两次“新员工午餐会”，领导们和新员工们直接见面，保持公开联系。领导向新员工们提些问题，例如，“你认为公司应该为你做的事情都做到了吗?”“我们怎样做才能做得更好些?”“我们怎样才能把西南航空公司办得更好些?”员工们的每项建议，在30天内必能得到答复。一些关键的数据，包括每月载客人数、公司季度财务报表等员工们都能知道。

“一线座谈会”是一个全日性的会议，专为那些在公司里已工作了十年以上的员工而设的。会上副总裁们对自己管辖的部门先做一个概括性介绍，然后公开讨论。题目包括“你对西南航空公司感到怎样”“我们应该怎样做才能使你不断前进并保持动力和热情”“我能回答你一些什么问题”等。

4. 领导既是朋友也是亲人

当你看到一张赫伯和员工们一起拍的照片时，他从不站在主要地方，总是在群众当中。赫伯要每个员工知道他不过是众员工之一，是企业合伙人之一。

上层经理们每季度必须有一天参加第一线实际工作，担任订票员、售票员或行李搬运工等。“行走一英里计划”安排员工们每年一天去其他营业区工作，以了解不同营业区的情况。旅游鼓励了所有员工参加这项活动。

为让员工们对学习公司财务情况更感兴趣，西南航空公司每12周就会给每位员工寄去一份“测验卡”，其中有一系列财务上的问句。答案可在同一周的员工手册上找到。凡填写测验卡并寄回全部答案的员工都登记在册，有可能得到免费旅游的机会。

这种爱心精神在西南航空公司内部闪闪发光。正是依靠这种爱心精神，当整个行业在赤字中跋涉时，他们连续22年有利润，创造了全行业个人生产率的最高纪录。1999年有16万人前来申请工作，人员调动率低得令人难以置信，连续三年获得国家运输部的“三皇冠奖”，表彰他们在航行准时、处理行李无误和客户意见最少三方面取得的最佳成绩。

资料来源：http://www.scemi.com/glx/glxjpkc/dzja.asp.

案例讨论题：

（1）西南航空公司的企业文化是什么？

（2）赫伯在创建西南航空公司的企业文化中起到了怎样的作用？

【技能训练】

学习任务　设计模拟公司组织架构，编制部门岗位职责

1. 学习目标

（1）遵循组织结构设计原则，学会基于管理层级和宽度的约束进行组织结构设计；

（2）熟悉组织职能，学会基于工作内容的需要编制的岗位职责。

2. 学习内容

（1）小组统一安排时间对目标企业（团队）实地访问，获得第一手管理类信息资料；

（2）遵循组织结构设计原则和组织原则，通过小组讨论，基于模拟公司的工作目标设计一个可行的组织结构图；

（3）立足模拟公司的工作内容，编制部门职能和岗位职责。

3. 角色扮演

每组推选一名同学展示组织结构图并详细说明各岗位职责和任职条件。

4. 互动与点评

（1）非本组同学对该组织结构及岗位设置等内容进行现场提问；

（2）各小组之间可以进行交流；

（3）由教师与学生对各模拟公司的组织结构图、部门设计和岗位职责进行评估打分。

5. 评价标准

（1）组织结构图、岗位职责和任职条件三项基本内容，占40%；

（2）口语表达能力，占20%；

（3）回答问题能力，占20%；

（4）组织能力发挥，占20%。

学习情境四　领导沟通

【学习任务】

◇ 立足管理的四大职能，认知管理领导职能。
◇ 领会管理三大领导方式，遴选适合基层管理的领导方式。
◇ 感知管理工作的复杂性，培育基层管理工作的领导艺术。

【关键术语】

领导；影响力；领导方式；领导艺术；沟通艺术；用人艺术；用权艺术；处理人际关系艺术。

【引言】

子贱放权

孔子的学生子贱有一次奉命担任某地方的官吏。当他到任以后，却时常弹琴自娱，不管政事，可是他所管辖的地方却治理得井井有条，民兴业旺。这使那位卸任的官吏百思不得其解，因为他每天即使起早摸黑，从早忙到晚，也没有把地方治好。于是他请教子贱："为什么你能治理得这么好？"子贱回答说："你只靠自己的力量去进行，所以十分辛苦；而我却是借助别人的力量来完成任务。"

管理的领导职能是指管理者通过对下属施加影响，使下属心甘情愿地为实现组织目标而努力工作的过程。它是使组织目标得以有效实现的关键，也是联结其他管理职能的纽带。那么什么是管理的领导职能，到底怎样才能成为一名好的领导者，领导者应具有哪些素质，以及领导艺术有哪些等，将是学习情境四主要学习的内容。

任务一　认知领导职能

【案例导入】

管理智慧：无为管理有作为

“无为”是中国古代重要的管理方法。有人曾指出，最高明的管理者应无为而治，人民大众只知道他的名字，知道有这么一个人；次一些的管理者，多办善事，人民亲近他、称誉他；再次一等的管理者，多强暴而使人民畏惧他、疏远他；最差的管理者，鱼肉百姓、祸国殃民，人民自然辱骂他、侮辱他，甚至推翻他。因此，判断一个管理者的优劣，他与人民的关系则是最重要的标准。老子也曾说，人民是水，统治者是船，船可能在水中平安航行，也能被滔天巨浪所吞没，所以主动权并非永远掌握在统治者手中。

六出奇计的陈平对汉代一统天下立下了汗马功劳。晚年时被汉文帝任命为宰相。有一天，文帝召见陈平和另一位宰相周勃，文帝先问周勃：“你经手裁决的事件，一年约有多少件？”周勃回答：“臣不肖，对这不清楚。”文帝又问：“那么，国库一年的收支大概有多少？”周勃也答不出。文帝见周勃身为丞相，尽然一问三不知，面有不悦之色，周勃吓得汗流浃背。

汉文帝又拿同样的问题问陈平，陈平回答说：“这些问题，我得问有关负责人才能知道。”文帝接着问：“谁是负责人呢？”陈平回答：“裁判事件的负责人是司法大臣，国库收支的负责人是财政大臣。”汉文帝接着又问：“所有的事都有人负责，那么宰相是干什么的呢？”陈平不慌不忙地答道：“宰相要使百姓各得其所，对外需镇抚四方的蛮夷与诸侯，对内则要督促所有的官员做好各自的分内工作。”陈平的这番话让汉文帝深表赞同。

战国时邯郸的老百姓每到元旦就要上山去捉斑鸠送到赵简子府第上，然后赵简子就赏给他们很多银子。有个在赵简子家做客的人见了很奇怪，便问：“为什么要把这些斑鸠捉回来？”简子回答道：“你难道不知道吗？每一个小生命都是宝贵的啊！元旦那天，我要把他们都放回树林去，表示对生灵的爱护。”客人听了大笑说：“这就是爱护生灵的办法吗？老百姓知道您要放生，献上斑鸠有赏，都争着去捉斑鸠。有的用铁夹，有的用箭射。虽然也可活捉一些，但死的也不少。如果您真的可怜这些小生命，还不如下个通令，禁止捕捉斑鸠；否则，捉了又放，您的恩德远抵不上罪过呢。”

无为而治就是让老百姓在战后休养生息的管理办法，早在汉代之初统治者采取的无为而治术就取得了很好的效果。刘邦和萧何死后，接位的皇帝是孝惠帝，接替的宰相是曹参。曹参执政的方针是“举事无所变更，一遵萧何约束”。这是为什么呢？曹参对自己的执政方针是这样解释的：因为高祖与萧何已经定了天下，法令制定得非常明确。而天下太平情况下的百姓正在努力休养生息，对于官吏们来说，只要严守职责，不要丢失这些就行了。事实证明，无为而治深得民心，后来老百姓编成歌谣赞扬道："萧何定法令，曹参照执行，百姓得安宁。"这就是无为而治的典型。

当然，"无为"不是无所作为，不是什么也不做，而是一切顺应自然，不以人为地去有意改变客观规律。因此，"无为"只是手段而不是目的，无为的目的还是有为，这就是老子进一步阐明的"无为而无不为"。这种"无为"，从客观效果上讲，是有利于人民生活安定和社会形势稳定的。

资料来源：http://www.docin.com/p-333833147.html.

案例讨论题：

（1）如何理解"陈平的这番话让汉文帝深表赞同"？

（2）古人这种"无为而无不为"的管理方法，给了我们哪些可以借鉴的东西？

一、领导的实质

（一）领导的内涵

"领导"在汉语中可以作为名词，是指领导人、领导者，即组织中确定和实现组织目标的首领；也可以作为动词，即领导是一种活动过程，是领导者指挥、带领、引导和鼓励部下为实现目标而努力的过程。管理的领导职能是指动词意义上的领导含义，这个含义包括以下三个要素：

（1）领导活动包括领导者和被领导者两个方面。领导者必须有部下或追随者，没有部下的领导者谈不上领导。

（2）领导的实质是影响力。领导者必须拥有影响追随者的能力和力量。这些能力的力量包括由组织赋予领导者的职位和权力，也包括领导者个人所具有的影响力。

（3）领导是一项目的性很强的行为。它的目的在于使被领导者心甘情愿地、热情地为实现组织的目标而奋斗。这里的心甘情愿而非无奈，热情而非勉强，这就是领导工作的水平，也是领导者追求的目标。

领导和管理以及领导职能和管理职能，它们是既有联系又有区别的。具体表现在以下两方面：

一是从权力基础上看，管理是建立在合法的、有报酬的和强制性的权力基础上的，而领导更多的是建立在个人影响力和专长权以及模范作用的基础上的。因此，一个人可能既是管理者也是领导者，但是管理者和领导者分离的情况也是有的。一个人可能是领导者，但并不一定是管理者。非正式组织中具有影响力的人就是典型的例子，组织没有赋予他们职权，但他们却能指挥、引导甚至命令自己的成员。一个人可能是管理者，但并不一定是领导者。领导应当有被领导者的追随和服从，它不是组织赋予的职权所决定的，而是取决于追随者的意愿，因此有些握有职权的管理者可能没有下属的服从，也谈不上真正意义上的领导。

二是从职能上看，领导职能是管理职能的一个组成部分，一个人能够影响他人这一事实并不表明他同样能够行使计划、组织和控制的职能。一个管理者除了发挥好领导职能外，还要发挥好其他管理职能。领导不是单方面的领导行为，而是领导者和被领导者之间相互作用的关系和过程。侧重于人的因素以及人与人之间的相互作用，这是领导职能与其他管理职能显著的区别之一。

（二）领导的实质是影响力

领导的实质是领导者影响追随者，使其心甘情愿地、充满热情地完成一些特殊目标的过程。管理中的领导职能是一种执行性职能。领导者运用其拥有的权力，通过沟通、激励对员工予以影响，以充分发挥员工的潜力，引导、推动员工积极努力地工作，执行、完成计划职能所规定的任务要求，实现组织目标。领导者影响下属能够富有热情地努力工作，凭借的是多方面的权力。权力是领导者对下属施加影响的基础，换句话说，领导的影响力是由权力派生出来的。领导权力主要有以下五种：

1. 法定权力

法定权力是正式组织所赋予的，这种权力可以通过领导者利用职权向直属人员发布命令、下达指标来直接体现，有时也借助组织内的政策、程序和规则等得以间接体现。这一权力不随任职者的变动而变动。

2. 奖赏权力

奖赏权力是指领导者所拥有的对下属行为认可满意时实施奖励、赞赏手段的权力，包括赞扬、提薪、升职、发奖金、给予培训的机会和提供其他任何令人愉悦的东西的权力，是利用物质的、精神的奖励手段来换取下属的遵从。由于被领导者感觉到领导者有能力使他们的需要得到满足，因而愿意服从或追随他。可以说，领导者可以控制的奖赏手段越多，对下属就越重要，领导者拥有的影响力也就越大。

3. 强制权力

强制权力是与奖赏权力相联系的，主要是利用下属的惧怕心理，使下属服从。它是指领导者凭借其领导职位、法定权力向下属实施惩罚性措施的权力。强制权力和奖赏权力一样，都是与法定权力密切相关，包括批评、降职、扣发工资奖金、给予行政处分或其他令人感到压力、不悦的权力。

4. 专家权力

专家权力也称“专家影响力”，是指由于领导者个人的特殊能力或某些专业知识技能，而产生的权力。一个有着丰富知识和经验、处理问题能力突出的领导者，会使下属由衷的敬佩、信服和尊重，其指示命令就很容易得到贯彻。我们提倡“内行当家”，道理就在于此。

5. 感召与参考权力

感召权是指由于领导者个人的品质、魅力、经历、背景等产生的权力，也称“个人影响力”。这种人格魅力会折射出太阳般的光芒，将周围人紧紧吸引，愿意追随其左右。参考权力是指因为与某些领导或权威人物的特殊关系而具有的与普通人不同的影响力。

领导者获得影响力的途径是多样的。我们将以上五种权力可以归纳为两大类：一是把与职位有关的法定权力、奖赏权力和强制权力统称为“制度权力”；二是把与个人因素相关的专家权力、感召和参考权力统称为“个人影响力”。而领导效能的高低最重要的不是取决于领导者拥有的制度权力的大小，关键是要看其个人权力和个人影响力的大小。这从一个侧面说明，正式组织的领导者应该加强对个人修养的修炼，以便在拥有职位权力的同时，获得更大的个人影响力。

◎应用案例

根据调令，A 前往 B 公司担任经理。在交接班时，前任经理特意对领导班子中的一位副手的情况做了详细介绍，说这位副手个性强，不好合作，凡事都要听他的，有时经理决定了的事，如果他不同意，经理的决策就很有可能得不到有效的实施。前任经理还对 A 说，要不是他知道自己要调离，那一定会建议上级想办法把这位副手撤掉。前任经理的介绍对 A 的心理造成了很大的阴影。

后来，A 正式接任工作，在与这位副手的接触中，发现这位副手确实很有个性，如自尊心很强，人很正直，对工作很有主见，也敢于负责，好胜心强，总希望自己分管的工作做得比别人好。

对于这位副手来说，应该怎样做才能既调动其积极性，又能实现有效的领导，以保证组织整体目标的实现呢？

二、领导者的类型及功能

（一）领导者的类型

领导者的类型按不同的标准有多种分类方法，比较常见的如从制度权力的集中度可将领导者的类型分为集权式领导者和民主式领导者；从保守与创新的程度可将领导者的类型分为事务型领导者和变革型领导者。

1. 集权式领导者

集权式领导者就是把管理的制度权力相对牢固地进行控制的领导者。由于管理的制度权力是由多种权力的细则构成的，如奖励权、强制权、收益的再分配权等，这就意味着对被领导者或下属而言，受控制的力度较大。在整个组织内部，资源的流动及其效率主要取决于集权领导者对管理制度的理解和运用，同时，个人专长权和影响力是他行使上述制度权力成功与否的重要基础。这种领导者的优势在于通过完全的行政命令，使管理的组织成本在其他条件不变的情况下相对较低。这对于组织在发展初期和组织面临复杂突变的变化时，是有益处的。但是，长期使下属被动地接受命令，不利于其主动性和积极性的发挥。

2. 民主式领导者

民主式领导者的特征是向被领导者授权，鼓励下属的参与，并且主要依赖于其个人专长权和影响力影响下属。从管理学角度来看，就意味着这样的领导者通过对管理制度权力的分解，进一步通过激励下属的需要，去实现组织的目标。不过，这种权力的分散性，使得组织内部资源的流动速度减缓，因为权力的分散一般导致决策速度降低，进而增加了组织内部的资源配置成本。但是这种领导者对组织带来的好处也十分明显。通过激励下属的需要，组织发展所需的知识，员工的积极性得以加强，员工的能力也会得到长足提高。

3. 事务型领导者

事务型领导者通过明确角色和任务要求，要求下属按照既定的目标开展工作，并且尽量考虑和满足下属的社会需要，通过协作活动提高下属的工作效率。这种领导者重视非人格的绩效内容，如计划、日程和预算，对组织有使命感，并且严格遵守组织的规范和价值观开展管理活动。

4. 变革型领导者

变革型领导者鼓励下属为了组织的利益而超越自身利益，并能对下属产生深远而且不同寻常的影响，如美国微软公司的比尔·盖茨。这种领导者关心每一个下属的日常生活和发展需要，帮助下属用新观念分析老问题，进而改变他们对问题的看法，能够激励、唤醒和鼓舞下属为达到组织或群体目标而付出加倍的努力。

（二）领导者的功能

领导者的活动直接影响着现代化管理水平和经济效益的好坏，而领导者的作用就是引导部下以最大的努力去实现组织的目标。在带领、引导和鼓舞下属为实现组织目标而努力的过程中，领导者发挥着指挥、协调和激励三个方面的功能。

1. 指挥功能

领导者的指挥功能是指在人们的集体活动中，需要有头脑清醒、胸怀全局，能高瞻远瞩、运筹帷幄的领导者帮助组织成员认清所处的环境和形势，指明活动的目标和达到目标的路径，即认清方向并统一思想认识。领导者只有站在群众的前面，用自己的行动带领人们为实现组织的目标而努力，才能真正起到指挥作用。

2. 协调功能

领导者的协调功能是指在组织中，即使有了明确的目标，成员由于各人的才能、理解能力、工作态度、进取精神、性格、作风、地位等的不同，受外部环境因素的干扰，人们在思想上发生了各种分歧，行动上偏离目标的情况是不可避免的。因此，就需要领导者来协调组织成员之间的关系和活动，把大家团结起来，朝着共同的目标前进，即步调一致。

3. 激励功能

领导者的激励功能是指当人们遇到挫折和限制时，要以高超的领导艺术去引导，鼓励成员提高自身的事业心、忠诚度和奉献精神。在现阶段，劳动仍是人们谋生的手段，当人们在学习、工作和生活中遇到困难、挫折或不幸时，或某种物质的、精神的需要得不到满足时，就必然会影响工作热情。要使每一个员工都保持旺盛的工作热情，最大限度地调动他们的工作积极性，就需要有通情达理、关心群众的领导者来为他们排忧解难，激发和鼓舞他们的斗志，发掘、充实和加强他们积极进取的动力。

【案例分析】

保罗的领导方式

保罗在1971年从美国中西部的一所名牌大学拿到会计专业的学士学位后，到一家大型的会计师事务所的芝加哥办公处工作，由此开始了他的职业生涯。9年后，他成了该公司的一名最年轻的合伙人。公司执行委员会发现了他的领导潜能和进取心，遂在1983年指派他到纽约的郊区开办了一个新的办事处。其工作最主要的是审计，这要求有关人员具有高度的判断力和自我控制力。他主张工作人员间要以名字直接称呼，并鼓励下属人员参与决策制定。对长期的目标和指标，每个人都很了解，但实现这些目标的办法却是相当不明确的。

办事处发展得很迅速。到1988年，专业人员达到了30名。保罗被认为是一位很成功的领导者和管理人员。

保罗在1989年年初被提升为达拉斯的经营合伙人。他采取了帮助他在纽约工作时取得显著成效的同种富有进取心的管理方式。他马上更换了几乎全部的25名专业人员，并制订了短期的和长期的客户开发计划。职员人数增加得相当快，为的是确保有足够数量的员工来处理预期扩增的业务。很快，办事处有了约40名专业人员。

但在纽约成功的管理方式并没有在达拉斯取得成效。办事处在一年时间内就丢掉了最好的两个客户。保罗马上认识到办事处的人员过多了，因此决定解雇前一年刚招进来的12名员工，以减少开支。

他相信挫折只是暂时性的，因而仍继续采取他的策略。在此后的几个月时间里又增雇了6名专业人员，以适应预期增加的工作量。但预期中的新业务并没有接来，所以又重新缩减了员工队伍。在1991年夏天的那个“黑暗的星期二”，13名专业人员被解雇了。

伴随着这两次裁员，留下来的员工感到工作没有保障，并开始怀疑保罗的领导能力。公司的执行委员会了解到问题后将保罗调到新泽西的一个办事处，在那里他的领导方式显示出很好的效果。

资料来源：http://jpkc.yzu.edu.cn/course/glx/news_view7_2.asp? ID=449.

案例讨论题：

1. 保罗作为一位领导者的权力来源是什么？

2. 保罗在纽约取得成功的策略，为什么在达拉斯没能成功？其影响因素有哪些？

任务二　遴选领导方式

【案例导入】

新任经理欧××

蓝天技术开发公司（简称“蓝天公司”）由于在一开始就瞄准成长的国际市场，在国内率先开发出某高技术含量的产品，其销售额有了超常规的增长，公司的发展速度十分惊人。然而，在竞争对手如林的今天，该公司和许多高科技公司一样，也面临着来自国内外大公司的激烈竞争。当公司经济上出现了困境时，公司董事会聘请了一位新的常务经理欧××负责公司的全面工作。而原先的那个自由派风格的董事长仍然留任。欧××来自一家办事古板的老牌企业，他照情境办事，十分古板，与蓝天公司的风格相去甚远。公司管理人员对他的态度是：看看这家伙能待多久！看来，一场潜在的“危机”迟早会爆发。

第一次“危机”发生在常务经理欧××首次召开的高层管理会议上。会议定于上午9点开始，可有一个人姗姗来迟，直到9点半才进来。欧××厉声道：“我再重申一次，本公司所有的日常例会要准时开始，谁做不到，我就请他走人。从现在开始一切事情由我负责。你们应该忘掉老一套，从今以后，就是我和你们一起干了。”到下午4点，竟然有两名高层主管提出了辞职。

然而，此后蓝天公司发生了一系列重大变化。由于公司各部门没有明确的工作职责、目标和工作程序，欧××颁布了几项指令性规定，使已有的工作有情境可循。他还三番五次地告诫公司副经理徐×，公司一切重大事务向下传达之前必须先由他审批，他抱怨下面的研究、设计、生产和销售等部门之间互相扯皮和踢皮球，结果使蓝天公司一直没能形成统一的战略。

欧××在详细审查了公司人员工资制度后，决定将全体高层主管的工资削减10%，这引起公司一些高层主管的不满，并纷纷向他辞职。

研究部主任这样认为：“我不喜欢这里的一切，但我不想马上走，因为这里的工作对我来说太有挑战性了。”

生产部经理也是个不满欧××做法的人，可他的一番话颇令人惊讶：“我不能说我很喜欢欧××，不过至少他给我那个部门设立的目标我能够达到。当我们圆满完成任务时，欧××是第一个感谢我们干得棒的人。”

采购部经理牢骚满腹。他说："欧××要我把原料成本削减20%，他一方面拿着一根胡萝卜来引诱我，说假如我能做到的话就给我油水丰厚的奖励；另一方面则威胁说如果我做不到，他将另请高就。但干这个活简直就不可能，欧××这种'大棒加胡萝卜'的做法是没有市场的。从现在起，我另谋出路。"

但欧××对被人称为"爱哭的孩子"销售部胡经理的态度则让人刮目相看。以前，销售部胡经理每天都到欧××的办公室去抱怨和指责其他部门。欧××对付他很有一套，让他在门外静等半小时，见了他对其抱怨也充耳不闻，而是一针见血地谈公司在销售上存在的问题。过不了多久，大家惊奇地发现胡经理开始更多地跑基层而不是去欧××的办公室了。

随着时间的流逝，蓝天公司在欧××的领导下恢复了元气。欧××也渐渐地放松控制，开始让设计部和研究部更放手地去干事。然而，对生产部和采购部，他仍然勒紧缰绳。蓝天公司内再也听不到关于欧××去留的流言蜚语了。大家这样评价他：欧××不是那种对这里情况很了解的人，但他对各项业务的决策无懈可击，而且确实使我们走出了低谷，公司也开始走向辉煌。

资料来源：http://www.doc88.com/p-334768098075.html.

案例讨论题：

（1）欧××进入蓝天公司时采取了何种领导方式？这种领导方式与留任的董事长的领导方式有何不同？他对研究部门和生产部门各自采取了何种领导方式？当蓝天公司各方面的工作走向正轨后，为适应新的形势，欧××的领导方式做了哪些改变？为什么？

（2）有人认为，对下属人员采取敬而远之的态度对一个经理来说是最好的行为方式，所谓"亲密无间"会松懈纪律。你如何看待这种观点？你认为欧××属于这种领导吗？

一、领导方式的类型

领导方式是指领导者对所获权力的使用方式，也可以称为"领导风格"。领导方式通常有如下三种类型：

（一）专制式领导（又称"独裁式领导"）

专制式领导是指所有政策目标都由领导者个人决定，布置给下级执行，对下级实行严格的控制，下级只是不容置疑地执行命令。专制式领导主要凭借发号施令和实施奖惩的权力进行领导，和下属较少接触和沟通。

这种领导方式的主要特点是：①独断专行，从不考虑别人的意见，完全由领导者自己做出各种决策；②不把更多的消息告诉下级；③主要依靠行政命令、纪律约束、训斥惩戒来维护领导者的权威，很少或只是偶尔的奖励；④领导者预先安排一切工作的程序和方法，下级只能服从；⑤领导者和下级保持相当的心理距离。

（二）民主式领导

民主式领导是指领导者很少行使权力直接控制下属。领导者在做出决策、采取行动之前会听取下级意见，由相关人员集体讨论制定决策和行动方案，使下级对于进行工作的步骤和工作中所采用的方法有较多的选择余地。

这种领导方式的主要特点是：①各种决策都由领导者和下级共同商定，决策是领导者和下级共同智慧的结晶；②分配工作时，尽量照顾到组织每个成员的能力、兴趣和爱好；③对下级的工作安排不具体，个人有相当大的工作自由，有较多的选择性和灵活性；④主要运用个人权力和威信，而不是靠职位权力和命令使人服从；⑤领导者积极参加团体活动，与下级无任何心理距离。

（三）放任式领导

放任式领导是指领导者给下级极大的自由度，让其自主设定工作目标和决定实现目标的手段，员工自行处理工作事务。领导者很少或基本上不参与下级活动，只是偶尔表示一下意见。

以上三种领导方式各有优缺点，专制式的领导方式虽然能通过严格管理达到目标，但组织成员没有责任感，情绪消极，士气低落；民主式领导方式工作效率最高，不但能够完成工作目标，而且组织成员之间的关系融洽、工作积极主动、有创造性；放任式领导方式的工作效率最低，只能达到组织成员的社交目标，但完成不了工作目标。领导者倾向采用何种领导方式，往往同他们对人性的认识有关，也视具体的情况而定。

二、选择领导方式要考虑的因素

领导者要保证其工作的效率，就必须依据自身的素质、所处的管理层次、所担负工作的性质以及被领导者的特点，在不同时空处理不同问题时，选择恰当的领导方式。

领导方式是领导者素质、追随者素质和环境因素的产物。

（一）领导者素质

领导者素质主要是指领导者个人品质、价值观和工作经历等方面的素质。如果领导者的决断力很强，并且信奉 X 理论，则很可能采取专制式的领导方式。

（二）追随者素质

追随者素质主要是指追随者的个人品质、工作能力、价值观等方面的素质。追随者的独立性、工作水平等因素对领导方式有极大的影响。如果下级的独立性较强，工作水平较高，那么采取民主式或放任式的领导方式较为合适。

（三）环境因素

环境因素主要是指工作特性、组织特征、社会状况、文化影响、心理因素等。工作是具有创造性还是简单重复，组织的规章制度是比较严密还是宽松，社会时尚是倾向于追随服从还是推崇个人能力等，都会对领导方式产生强烈的影响。

【案例分析】

销售团队的领导

某厂的供销部由供应科、销售科、车队、仓库、广告制作科组成。当A调任该部经理时，听到不少人反映广告制作科、仓库管理科迟到早退的现象严重，劳动纪律差，工作效率低。虽然经过多次批评教育，但成效不大，群众反应很大。为了做好领导工作，A经理对这两个科室进行了调查分析，情况如下：

一是文化水平及修养方面。广告制作科的员工全是大专及以上文化程度，平时工作认真，干劲大，但较散漫；仓库管理科的员工文化程度普遍较低，思想素质较差。

二是工作性质。广告制作是创造性工作，工作具有独立性，难以定量考核工作量；仓库管理是程序化工作，内容固定，且必须严格按照规定的制度执行，工作量可以定量考核。

三是工作时间。广告制作工作有较强的连续性，不能以8小时来衡量，有时完成一项工作光靠上班8小时是远远不够的；而仓库管理8小时内的工作是关键，上下班的准时性、工作时间不能随意离开岗位是十分重要的，否则就会影响正常地收发货物，有的还会直接影响车间的正常生产。

广告制作科的员工工作责任心强，有强烈的创新意识，有实现自我价值和获得成功的欲望，工作热情较高；而仓库管理科的员工由于工作环境分散，工作单调，员工积极性不高。

根据以上情况，你认为A经理对这两个部门应如何确定领导方式？

资料来源：斯蒂芬·P. 罗宾斯于1997年出版的《管理学》第四版。

案例讨论题：

（1）领导方式选择的依据有哪些？

（2）根据以上情况，你认为A经理对这两个部门应如何确定领导方式？

任务三 培育领导艺术

【案例导入】

哪个科长的能力更强？

某县县委办公室领导班子调整，两位副科级秘书被提拔，分别担任两个业务科室的科长。他俩心情十分激动，暗暗下定决心，要把工作搞出个样子来。C科长看到科里任务繁重，心急如焚。每天都早出晚归，忙忙碌碌，晚上一般都在办公室加班，许多时间还要拉科里的同志一起干。他对工作十分认真，每次工作安排下去，总是不断地催问，唯恐别人办不好。能自己动手干的，他尽量不让其他同志去做，很多时候，包括草拟通知、填报表也都是自己动手。可以说是以身作则，起到了模范带头作用。科里的同志不论大小事情，从不自作主张，都是及时地向他请示报告，由他处理。C科长三四个月后，他明显消瘦了，科里的其他同志私下谈论，有的说："咱们科长兢兢业业，不辞辛苦，任劳任怨，真是少有的好干部。"也有的说："跟着科长干工作，既轻松，又没责任，真是自在。"

F科长一上任，就让科里的同志把工作情况做了详细的汇报。很多人吆喝工作任务过重，想让他向上级反映，要求科里增加人员。F科长对科里的工作任务和人员情况做了认真细致地分析后，便组织全体同志制定出各种规章制度，明确了每个工作人员的职责、任务和权限，并要求每个工作人员在自己的职责范围内，遇事要大胆处理，不准推诿。这样，全科成员都紧张地工作起来了。F科长只抓科内外的协调工作，处理一些比较重要的问题，平时对每个同志的具体工作一般很少过问，只是定时间听取汇报和进行抽查。上班时间也不显得很忙，还可以看书、学习。没有特别紧急的任务，他晚上很少到办公室加班。科里的其他同志私下议论，有的说："跟着咱们科长干工作，虽然忙，但心情舒畅，因为他相信我们，对我们放手。"有的说："你看人家C科长，处处带头，没有一点科长的架子。咱们科长把大家搞的忙忙碌碌，紧紧张张，可他自己倒是清闲。"

资料来源：http://www.docin.com/p-180235250.html.

案例讨论题：

（1）两个科长相比，谁的能力更强？为什么？

（2）请举例说明，领导工作的艺术有哪些？

领导艺术（the art of leadership）是指领导者在一定知识、经验和辩证思维的基础上，行使领导职能时所表现出来的才能，是在领导的方式方法上表现出的创造性和有效性。也可以说，领导艺术是领导者的一种特殊才能，这种才能表现为创造性地灵活运用已掌握的科学知识和领导方法，是领导者智慧、学识、胆略、经验、作风、能力的综合体现。下面，我们就从领导的沟通、用人、用权和人际关系处理四方面介绍领导艺术。

一、沟通的艺术

◎应用案例

推销大师的语言艺术

菲尔电气公司是一家提供自动化养鸡设备的公司。公司总经理威伯先生曾经干过20多年的推销工作，被授予"推销大师"的称号。威伯先生从报表上发现，近几个月公司的销售额普遍下降了，特别是宾夕法尼亚州下降得很厉害。这是什么原因呢？原来是公司最近录用了一批年轻推销员，业绩普遍都不理想。威伯先生决定到全国各地的分公司去巡视一番，他所选定的第一站就是销售额下降最厉害的宾夕法尼亚州。

地区年轻的推销员皱着眉头诉苦，心急火燎地指责当地农民："威伯先生，您不了解本地的农民。这些家伙思想观念落后，非常保守顽固，根本不愿意接受任何新事物。他们极其吝啬，一毛不拔，你无法卖给他们任何东西……"

"也许你说的都是真的，"威伯先生附和他的意见说："那么，我们能不能一起去见见他们呢？比如，那个最难缠的家伙。"

在年轻推销员的带领下，威伯先生来到屈根保老太太的家。"笃笃笃"，在大门外，威伯先生轻轻地敲门。过了一阵，门打开了一条小缝，屈根保老太太探出头来，当他看见陌生的威伯先生以及站在威伯先生身后熟识的推销员时，"砰"的一声，毫不客气地关上了大门。"我不买你们的电器，什么皮包公司，一群骗子……""对不起，屈根保老太太，打扰您了。"威伯先生微笑着，赶紧道歉，"我不是来推销电器的，我是想买一篓鸡蛋。"

屈根保老太太把门开大了一点点，用怀疑的眼光上下打量着威伯先生。威伯先生礼貌地说："我知道您养了许多美尼克鸡，那是良种鸡，我想买一篓新鲜鸡蛋。"门又打开了一点点。屈根保老太太好奇地问："你怎么知道我养的是良种鸡？"威伯先生彬彬有礼地说："我也养了一些鸡，但我的鸡没有您的良种鸡那样好。"适当的自谦，镇定自若的合理解释，抹去了屈根保老太太脸上的皱纹和怒色，但她仍有一些怀疑："那你为什么不吃自己家的鸡蛋呢？"威伯先生耐心解释："我养的来杭鸡下白色的蛋，您养的美尼克鸡下棕色的蛋。您知道，棕色的蛋比白色的蛋的营养价值要高一些，我要买一些给太太吃。"

屈根伯老太太的疑虑全消，放心大胆地走了出来。在大门打开的一刹那，威伯先生眼光一扫，发现院子有一个精制的牛栏。"我想"威伯先生继续与屈根保老太太套近乎，"您养鸡赚的钱，一定比您先生养牛赚的钱要多得多。""是嘛！看来你很在行。"屈根保老太太乐呵呵地说："明明是我赚的钱比他多，可我家那个老顽固，唉，就是不肯承认。"深谙人际关系技巧的威伯先生一语中的，把屈根保老太太逗得眉开眼笑。顽固的老太太，竟然骂她丈夫是"老顽固"了。这时，屈根保老太太已完全放松了警惕，威伯先生几乎成了她最受欢迎的客人。她还邀请威伯先生去参观她的鸡舍。

年轻推销员跟着威伯先生，第一次走进了屈根保老太太的家。在参观的时候，威伯先生注意到，屈根保老太太虽然不愿买自动化养鸡设备，但仍在鸡舍里安装了各式各样的小型机械，这些小型机械省时、省力。威伯先生是一位"诚于嘉许，宽于称道"的高手，每走到一件小型机械前，他都用不同的语言、声调，适时适度地给予赞扬。就这样，一边赞不绝口地参观，一边轻松愉快地闲聊。在不经意中，威伯先生"漫不经心"地介绍了两个新品种饲料，谈了某个养鸡的新方法，然后又"郑重其事"地向屈根伯老太太请教了几个有关养鸡的问题。

"内行话"加上对养鸡这个"共同事业"的熟悉，缩短了他们之间的距离。双方越谈越投机，屈根保老太太竟然毫无保留地与威伯先生交流起养鸡的经验来。

两个星期过后，屈根伯老太太那些美尼克良种鸡在电灯光的照耀下，满意地咯咕咯咕地叫唤起来，威伯先生推销了产品，屈根保老太太收获了更多的鸡蛋，双方皆大欢喜。

资料来源：http://www.doc88.com/p-186696401683.html.

案例讨论题：

(1) 对于这名思想观念落后的屈根保老太太，威伯先生通过什么方式推销了自己的产品？

(2) 从案例中可以看出，有效沟通应该培育哪些方面的艺术？

沟通（communication）是指为达到一定目的，将信息、思想和情感在个人或群体间进行传递、理解与交流的过程。没有或者缺少沟通，再有创意的建议、再优秀的计划都将可能无法实施；没有或者缺少沟通，许多事情往往事倍功半，甚至半途而废、一无所获。

松下幸之助说："企业管理过去是沟通，现在是沟通，未来还是沟通。"彼得·德鲁克说过："企业的管理者70%的时间用在沟通上，企业中70%的问题是由于沟通障碍引起的。"管理者与被管理者之间的有效沟通是任何管理艺术的精髓。沟通是一种艺术，它运用的原则完全凭管理者的技巧。而其巧妙的程度也会随着本身的成熟度和综合能力的不同而有高低差异。沟通也是一种技术，经过现代管理科学地研究，我们已经找到许多可以遵循的原则，只要经常反复地熟悉运用，不断地探索和实践，就可以使技术纯熟，进而成为优秀的沟通者。

（一）倾听艺术

倾听可以鼓励沟通对象倾吐他们的问题与状况，管理者通过了解、分析、协助其找出解决问题的方法。倾听艺术是影响有效沟通的关键，而它需要相当的耐心与全神贯注。对于管理者来说，倾听对于自己所从事工作的意见和建议，不仅需要有一定的耐心和意志力，还需要有一种对于组织工作的责任心。倾听也是所有沟通艺术中最容易被忽视的部分，优秀的管理者应该多听少讲。一位心理学家曾说过："以同情和理解的心情倾听别人的谈话，我认为这是维系人际关系、保证友谊的最有效方法。"

倾听艺术由4个技巧所组成，分别是鼓励、引导、反应和复述。

(1) 鼓励：促进对方表达的意愿，即使你可能认为是错误的或者是与问题无关的，让对方感受到倾听者很关心重视他们的问题。

(2) 引导：以探索的方式获得更多对方的信息资料或内心感受，便于从根本上解决问题。

(3) 反应：告诉对方你在听，同时确定完全明白对方的感受，避免使对方陷入尴尬或失望。

(4) 复述：用于倾听结束时，对对方所倾诉的内容加以概括、解释、分析后再以陈述或提问的方式表达出来，确定没有误解对方的意思。

◎应用案例

某日上午，某营业厅里座无虚席，突然行情中断了，客户杨女士气冲冲地走到客户服务部。

杨女士（厉声地）：“你们的行情总是中断？让我们怎么做股票?!”

员工：“真对不起，最近太阳黑子活动频繁，经常造成几分钟或十几分钟的行情显示中断，我们在营业部的告示栏里贴出了通知，可能您没注意。”

杨女士（皱眉）：“唉，怎么最近做什么事情都不顺啊!”转身欲走。

员工赶紧起身拉住杨女士：“杨姐，别急着走，来坐一会儿！喝杯茶吧。”

员工接着递了杯热茶过去，慢慢听她道来……

10 分钟后。

杨女士（略带歉意）：“真不好意思，有些烦心的琐事闹得我心情不快，加上股票做得又不顺利，火气太大，委屈你了。这会儿我好多了，谢谢你。”

（二）气氛控制艺术

创造安全而和谐的气氛，能使对方更愿意沟通，也会有很好的沟通效果，如果沟通双方彼此猜忌、批评或恶意中伤，将使气氛紧张、冲突，加速彼此的心理设防，使沟通中断或无效。这不但没有沟通成功，反而起到了副作用，以后的工作将更难展开。

气氛控制艺术由 4 个技巧所组成，分别是联合、参与、依赖和觉察。

（1）联合：以兴趣、价值、需求和目标等强调双方所共有的特点和价值观，造成和谐的气氛以达到沟通的目的。

（2）参与：激发对方的投入态度，创造一种参与热忱，使沟通目标更快完成，并为随后进行的推动创造积极的气氛。

（3）依赖：创造安全的沟通情境，让对方产生安全感和依赖感，实现有效沟通。

（4）觉察：控制自己的情绪，将潜在争论或高度冲突状况予以化解，避免沟通演变为人身攻击或产生破坏性。

（三）推动艺术

推动艺术是用来在沟通中影响他人的行为，使交流内容逐渐符合我们的沟通议题。有效运用推动艺术的关键，在于以积极的态度让对方在毫无怀疑的情况下接受你的信息或意见，并觉得受到激励与信任，主动要求去完成某个目标。

推动艺术由 4 个技巧所组成，分别是回馈、提议、推论和增强。

（1）回馈：让接受者了解你对他的行为的感受，这些回馈信息对下一步行动方向是相当重要的，尤其是提供回馈时，管理者要以真诚、清晰、具体而非侵犯的态度提出。

（2）提议：将自己的意见具体明确地表达出来，但是不能带入自己的情绪，以便对方能了解自己的行动方向和目的。

(3) 推论：使沟通具有进展性，整理谈话内容，并以它为基础，为沟通目的的延伸而锁定目标。

(4) 增强：利用增强符合沟通意图的行为来影响他人，也就是利用增强来激励他人按沟通目标完成任务。

◎应用案例

奥斯特曼的尴尬

联合制造公司总经理奥斯特曼对随时把本公司经济上的问题告诉雇员们的重要性非常了解。她知道，由于市场价格不断跌落，公司正在进入一个困难的竞争时期。同时她也清楚，为了保住她的市场份额，必须降低本公司产品的出售价格。

奥斯特曼每月向所有雇员发出一次定名为“来自总经理部”的信，她认为这是传递信息的一种好方式。然而，一旦出现了重要情况，她还要把各部门负责人召集到那个简朴的橡木镶板的会议室里，在她看来，这样做会使这些负责人确实感到他们是管理部门的成员并参与了重大决策的制定。根据会议的礼仪规定，所有与会人员都要在预定时间之前就座，当奥斯特曼夫人进来时要起立致意，直至得到允许后再坐下。这次会议，奥斯特曼进来后只简单地点了点头，示意他们坐下。

“我叫你们都来，是想向你们说明我们所面临的可怕的经济形势。我们面对的是一群正在咬我们脚后跟的恶狼一样的对手。他们正在迫使我们以非常低的价格出售我们的产品，并且要我们按根本不可能实现的日期交货。如果我们这个大公司还打算继续存在下去，我们所有的人都要全力投入工作，齐心协力地干。下面我具体地谈谈我的意见。”

在她发表完意见以后，奥斯特曼用严厉的目光向在座的人扫视了一下，似乎在看是否有人敢讲什么。没有一个人说话，因为他们都知道，发表任何意见都会被奥斯特曼夫人看成持有不同意见。

“首先，我们需要积极思想的人，而且所有的人都应当通力合作。我们必须要使生产最优化，在考虑降低成本时，不能对任何一个方面有所疏忽。为了实现降低成本的应急计划，我在公司外聘请了一个最高级的生产经理。

其次，我们要最大限度地提高产品质量。在我们这个企业里，质量就是一切。每部机器都必须由本部门的监督员按计划进行定期检验。只有经过监督员的批准后，机器才能开始运转，投入生产。在质量问题上，再小的事情也不能忽视。

再次，我们要增强推销员的力量。顾客是我们这个企业的生命线，尽管他们有时不对，我们还是要态度和气地、灵活地对待他们。我们的推销员必须学会做生意，使每一次推销都有成效。公司对推销员的报酬办法是非常公正的，即使如此，我们还打算通过提高滞销货的佣金率来增加他们的奖金数额。我们想使这个意见在董事会上得到通过。但是，我们必须保住成本，这是不能改变的。

最后，我要谈谈相互配合的问题。这对我们来说比其他任何问题都更加重要。要做到这一点，非大家齐心不可。领导就是配合，配合就是为同一目标共同努力。你们是管理部门的代表，是领导人，我们的目标你们是知道的。现在让我们一起努力工作，并迅速地把我们的这项复杂的事情搞好吧！要记住，我们是一个愉快的大家庭。”

奥斯特曼结束了她的讲话，参加会议的人都站了起来，静立在各自的椅子旁边。奥斯特曼收起文件，离开会议室朝她的办公室走去。

资料来源：http://www.doc88.com/p-999971699595.html.

案例讨论题：

（1）在这个案例中，构成沟通障碍的除了语言因素之外，还有什么因素？

（2）假若这次会议由你安排，你打算怎样来保证双向的沟通？

二、用人的艺术

◎ 应用案例

苏珊的招聘问题

苏珊是美国西部一连锁店企业——冯氏超级市场的南方地区分部经理。苏珊手下有5位片区主管人员向她汇报工作，而每个片区的主管人员分别监管8~12家商店的营业。

在某一个春季的早上，苏珊正在查看送来的早晨工作报告，内部通信联络系统传来了她的秘书的声音：“苏珊女士，你看过今天晨报的商务版了吗？”苏珊应答：“没有，什么事啊？”“报上说查克已经接受了安途公司亚利桑那地区经理的职位”。苏珊马上站起来去看与她有关的这篇报道。

苏珊的关心并不是没有根据的。查克是她手下的一位片区主管，他已为冯氏公司在目前的职务上干了4年。冯氏公司是从阿尔法·贝塔商业中心将他聘过来的，他那时还是个商店经理。苏珊从报纸上得知查克离职的消息，觉得内心受到了伤害，但她知道自己需要尽快恢复过来。对她更重要的是，查克是位很有成效的监管人员，他管辖的片区一直超过其他4个片区的绩效。苏珊到哪儿去找这样一位能干的顶替者？

几天过去了。苏珊同查克谈了一次话，诚恳地祝愿他在新工作岗位上可以一切顺利。她也同他谈到了顶替者的问题。最后，苏珊决定将她手下的一个小片区的主管人员调换到查克分管的片区，同时她也立即着手寻找合适的人选填补该片区的主管空缺。

苏珊翻阅了她的案卷，找出片区主管人员职位的职务说明书（没有职务规范）。该项职务的职责包括：确保达到公司订立的整洁、服务和产品质量的标准；监管商店经理的工作并评价其绩效；提供片区的月份、季度和年度收入及成本预估；为总部或下属商店经理提出节约开支建议；协调进货；与供应商协商广告宣传合作方案；参与同工会的谈判。

资料来源：http://www.scemi.com/glx/glxjpkc/dzja.asp.

案例讨论题：

（1）你建议苏珊采用哪一种招聘渠道？为什么？

（2）你建议苏珊使用何种人员甄选手段甄别应聘者？为什么？

领导者的用人艺术，具体来说，可以分为择人艺术和人才管理两个方面，也就是“知人善任”了。要“知人”，就要对所需、所用之人有一个较全面的了解。在“知人”的基础上才有可能“择”合适的人才，从某种程度上讲，“知人”即“择人”，因而“知人”就成为领导者用人的第一要素和前提。

（一）“知人”——领导者的择人艺术

首先，领导者可以不知道下属的短处，但不能不知道他的长处。只关注人才的短处，是很难发现企业所需的合适人才的，正所谓“尺有所短，寸有所长”也就是这个道理了。一个人即使是“寸”也有“所长”的一面，领导者必须将其发掘出来并加上合理的运用，才算是艺术地“知人”和“择人”。其次，伯乐虽然在“择人”的方面有很重要的作用，但毕竟个人精力有限，伯乐再尽心尽力，其相中的人也是有限的。因此，企业更需要的是制定出人才的机制。领导者建立和完善一个公开、公平、公正的“择人”机制，让一匹匹千里马自己亮相也是非常重要的。

（二）“善任”——领导者的人才管理艺术

对于人才管理，现代领导者就必须做到“人尽其才，物尽其用”，要对人才有一个合理的分配，并懂得调度的艺术。面对更复杂化的环境，领导者只有广泛地汇集各方面的人才，才是制胜之道。如何才能做到“人尽其才”呢？首先要求领导者要不搞集权，敢于知人善任，放手管理，领导者需要有博大的胸怀和谋略家的远见卓识；其次，领导者要懂得建立科学的人才管理机制，为人才管理提供规范化、制度化的运作保证；再次，作为领导者，要敢于提拔开拓进取的人才，重视胸襟宽广的人才，不拘一格用各种合适的人才；最后，领导者应充分重视人才管理，把管人艺术提升到相当的高度，应认识到人才管理是每天都必须思索的大事。

三、用权的艺术

◎ 管理故事

在很久以前，有一头狮子爱上了一个农夫的最漂亮的女儿。狮子请求农夫把他的这个漂亮女儿嫁给它。农夫可就犯难了，在强大的狮子面前，他又不好直接拒绝，但又不忍心把女儿嫁给一头猛兽。于是他就对狮子撒谎说：“既然森林之王瞧得起我家小女，那我就把小女许配给你吧。但你得给我几天时间准备嫁妆，明媒正娶才行。”狮子答应了农夫的请求。

农夫回到家后，整个村的父老乡亲都来为他出谋划策。最后，终于想出了一个办法。当狮子来催促的时候，农夫对狮子说："我很愿意将女儿嫁给你，但我那从小娇弱的女儿很怕你的尖牙利爪不小心伤了她。她说，你能不能处理掉你的尖牙利爪？如果你处理掉它们，我女儿立刻与你结婚。"

狮子为了讨得新娘子的欢心，立刻就答应了，回家处理掉它的尖牙和利爪。可当它再次到农夫家时，农夫和村民们纷纷拿起了木棒、锄头把它赶走了。

请问：狮子应该授权吗？

领导者运用权力的过程当中，由于不同的领导者运用不同的领导技巧、方法和手段，就会产生不同的效果。有的人得心应手，游刃有余；有的人则手足无措，事倍功半，究其原因，一个不可忽视的方面就在于领导者所运用的用权艺术各有不同。领导者的用权艺术是其在领导活动中能够给人以美感和享受的领导方法，由于每个领导者的知识层次不同、经历不同，以及他们考虑问题的方法和角度不同，因而其对用权艺术的理解、认识和运用也不尽相同。领导者的用权艺术取决于他们的品格、胆识、智慧、经验、实际操作能力等综合因素，领导者的用权艺术运用得如何，全方位体现了其综合素质的高低。下面，我们从领导者的过程应对、领导者的职能行使和领导者的关系处理三个方面阐述领导者的用权艺术。

（一）领导者的任何一项用权艺术，都处于特定的阶段之中，每一阶段都存在着与其相适应的用权艺术

领导者走马上任时期，应该着眼于人际沟通，增进彼此间的相互了解，慢慢改变上任领导者遗留下来的各种消极关系，建立统御基础，在领导活动中扩大职位权的使用，从而使软权力硬化。

在领导活动的展开过程中，领导者要改变上任领导者留下的局面，形成自己风格的领导局面。对于上任领导者的弊端，现任领导者既要有宽容的肚量，又不能视而不见，循旧而求平稳；既要继承和发扬上任领导者的成功之道，又要以反弊端为突破口，实现自己的施政设想，形成自己的领导局面；既不强行实施自己的领导意图，又不是无所作为。

用权开拓与创新时，领导者应该尽量让别人按照自己的意图开拓和创新，自己适量介入，着重从旁观察、支持和制约，以支持中层干部和下级大胆改革来实现既定的开拓与创新，即使遇到困难和挫折，也还有调整的余地。

领导者形成自己的格局以后，应以维持自己的领导格局与开拓创新兼顾为宜。对于上级的工作意图，领导者要透彻掌握，做到既不脱离工作轨道，又有所突破，应该把自己的开拓与创新纳入上级领导的范畴之中，不要显示自己的高明。同时，领导者必须坚持原则，排除掣肘因素。

（二）领导职能主要有决策、处事和思想政治工作等。每一项领导职能的行使对用权艺术有不同的要求

决策的用权艺术：决策用权必须讲究协调性和可行性，领导者在做出决策前既要周密考虑，集思广益，又要坚持原则，不迁就各种错误思想。

用权处事艺术：由于一个单位内的事情往往涉及多人，事情复杂多变，人的素养各不相同，所以光用硬的办法，有些人的自尊心会受到挫伤；光用软的办法，有些人又会趾高气扬。这些都说明，领导者在处事过程中既要通情达理，又要合情合理，不能失之偏颇。

思想工作艺术：领导者思想政治工作的手段和方法不能太尖锐，内容必须坚持正确的原则，只有这样才能使双方形成良性互动，才能从交流思想中统一思想。

（三）成功的领导者必须协调好各种关系

协调艺术：领导得必须在协调的方向上和整体上坚持原则，在细节上和局部上宽宏大量；不要一味地追求最佳，只要别人的意见在“合理圈”内就好，通情达理的变通还是需要的；要善于委曲求全，这会增加互相之间的依赖和信任，从而得到他们的支持。

立威艺术：领导者在单位中要充分尊重中层干部和群众；用说服的方法而不是用强硬的态度来坚持原则。领导者在参与社会事务的过程中，要坚决站在本单位的立场上维护本单位应有的利益。

四、处理人际关系的艺术

（一）正确处理与上级的关系

所谓正确处理与上级的关系，就是要坚持原则，服从领导，坚持以大局为重，兼顾本单位、本部门的利益。为此，领导者要做到以下两点：

一是必须正确认识自己的角色定位，努力做到出力而不越位。也就是说，不该决断的不擅自做出决断，不该表态的不胡乱表态，不该干的工作不要执意去干，不该答复的事情不要随便答复，不该突出的场合不要“抢风头”等。

二是要适当调整期望、节制欲望，学会节制。但这并不是说唯上级是从和上级之命是从就好，关键是看上级政策和领导的决策是否正确合理，如有不当或严重错误之处，也要学会合理反对，坚持原则。实现这一点，前提是要加强与上级的信息沟通和反馈，尽可能地去了解事情的真相，以免做出错误的判断。

（二）正确处理与下级的关系

下级是领导职权行使的主要对象，领导者就是用自己的影响力指挥、引导下属工作以实现组织的过程，因此，领导者要平等、公正、民主、信任地处理好与下级之间的关系。为实现这一要求，领导者必须讲究对下属的平衡艺术、引力艺术和弹性控制艺术。

平衡艺术就是在公正、平等的基础上建立与上下级的和谐平衡关系，实现心理的可接受性和利益的相容性，以达到行为上的一致。

引力艺术就是领导者缩小自己和下级间的距离，使之紧密地团结在自己周围，同自己一道工作。简单来讲，领导者应该具有一定的吸引力，使上下级之间在目标、情感、心理、态度、利益等方面一致起来，这样的领导者才有威望。

弹性控制艺术就是领导者通过具有一定弹性空间或弹性范围的标准检查，控制被领导者的行为的过程。实现弹性控制既能使下级感到充分的自由，又能约束于必要的法度。所以，它是领导者使用权力的一门重要艺术。

【案例分析】

余钟平的辞职信

“我要让他们知道我的价值。”庆腾公司（化名）销售部总经理余钟平（化名）独自站在自己的办公室窗前，望着窗外马路上熙熙攘攘赶着回家的人群，终于下定了离开庆腾公司的决心。

这天公司里发了上一年度的年终奖，也就是民企老板俗称的红包。余钟平本来以为这次的红包会大一些，但没想到比去年还少！虽然由于市场竞争越来越激烈，利润额与去年相比略有下降，但销售额涨了不少啊！余钟平是庆腾公司的销售部总经理。庆腾公司目前已是国内机械设备行业的龙头老大，虽然与几家跨国公司还有差距，但差距正在日益缩小。余钟平认为，这其中有很大部分是自己的功劳。每当想到这些，他就感到无比自豪。

五年前，他还是一家著名外企的销售员，但是余钟平知道，自己的目标不止于此，至少也希望能够做到销售总监。但余钟平知道爬到那个职位是非常难的，这不仅是因为能力的问题，更重要的是那层看不见的“玻璃天花板”。虽然外企不断在造势“本地化”，但真的要做到这个职位并不容易。因此，当相对还比较弱小的庆腾公司通过猎头想挖自己当销售经理时，他还是感觉到了真实的诱惑。当时庆腾公司尽管规模不大，但所处的行业市场却很大，跟老板刘成勇（化名）深谈一次之后，余钟平发现刘成勇的为人不错，而且有眼光、有魄力，于是决定到民营企业感受一下创业的激情，大展一番拳脚。这一决定可以说是冒着风险的，因为底薪水平只有原公司的一半，但提成要高出20%。事实证明这是个双赢的决定。

余钟平走马上任后，庆腾公司的销售额增长了近4倍，他也被提拔为销售部总经理，个人总收入也远远超过原来的水平。但是，余钟平在最近半年，心情越来越沉重了。公司从咨询公司挖来的人力资源总监半年前找自己谈话，说公司现在已经发展到一定阶段了，要抓业务，但更要加强管理。作为销售部总经理，余钟平更多地担当着冲锋陷阵的角色，而在团队管理和辅导教练的角色方面做得不够，个人业绩虽然很突出，总体销售额也在上升，但是团队人均销售收入上升不明显，团队士气也有待提高。同时，公司决定调整销售部总经理的薪酬结构，在底薪上浮2 500元的同时，提成比例由原来的8%调整为3%。对于余钟平来说，这不是明摆着降收入吗？所以他坚决不同意。

而此时，刘成勇也明显感觉到余钟平是个销售高手，但还不是一个管理人才，自从余钟平拒绝薪酬调整后，刘成勇尽管没有再强求，但心中也十分不快。现在销售人员队伍并不稳定，人员流动频繁，给培训及企业的进一步发展带来了很大的困难。光靠余钟平一个人努力显然是不够的。于是他找余钟平谈话，要求他多学习一些管理技能，要着重培养下属，如果有需要，可以去参加一些培训，费用公司可以报销。尽管这是刘成勇给余钟平的一次机会，但余钟平却不认为自己需要学习什么管理技能。做销售，只要有业绩不就行了么。至于销售人员，本来这个职业的流动性就大，又不单是庆腾公司的销售员流动多。他认为，公司之所以找这些理由，以及对薪酬结构进行调整，无非是自己帮公司做大了，嫌他报酬高，不想要他继续留在这里干了。既然如此，自己也没必要厚着脸皮留在这里了，于是他决定跳槽。

面对辞职信，刘成勇也挺意外，他觉得余钟平人还是不错的，尽管公司已经有不少人打小报告说余钟平擅权，他还是肯定了余钟平的能力。余钟平对企业的发展也做出了很大的贡献，企业今后的发展也还需要像他这样敢创肯干的人，自己放权给他，并提供学习机会让他提高管理水平，是希望他能够发挥更大的作用，却没想到会发生这样的情况。

资料来源：http://www.docin.com/p-273250933.html.

案例讨论题：

(1) 销售高手与合格的管理者有何区别？销售高手要转换成合格的管理者，必须做好哪些方面的角色转换？

(2) 销售人员流动率高，是不是如余钟平所述的正常现象？为什么？

(3) 公司为什么要对余钟平的薪酬进行调整？你如果是刘成勇，你认为应该如何对待余钟平？

(4) 如果你是余钟平，你认为应该如何看待公司的行为？自己应该怎样做，才能取得双赢的结果？

【知识检测】

一、单项选择题

1. 以下表述，哪项是正确的（　　）。

   A. 领导者包含的范围大于管理者

   B. 领导者包含的范围小于管理者

   C. 领导者就是管理者

   D. 所有从事管理工作的职能人员都是领导者

2. 王先生是某公司的一名年轻技术人员，一年前被调到公司企划部任经理。考虑到自己的资历、经验等，他采取了较为宽松的管理方式。试分析下列哪一种情况下，王先生的领导风格最有助于产生较好的管理效果？(　　)

A. 企划部任务明确，王先生与下属关系好但职位权力弱

B. 企划部任务明确，王先生与下属关系差但职位权力强

C. 企划部任务不明确，王先生与下属关系差但职位权力弱

D. 企划部任务不明确，王先生与下属关系好但职位权力强

3. 总经理办公室的王翔受命组建企业的信息中心。为此他在企业内挑选了一些人员作为信息中心的工作人员，包括小陈、小蔡和老林等。其中小陈是王翔的中学同学。在王翔看来，小陈虽然人比较朴实，但能力实在有限，做工作虽然不至于犯什么错误，但动作太慢。尽管如此，王翔觉得小陈的其他方面，如为人等还是不错的，又是老同学，便选中他到信息中心工作。据此可以判断，(　　)。

A. 王翔属于任务导向型领导　　B. 王翔属于关系导向型领导

C. 王翔属于民主型领导　　D. 王翔属于专制型领导

4. 有这样一些活动或事件：①教普通物理的孔教授宣布期末除了有统一的考试外，还必须进行由他亲自主持的口试；②供销部副部长柳明争取到与所有供货商进行价格谈判的全权代表资格；③调到企划部任部长的张宠彪苦读 MBA 教程并学到了许多东西；④集团公司总裁陈理强聘请了两位既有理论造诣又有丰富实践经验的学者作为自己的顾问。关于上述活动，以下哪一种说法有问题？(　　)

A. ①与②导致相同种类的权力

B. ③与④导致相同种类的权力

C. ①与③都可增加权力，但增加的权力种类不同

D. ①至④都不会对相应当事人的权力产生什么影响

5. 从领导者个人来讲，如果其自身经验不足，无法当机立断，或者不愿下属指责自己无能，想保全权威，那么对他有利的沟通是（　　）。

A. 口头沟通　　B. 书面沟通　　C. 单向沟通　　D. 双向沟通

6. 某公司销售部经理被批评为“控制得太多，而领导得太少”。据此，你认为该经理在工作中存在的主要问题最有可能是什么？(　　)

A. 对下属销售人员的疾苦没有给予足够的关心

B. 对销售目标任务的完成没有给予充分的关注

C. 事无巨细，过分亲力亲为，没有做好授权工作

D. 没有为下属销售人员制定明确的奋斗目标

7. 处长大李任现职已有5年，其业绩在局里颇有口碑。大李为局长老王一手提拔，两人相处一向融洽，但最近却出现了一些不和谐的征兆。大李私下抱怨老王不给自己留面子，在下级面前对自己呼三喊四，对自己的工作也干预太多；老王觉得大李的翅膀硬了，不像过去那样听话了。根据领导生命周期理论，你认为老王应当采取下述哪种领导方式较为合适（　　）。

A. 高工作，高关系　　B. 高工作，低关系

C. 低工作，高关系　　D. 低工作，低关系

8. "兵熊熊一个，将熊熊一窝"这句话最能说明如下哪条管理原理。（　　）

A. 搞好企业，关键在于有没有一个合格的企业家

B. 搞好企业，就不可避免地要解聘无能的人，让"熊兵"下岗

C. 当好领导者的关键，是要进行人力资源开发，把"熊兵"培养成"熊将"

D. 任何领导者都不免要与一些无能之辈共事

9. 石家庄一厂长这样说："走得正，行得端，领导者才有威信，说话才有影响，群众才能信服，才能对我行使权利颁发通行证。"这位厂长在这里强调了领导者的力量来源于（　　）。

A. 法定权力　　B. 奖赏权力　　C. 专家权力　　D. 感召权力

二、多项选择题

1. 对领导者的定义理解正确的有（　　）。

A. 领导者必须有部下或追随者

B. 领导者必须位于一定的职位之上

C. 领导者拥有影响追随者的能力或力量

D. 领导的目的是通过影响部下来达到组织的目标

2. 权力就是影响别人行为的能力，这种能力包括（　　）。

A. 个人的专长权　　B. 个人的影响力

C. 个人往高职位爬的能力　　D. 管理岗位所赋予的制度权力

3. 领导方式可以分为哪些基本类型。（　　）

A. 专制型方式　　B. 工作型方式　　C. 民主型方式　　D. 放任型方式

4. 按制度权力的集中与分散程度划分，可以将领导分为（　　）。

A. 战略型领导者　　B. 变革型领导者

C. 集权式领导者　　D. 民主式领导者

5. 倾听艺术的技巧有（　　）。

A. 鼓励　　B. 引导　　C. 反应　　D. 复述

E. 联合

三、名称解释

1. 领导
2. 领导者
3. 领导艺术
4. 有效沟通

四、简答题

1. 简述领导与管理的关系。
2. 简述领导的功能。
3. 简述如何改善组织沟通。

五、案例应用分析

哪种领导类型最有效

ABC 公司是一家中等规模的汽车配件生产集团。最近，该公司负责人对本公司的三个重要部门经理进行了一次有关领导类型的调查。

一、安西尔

安西尔对他本部门的产出感到自豪。他总是强调对生产过程、产量控制的必要性，坚持下属人员必须很好地理解生产指令以得到迅速、完整、准确的反馈。安西尔当遇到小问题时，会放手交给下级去处理，当问题很严重时，他则委派几个有能力的下属人员去解决。通常情况下，他只是大致规定下属人员的工作方针、完成怎样的报告及完成报告的期限。安西尔认为只有这样才能有更好的合作，避免重复工作。

安西尔认为对下属人员采取敬而远之的态度对一个经理来说是最好的行为方式，所谓的“亲密无间”会松懈纪律。他不主张公开谴责或表扬某个员工，相信他的每一个下属人员都有自知之明。据安西尔说，在管理中的最大问题是下级不愿意承担责任。他讲到，他的下属人员可以有机会做许多事情，但他们并不是很努力地去做。他表示不能理解在以前他的下属人员如何能与一个毫无能力的前任经理相处，他说，他的上司对他们现在的工作运转情况非常满意。

二、鲍勃

鲍勃认为每个员工都有人权，他偏重于管理者有义务和责任去满足员工的需要，他常为他的员工做一些小事，如给员工两张下月在伽利略城举行的艺术展览的入场券。他认为，每张门票才 15 美元，但对员工和他的妻子来说却远远超过 15 美元。通过这种方式，也是对员工过去几个月来的工作的肯定。

鲍勃说，他每天都要到工场去一趟，与至少 25%的员工交谈。

鲍勃不愿意为难别人，他认为安西尔的管理方式过于死板，安西尔的员工也许并不那么满意，但除了忍耐别无他法。鲍勃说，他已经意识到在管理中有不利因素，但大都是因为生产压力造成的。他的想法是以一个友好、粗线条的管理方式对待员工。他承认尽管在生产率上不如其他单位，但他相信他的雇员有高度的忠诚与士气，并坚信他们会因他的开明领导而努力工作。

三、查理

查理说他面临的基本问题是与其他部门的职责分工不清。他认为不论是否属于他们的任务都安排在他的部门，似乎上级并不清楚这些工作应该让谁做。查理承认他没有提出异议，他说这样做会使其他部门的经理产生反感。他们把查理看成朋友，而查理却不这样认为。查理说过去在不平等的分工会议上，他感到很窘迫，但现在适应了，其他部门的领导也不以为然了。

查理认为纪律就是使每个员工不停地工作，预测各种问题的发生。他认为作为一个好的管理者，没有时间像鲍勃那样握紧每一个员工的手，告诉他们正在从事一项伟大的工作。他相信如果一个经理声称为了决定将来的提薪与晋职而对员工的工作进行考核，那么，员工则会更多地考虑他们自己，由此而产生很多问题。

查理主张，一旦给一个员工分配了工作，就让他以自己的方式去做，取消工作检查。他相信大多数员工知道自己把工作做得怎么样。如果说存在问题，那就是他的工作范围和职责在生产过程中发生的混淆。查理的确想过，希望公司领导叫他到办公室听听他对某些工作的意见。然而，他并不能保证这样做不会引起风波而使情况有所改变。他说他正在考虑这些问题。

资料来源：http://wenku.baidu.com/view/3fc92a21af45b307e87197a4.html.

案例讨论题：

（1）你认为这三个部门经理各采取的是什么领导方式？试预测它们各自将产生什么结果。

（2）是否每一种领导方式在特定的环境下都有效？为什么？

【技能训练】

学习任务　领导艺术的培育和设计

1. 学习目标

（1）欣赏管理案例，领会人本管理原理，感受差异化领导方式的使用背景；

（2）围绕模拟岗位应该采取何种领导方式以及如何与被领导者保持良好的沟通等话题进行交流讨论，加深对人本管理理念的理解，自我培育领导工作的艺术性操作。

2. 学习内容

（1）小组统一安排时间对目标企业（团队）实地访问，获得第一手管理类信息资料；

（2）讨论人本管理的内涵，总结归纳领导艺术的功能和特征；

（3）针对模拟公司的性质，立足模拟公司的管理岗位，详细说明采用哪种领导方式更能体现领导工作的艺术性。

3. 角色扮演

每组推选两名同学分别以“模拟公司将如何遵循‘以人为本’实施常规管理”为主题，阐述管理者应遵循的管理理念和应采取的领导方式。

4. 互动与点评

（1）其他组同学可以对非本组管理者的领导方式进行现场提问；

（2）各小组之间可以进行交流；

（3）由教师与学生对各组的课堂表现进行评估打分。

5. 评价标准

（1）人本原理案例分析、领导艺术的培育和设计等基本内容，占40%；

（2）口语表达能力，占20%；

（3）回答问题能力，占20%；

（4）组织能力发挥，占20%。

学习情境五　员工激励

【学习任务】

◇ 品鉴管理案例，从心理学的角度准确把握激励内涵。

◇ 比较分析需要层次理论和保健—激励理论等激励理论的主要内容及其在实践中的应用。

◇ 尝试运用激励理论去分析组织运行过程中较为典型的一些实战案例。

◇ 学会正确分析影响员工工作积极性的因素并设计相应的激励措施。

【关键术语】

激励；需要层次理论；保健—激励理论；期望理论；公平理论；强化理论。

【引言】

你可以买到一个人的时间，你可以雇一个人到固定的工作岗位，你可以买到按时或按日计算的技术操作，但你买不到热情，买不到创造性，买不到全身心的投入，你不得不设法争取这些。每一个企业都会遇到类似的问题：人才流失率高，吸引人才不易，留住人才更难，发挥人才的最佳效益似乎是更远的事了……有的企业认为这不是难题，只要增加员工的收入就可以解决。可是一段时间过去，企业发现，员工收入提高了，绩效却并没有提高，优秀的员工还是没有留住，企业的成本却增加了。这说明只是物质激励是不够的。管理者一定要了解相关的激励理论，并能在管理活动中灵活应用，才会收到最好的效果。

——杰克·C. 弗朗西斯（C. Francis）

员工是现代企业的第一生产力。点燃员工的工作热情，发掘团队潜能，让员工竭尽全力地工作是企业立于不败之地的内驱力。激发员工的士气，提高员工的战斗力，激励是最好的催化剂。国内外许多著名的企业能够在市场化的大风大浪中立于不败之地，一个很重要的因素就是懂得激励员工，懂得调动员工的工作积极性和创造性！在现代企业管理中，激励已经成为管理者要掌握的首要职能。本章的主要学习任务就是学会分析影响员工工作积极性的因素，并运用激励理论编制员工激励措施。

任务一　认知激励内涵

【案例导入】

沃尔玛的员工激励措施

世界零售巨头沃尔玛公司（以下简称“沃尔玛”）创始人山姆·沃尔顿，早在创业之初就为公司制定了三条座右铭——“顾客是上帝”“尊重每一个员工”“每天追求卓越”。

山姆·沃尔顿总结了“事业成功的十大法则”，并常常与经理们和同仁共勉。这十大法则是：①忠诚你的事业；②与同仁建立合伙关系；③激励你的同仁；④凡事与同仁沟通；⑤感激同仁对公司的贡献；⑥成功要大力庆祝，失败亦保持乐观；⑦倾听同仁的意见；⑧超越顾客的期望；⑨控制成本低于竞争对手；⑩逆流而上，放弃传统观念。上述十大法则中有七条是关于员工关系的，可见沃尔玛将员工关系放到何等重要的地位。沃尔玛较少有等级森严的气氛，从创始人山姆·沃尔顿起，他就乐意和员工在一起，谈论一些问题或发表演讲，把自己所倡导的价值观念传输给员工。

到今天，沃尔玛的各级管理人员依然贯彻着企业传统文化，经理人员被认为是“公仆领导”。沃尔玛规定对下属一律称“同仁”而不称“雇员”，沃尔玛所做的一切也充分体现了对人的尊重。尊重个人，是沃尔玛的企业文化。在沃尔玛，“我们的员工与众不同”不仅是一句口号，更是沃尔玛成功的原因。它真正的含义是每位员工都很重要，无论他在什么岗位都能表现出众。“我们的员工与众不同”这句话就印在沃尔玛每位员工的工牌上，每时每刻都在提升员工的自豪感，激励员工做好自己的工作。

沃尔玛注重与员工的沟通，倾听员工的意见，同仁所提出的想法始终都能受到高度重视。他们推行的是一种“开放式”管理哲学，营造敞开心扉的气氛，鼓励同仁提出问题，发表观点。沃尔玛提出“门户开放”的口号，给每个人发表个人意见的权利，每个人都有权走进管理人员的办公室讲述任何话题，发表任何意见。这不仅是一次发泄不满的机会，还能产生很多更好的主意。

沃尔玛在处理员工关系方面运用最多的方法是激励而不是批评或者处罚，如果员工某件事做对了，他们就会对其良好的表现进行褒扬：“你做得很好!”；如果员工做错了，他们会对员工说：“换种方法你会做得更好!”

沃尔玛总部和各个商店的橱窗中都悬挂着先进员工的照片。各个商店都会安排一些退休的老员工身穿沃尔玛工作服佩戴沃尔玛标志，站在店门口迎接顾客，时不时还会有好奇的顾客同其合影留念。这不但起到了保安员的作用，还给予了老员工充分的精神慰藉。沃尔玛还对特别优秀的管理人员授予“山姆沃顿企业家”的称号，目前此奖只授予了5个人，沃尔玛（中国）公司总裁是其中的一个。沃尔玛员工从进入公司的第一天起就受到“爱公司如家”的思想熏陶。沃尔玛制定了与员工分享经营成果、分担经营责任的政策，使员工产生责任感和参与感，如利润分享、员工购股、低耗奖励等计划来调动员工的积极性。为激发员工的活力与激情，沃尔玛于每周六举行一次别开生面的展会，在活泼、愉快的气氛中表扬先进、发现问题、讨论解决问题的方案。沃尔玛还经常邀请社会名人、当红演员、NBA球星等来参加晨会，激发与会者的兴趣。另外，沃尔玛还非常重视对员工的培养与教育，利用业余时间在总部和各级商店开设各类培训班，并专门设有沃尔顿学院，为沃尔玛培养高级管理人员。员工处处可以感受到沃尔玛是一个团结、平等、向上、愉快的大家庭。值得一提的，是沃尔玛在员工培训方面所予以的重视和巨大投入。沃尔玛的培训观念就是：我们认可每一位同仁的价值，并且对他们取得的成绩给予奖励。

最重要的是，我们为同仁制订了培训发展计划，让他们与公司一道迈向成功。沃尔玛在员工关系与员工激励方面的举措之一，应当是其最具远见的举措之一，也是沃尔玛成为世界第一零售巨头的关键点。

资料来源：http://wenku.baidu.com/view/d363ffdd7f1922791688e878.html.

案例讨论题：

（1）沃尔玛的企业文化有哪些？

（2）根据案例，谈谈沃尔玛成为世界零售业的原因。

一、激励的内涵

人们加入一个组织或者群体，都是为了达到他们个人单干所不能达到的目标。员工的能力和天赋并不能直接决定他对组织的价值，其能力和天赋的发挥在很大程度上取决于他进入组织的动机，如何使组织中的每个成员，在某种内部或外部条件刺激的影响下，产生或维持一种兴奋的精神状态，为实现组织的目标热情高涨地工作，尽可能有效地贡献出他们的智慧和才能，这就是管理者要研究的激励问题。

激励（motivation）在组织管理过程中被广泛运用，是心理学的一个术语，指心理上的驱动力，含有激发动机、鼓励行为、形成动力的意思，即通过某种内部刺激和外部刺激，促使个人奋发向上，努力去实现目标。其表面意思是激发和鼓励的意思。在管理活动中，可以将其定义为调动员工的积极性的过程，更完整地讲，它是一个为了特定的目的而对员工的内在需要或动机施加影响，从而强化、引导或改变员工行为的反复心理过程。通过激励，能够开发员工的潜能，调动员工的积极性，使其产生更高的绩效。

构成激励的要素主要包括以下几点：

（一）动机

动机是构成激励的核心要素。动机是推动人们从事某项活动的内在驱动力。人的行为是由动机驱使的，激励动机就是通过满足员工的需要而使其努力工作，激励的关键在于使被激励者产生自己所希望的动机，才能产生实现组织目标的行为。

（二）需要

需要是激励的起点与基础，是人们对某种目标的渴求与希望。在外部环境的刺激下，人们会产生强烈的需要。当某种需要未得到满足之前，就会处在一种不安和紧张状态之中，并导致动机的产生。

（三）外部刺激

外部刺激是激励的条件，是指在激励的过程中，外部环境对人的需要的影响因素与条件。

（四）行为

行为是激励的目的，是指在激励状态下，人们受动机驱使所采取的与实现目标一致的一系列举动。激励的目的是运用恰当的手段和激励措施，使被管理者的行为朝着实现组织目标的方向发展。

◎**应用案例**

鸭子只有一条腿

某城市有个著名的厨师，他的拿手好菜是烤鸭，深受顾客的喜爱，特别是他的老板，更是对其倍加赏识。不过这个老板从来没有给予过厨师任何鼓励，使得厨师整天闷闷不乐。

有一天，老板有客从远方来，在家设宴招待贵宾，点了数道菜，其中一道是老板最喜欢吃的烤鸭。厨师奉命行事。然而，当老板夹了一只鸭腿给客人时，却找不到另一只鸭腿，他便问身后的厨师说：“另一条腿到哪里去了？”

厨师说：“老板，我们家里养的鸭子都只有一条腿！”老板感到诧异，但碍于客人在场，不便问个究竟。

饭后，老板便跟着厨师到鸭笼去查个究竟。时值夜晚，鸭子正在睡觉，每只鸭子都只露出一条腿。

厨师指着鸭子说：“老板，你看，我们家的鸭子不是全都是只有一条腿吗？”

老板听后，便大声拍掌，吵醒鸭子，鸭子当场被惊醒，都站了起来。老板说：“鸭子不全是两条腿吗？”

厨师说：“对！对！不过，只有鼓掌拍手，才会有两条腿呀！”

启示：激励奖赏是非常重要的。领导者要经常在公众场所表扬佳绩者或赠送一些礼物给表现特佳者，以资鼓励，激励他们继续奋斗。一点小投资便可换来数倍的业绩，何乐而不为呢？

资料来源：MBA 智库百科，wiki.mbalib.com/wiki.

案例讨论题：

（1）读完本案例后，从管理学激励的角度看，你得到了什么启示？

（2）谈谈激励在实际工作中的功能。

二、激励的过程

心理学、行为科学认为，人的需要产生动机，确定行为目标，激励起着强化和推动行为的作用。因此，研究激励必须先了解人的行为过程。人的行为过程的起点是需要。需要是人们得到某种事物或达到某种目标的渴求、欲望。人的需要是分层次的，既包括基本的生理需要，又包括各种社会的需要。当人的低层次需要得到满足时，便会产生高层次需要。除最基本的生理需要外，人的需要往往是受环境影响的，而且不是独立的。当人的需要未得到满足时，心理上往往会产生不安和紧张，这种心理状态会引致一种内在的驱动力，使人倾向于采取某种行为来满足需要，这种驱动力就是动机。在任何时候，一个人的行为动机总是由其全部需要中最重要、最强烈的需要所支配、决定的，人有了动机之后又会导致一系列寻找、选择、接近和实现目标的行为。如果目标实现了，就会产生心理和生理上的满足。所有的需要得到满足，又会产生新的需要，从而引发人的新的行为，如此周而复始，这个反复的过程就是激励过程。

激励的过程主要有四个阶段，即需要、动机、行为、绩效。需要的产生在个人内心引起了不平衡状态，产生了行为的动机。激励使个人按照组织目标去寻求和选择满足这些需要的行为，最后达到提高绩效的目的。激励过程模式如图 5-1 所示。

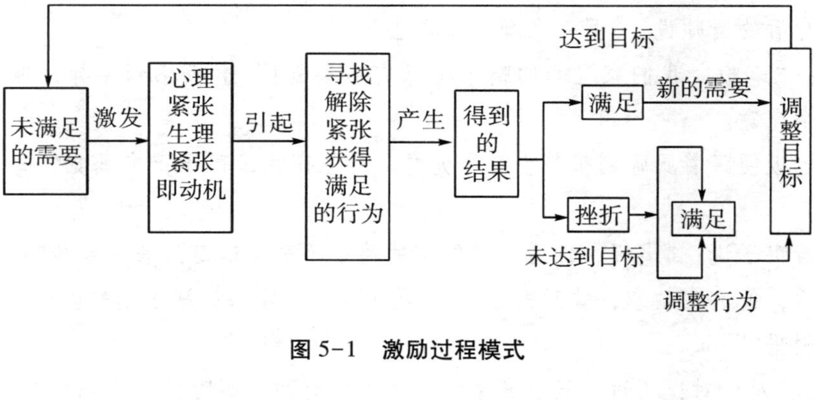

图 5-1　激励过程模式

三、激励的重要性

哈佛教授的研究表明：在企业中，采用按时计酬方式，员工只需要发挥20%~30%的能力，就能保住自己的岗位；而充分激励后，员工的能力可发挥至80%~90%。这对于企业来说，绩效是相差很远的，对效益会产生巨大的影响。在管理活动中，激励的目的就是寻求个人与组织在目标和行为上的一致性，在此基础上保持相应的协调性，调动员工的工作积极性。

激励工作是一件相当复杂的事，它充满着科学性和艺术性。

◎应用案例

斯通先生是如何激励员工的?

1980年1月，在美国旧金山一家医院里的一间隔离病房外面，一位身体硬朗、步履生风、声若洪钟的老人，正在与护士死磨硬缠地要探望一名因痢疾住院治疗的女士。但是，护士却严守规定制度毫不退让。

这位真是“有眼不识泰山”，她怎么也不会想到，这位衣着朴素的老者，竟是通用电气公司总裁，一位曾被公认为世界电气业权威杂志——美国《电信》月刊选为“世界最佳经营家”的世界企业巨子斯通先生。护士也根本无从知晓，斯通探望的女士，并非其的家人，而是加利福尼亚州的一名销售员哈桑的妻子。

哈桑后来知道了这件事，感激不已，每天工作达16小时，为的是以此报答斯通的关怀，加州的销售业绩一度在全美各地区评比中名列前茅。正是这种有效的感情激励管理，使得通用电气公司的事业蒸蒸日上。

激励是与人的行为过程紧密联系到一起的，对于管理活动来说，其作用主要表现在以下几个方面：

（一）需要的强化

人的需要是多层次的，不仅复杂，有时还会相互矛盾。不仅不同层次的需要之间会存在矛盾（比如，是花这笔钱来用于个人的进修，还是用它去旅游度假），而且同层次需要之间也会存在矛盾（比如，是先买笔记本电脑还是先买摄像机）。所以管理活动中的激励工作最要强化的是那些对组织目标实现有利的员工的需要。例如，一个业务员可能既想好好地干一番事业，又想多花点时间享受家庭生活。对于处在这种矛盾中的业务员，业务经理通过制定可行的奖励措施和沟通交流等手段来激发其事业心，强化其事业上的需要，从而使其产生有利于组织目标的行为。在实际工作中，如何能在这种调和中去强化最有利于组织目标的需要，不但要灵活运用激励方法、把握激励原则，还要恰当地运用激励的艺术。

（二）动机的正向引导

强化了员工的某种需要但不一定就完成了预期的激励目标，因为多种行为可能都会满足同一种需要。比如，一位业务人员想要得到更高的收入，他可以加班加点更加用心努力地工作来获得更多的提成或奖励，也可以在本企业保持现状稳定发展然后去其他企业做一分兼员工作，或者直接选择跳槽到另一家薪金更高的公司，甚至有更糟的情况，他违反公司的纪律，以不正当的手段牟取更高的不正当收入。所以管理者要采取相应的激励措施来杜绝员工的不良行为，从而引导其动机导向往对组织目标有利的行为上来。

（三）提供行动保障

在管理活动中，领导者要鼓励员工积极行动，帮助他们实现期望目标，并为他们的行动提供保障。例如，要想让一名销售人员提高其工作业绩，就应该为他提供各种产品和服务的详细信息和资料，并从技术和服务上提供保障，要求有关部门配合他工作，这样为其实现目标提供较好条件，从而调动他的工作积极性，开发他的潜力，最终实现与企业的目标一致的激励目标。

【案例分析】

摩托罗拉公司对员工的激励措施

摩托罗拉公司（以下简称“摩托罗拉”）创立于1928年，是全球无线通信、汽车通信和宽带通信领域的领导者。目前，摩托罗拉在全球共有8.8万名员工，业务范围涉及无线通信、汽车通信、宽带网络和嵌入式电子产品等。

摩托罗拉具有在市场上颇具竞争力的薪资福利和奖惩机制，这构成了员工激励机制的基础。公司在每年的薪资调整前，都会对市场价格因素及有代表性的企业进行调查和比较，以便制定和实施具有竞争力的薪资标准。摩托罗拉员工享受所在国家政府规定的所有医疗、养老、失业等保障，每位员工每年至少享受10天带薪休假，以保持身心健康；公司向员工及家庭成员提供保密的心理健康咨询，并举办健康和保健教育。在中国，摩托罗拉关心员工生活不单表现在为员工提供免费午餐和免费班车等这些基本层面的措施上，更成为第一家为员工提供住房的外资企业。

对于表现优秀的员工，公司会给他更多、更具挑战性的工作，给他更大的发展和驰骋空间，包括职位的提升、去海外工作的机会等。奖惩激励机制的实现有赖于一个非常完整的绩效考核系统。摩托罗拉每年都要求员工根据自己的职位制订年度计划，每个季度进行一次考核，年底再做一次性的总结，看员工所做的是否与年初设定的目标相吻合，哪些员工完成了既定目标，哪些员工超额完成了，哪些员工稍微落后一点，原因是什么。经过这番考核评估，区分出哪些是优秀的员工，再相应地配合公司的激励机制给予奖励。

摩托罗拉对于工作达到一定年限的员工，会向其颁发奖牌，感谢他这些年为公司所做的贡献。连续工作10年的员工，未经董事长和总裁的事先批准，不得被列为临时裁员和永久性解雇对象。

资料来源：http://www.boke28.com/Article/ArticleDetail_4813_7529_yes.html.

案例讨论题：

（1）根据案例谈谈激励的内涵和过程。

（2）摩托罗拉在员工激励方面采取了哪些措施？

任务二　领悟激励理论

【案例导入】

三块红烧肉带来的工作效率

老板接到一桩业务，有一批货要搬到码头上去，必须在半天内完成。任务相当重，手下就那么十几个伙计。这天一早，老板亲自下厨做饭。开饭时，老板给伙计一一盛好，还亲手捧到他们每个人的手里。伙计王×接过饭碗，拿起筷子，正要往嘴里扒饭，一股诱人的红烧肉浓香扑鼻而来。他急忙用筷子扒开一个小洞，三块油光发亮的红烧肉焐在米饭当中。他立即扭过身，一声不响地蹲在屋角，狼吞虎咽地吃起来。这顿饭，伙计王×吃得特别香。他边吃边想：老板看得起我，今天要多出点力。于是他把货装得满满的，一趟又一趟，来回飞奔着，搬得汗如雨下……

整个上午，其他伙计也都像他一样卖力，个个挑得汗流浃背。一天的活，一个上午就干完了。中午，伙计王×不解地偷偷问伙计张×："你今天咋这么卖力？"张×反问王×："你不也干得起劲嘛？"王×说："不瞒你，早上老板在我碗里塞了三块红烧肉啊！我总要对得住他对我的关照嘛！""哦！"伙计张×惊讶地瞪大了眼睛，说："我的碗底也有红烧肉哩！"两人又问了别的伙计，原来老板在大家碗里都放了肉。众伙计恍然大悟，难怪吃早饭时，大家都不声不响闷笃笃地吃得那么香。

资料来源：http://wenku.baidu.com/view/1dd69c828762caaedd33d467.html.

案例讨论题：

（1）为什么三块红烧肉有那么大的作用？

（2）老板为什么要单独在每个人的碗底放红烧肉，而不是端到桌子上让大家共享？

一、需要层次理论

需要层次理论由美国的社会心理学家亚伯拉罕·马斯洛（Abraham Maslow）在1943年发表的《人类动机的理论》一书中提出来，因而也称为"马斯洛需要层次理论"（Hierarchy of Needs Theory）。

马斯洛的需要层次理论有三个基本的前提假设：一是人要生存，人是有需要的动物，需要会影响行为，只有尚未满足的需要能够影响行为，已经得到满足的需要不能起到激励作用；二是人的需要按重要性和层次性排成了顺序，从基本的（衣食住行）需要到复杂的（自我实现）；三是当人的低层次需要得到满足后，高层次需要才出现，如此逐渐上升，成为推动个体继续努力的内在动力。当人的一切需要如果都未能得到满足，那么满足最低层的需要就比满足其他需要更加迫切，只有低层的需要得到充分满足后，高层的需要才显示出其激励作用。

为此，马斯洛认为每个人都有五个层次的需要，即生理需要、安全需要、社交需要、尊重需要和自我实现的需要。马斯洛的需要层次如图 5-2 所示。

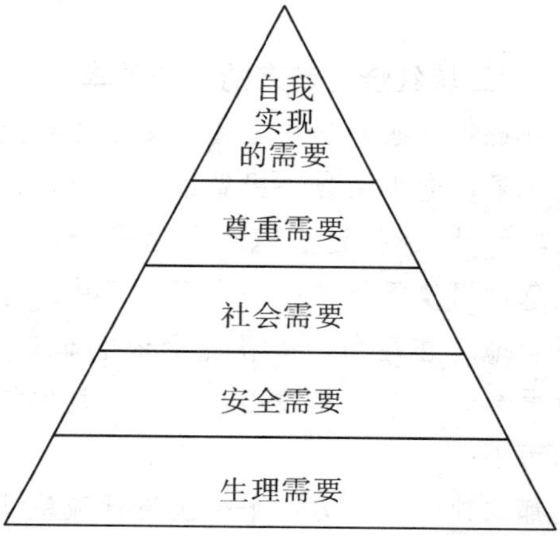

图 5-2　马斯洛的需要层次

（一）生理需要

生理需要是人类维持自身生存的最基本需要，如衣、食、住、行等基本需要，如果这些需要没有得到满足，人类的生存就成了问题。从这个意义上说，生理需要是推动人们行动后的最强大动力。

（二）安全需要

安全需要是人类要求保障自身安全、保护自己免受身体和情感伤害的需要。马斯洛认为，人体这个有机体是一个追求安全的机制，人的感受器官、效应器官、智能和其他能量主要是寻求安全的工具。安全需要又可以分为两类：一类是目前的安全的需要；另一类是对未来的安全的需要。

（三）社交需要

社交的需要包括友谊、爱情、归属及接纳方面的需要。其主要分为两个层次：一是友爱的需要，这主要产生于人的社会性。马斯洛认为，人是一种社会动物，人们的生活和工作都不是孤立地进行的。二是归属的需要，人都有一种归属于一个群体的感情，希望成为群体中的一员，而不希望在社会中成为离群的孤岛。

（四）尊重需要

人人希望自己有稳定的社会地位，也要求个人的能力和成就得到社会的承认。尊重需要分为内部尊重和外部尊重。内部尊重因素包括自尊、自主和成就感，指一个人希望在各种不同的情境中有实力、能胜任且独立；外部尊重因素包括地位、认可和关注，也就是说受到别人的尊重并得到高度评价。若尊重需要得到满足，能使人对自己充满信心，对社会充满热情，体验到自己的人生价值。

◎ **管理故事**

没有吃完的牛排

素有“经营之神”之称的日本松下电器总裁松下幸之助有一次在一家餐厅招待客人，一行六个人都点了牛排。等六个人都吃完主餐，松下让助理去请烹调牛排的主厨过来，他还特别强调：“不要找经理，找主厨。”助理注意到，松下的牛排只吃了一半，心想一会儿场面可能会很尴尬。

主厨来时很紧张，因为他知道请自己的客人来头很大。“是不是牛排有什么问题?”主厨紧张地问。“烹调牛排，对你已不成问题，”松下说，“但是我只能吃一半。原因不在于厨艺，牛排真的很好吃，你是位非常出色的厨师，但我已80岁了，胃口大不如前。”

主厨与其他的五位用餐者困惑得面面相觑，大家过了好一会才明白怎么一回事。松下说：“我想当面和你谈，是因为我担心，当你看到只吃了一半的牛排被送回厨房时，心里会难过。”

如果你是那位主厨，听到松下先生的如此说明，会有什么感受？是不是觉得备受尊重？客人在旁听见松下如此说，更佩服松下的人格并更喜欢与他做生意了。

（五）自我实现的需要

自我实现的需要是最高层次的需要，包括个人成长与发展、发挥自身潜能、实现理想抱负、完成与自己能力相称的需要。这种需要一般表现在两个方面：一是胜任感方面的需要，有这种需要的人会力图控制事物或环境，而不是等事物被动接受；二是成就感方面的需要，对于有这种需要的人来说，工作的乐趣在于成功，成功后的喜悦要远比其他物质鼓励都重要。

马斯洛还认为，人在自我实现的创造性过程中，会产生一种所谓的“高峰体验”的情感，这个时候是人处在最激荡人心的时刻，是人的存在的最高、最完美、最和谐状态，这时人会有一种欣喜若狂和如醉如痴的感觉。

马斯洛的需要层次理论认为，低层次需要基本得到满足后，它的激励作用就会降低，高层次需要会取代它成为推动行为的主要原因。高层次需要具有更大的价值，热情是由高层次需要激发出来的。管理者通过满足员工的高级需要来调动其工作积极性，具有更稳定、更持久的力量。特别得到了实践中的管理者的普遍认可，管理者通过找到员工未被满足的需要，有针对性地选择合适的手段进行激励来实现工作目标。

马斯洛的需要层次论是影响最大的有关研究人类需求的理论，从人的需要出发探索人的激励和研究人的行为，基本上符合需要发展的客观规律；但是也存在许多缺陷，如对层次划分过于简单、机械，没有提出衡量各层次需要满足程度的标准等。

二、保健—激励理论

◎**应用案例**

张平的困惑

张平已经进入不惑之年，回首二十几年的奋斗经历，很为自己早年自强不息、艰苦奋斗的日子感叹不已。想当初，自己和妻子都没有稳定的工作，收入微薄，尽管妻子精打细算，但一家人还是要为生计发愁。

后来，通过几年努力，张平终于考上并读完了成人自学考试的全部课程，顺利获得了毕业证书。毕业后，通过招聘，张平终于找到了一份固定的工作，在那段日子里，他以公司为家，忘我地为公司工作，其很快就被提升为项目经理、部门经理以至今天的生产部长，成为企业生产的总指挥。他的付出也给他带来了丰厚的回报，他的工资收入已经大大超过一般的小康家庭的标准，在很好的地段上买了一套近200平方米的房子，他的妻子及其亲朋好友也很为他的成就和地位感到骄傲，就连他自己在一段时间内也曾沾沾自喜过。

可是最近一段时间，张平感到有些困惑：回想这二十几年的奋斗，虽然没日没夜地干，但是自己并没有成就什么，仅是按照公司的计划去完成任务罢了。特别是最近一段时间，企业的销售额连年下降，作为生产总指挥官的他很想在开发新产品方面为公司做出更大的贡献，可是由于他在研发和销售方面并没有什么权利，而且他多次给企业领导提交的改革报告都犹如石沉大海，毫无音信。看来领导就压根没有这方面的想法。

因此，张平有了“跳槽”的想法，想换一个职位不必太高、薪水说得过去，但能真正发挥自己潜能的单位。但又一想，自己已经40有余，“调槽”又谈何容易？

资料来源：http://www.52mba.com/sjhh_news_view.asp？d_id=7477544&sort1=29.

案例讨论题：

（1）运用管理学有关理论，对张平走过的历程中所体现的个人满足情况以及他目前的困惑进行分析。

（2）如果张平有意“跳槽”到你领导的公司，你同意接收吗？

（3）假若你同意接收，你准备在哪些方面、采取哪些措施吸引他？

“保健—激励理论”（motivation—hygiene theory），这种激励理论也叫“双因素理论”，是美国心理学家弗雷德里克·赫兹伯格（Frederick Herzberg）提出的。20世纪50年代末期，赫兹伯格和他的助手在匹兹堡地区的11个工商业机构中，向近2 000名白领工作者进行了调查，内容是：在工作中哪些事情让他们感到满意，积极情绪能持续多久；又有哪些事情感到不满意，消极情绪能持续多久。通过对调查结果的综合分析，赫兹伯格发现，能给员工带来满意的因素，通常是工作本身或工作内容等内在的因素，如工作成就感、成绩得到上司认可、工作有挑战性等。这些因素的改善，能激发员工的热情和积极性，赫兹伯格把这一因素称为“激励因素”。而引起人们不满意的因素往往是属于工作环境和工作关系方面的外在因素，如公司政策、工作安全、人员关系等。这些条件如果达不到员工可接受的最低水平，就会引发他们的不满情绪。但是，具备了这些条件只是让员工消除了不满意，并不能使员工受到激励，赫兹伯格把这些并没有激励作用的外界因素称为“保健因素”。因此这种理论称为“双因素激励理论”。

赫兹伯格的双因素激励理论的重要意义，在于它把传统的满意和不满意的观点进行了拆解，满意的对立面是没有满意，而不是不满意，他认为传统的激励假设，如工资刺激、人际关系改善、好的工作环境等，都不会产生更多的激励，只是能消除不满意，防止产生问题；同样，不满意的对立面是没有不满意，而不是满意，只有“激励因素”才能把人的积极性最大限度地调动起来，使员工有更好的成绩。

这种理论对企业管理的重要启示是：要调动和维持员工的积极性，就要先注意保健因素，以防止不满情绪的产生导致员工的消极怠工。但更重要的是，要利用激励因素去调动员工的工作积极性，激发员工的工作热情，使其努力工作，创造奋发向上的局面，因为只有激励因素才会提升员工的工作满意度，要注意工作的安排，量才而用，注意进行精神鼓励，给员工以发展和晋升的机会。

不过，正如马斯洛的需要层次理论在讨论激励的内容时有着一定的缺陷一样，赫兹伯格的保健—激励理论也有着不完善的地方。在研究方法的可靠性以及满意度的评价标准这些方面都存在不足。比如，赫兹伯格讨论的是员工满意度与劳动生产率之间存在的一定关系，但他所用的研究方法只考察了满意度，并没有涉及劳动生产率。

三、公平理论

◎应用案例

亨利的疑虑

亨利已经在数据系统公司工作了5个年头。在这期间，他从普通编程员升到了资深的程序编制分析员。他对自己所服务的这家公司相当满意，很为工作中的创造性要求所激励。

一个周末的下午，亨利和他的朋友兼同事的迪安一起打高尔夫球。他了解到迪安所在的部门新雇了1位刚从大学毕业的程序编制分析员。尽管亨利是个好脾气的人，但当他听说这个新来者的起薪仅比他现在的工资少30美元时，不禁发火了。亨利迷惑不解。他感到这里一定有问题。

第二周一早，亨利找到人事部主任埃德华，问他自己听说的事是不是真的？埃德华带有歉意地表示确有这么回事，但他试图解释公司的处境：“亨利，编程分析员的市场相当紧俏。为使公司能吸引合格的人员，我们不得不提供较高的起薪。我们非常需要增加 1 名编程分析员，因此我们只能这么做。”

亨利问能否相应调高他的工资。埃德华回答说：“你的工资需按照正常的绩效评估时间评定后再调。你干得非常不错！我相信老板到时会给你提薪的。”亨利向埃德华道了声：“打扰了！”便离开了他的办公室，边走边不停地摇头，很对自己在公司的前途感到疑虑。

资料来源：http://www.docin.com/p-3065934.html.

案例讨论题：

（1）本案例描述的事件对亨利的工作动力会产生什么样的影响？哪一种激励理论可以更好地解释亨利的困惑？为什么？

（2）你觉得埃德华的解释会让亨利感到满意吗？请说明理由。

（3）你认为公司应当对亨利采取些什么措施？为什么？这一事件对亨利产生了负激励的效果，因为他有不公平的感觉。

公平理论（equity theory）也称为“社会比较理论”，是美国行为学家约翰·斯塔希·亚当斯（J. S. Adams）在 1965 年首次提出的激励理论。该理论侧重于研究工资报酬分配的合理性、公平性以及其对员工的生产积极性的影响。他指出，人们将通过横向和纵向两个方面的比较来判断其所获薪酬的公平性。这种理论的基础在于，员工不是在真空中工作，他们总是在进行比较，比较的结果对于他们在工作中的努力程度有影响，影响到他们以后在工作中所付出的努力。

亚当斯认为，员工的积极性取决于他所感受的分配上的公正程度（公平感），而员工的公平感取决于比较。这种比较既包括员工对他所获得的报酬（包括物质上的，金钱、福利和精神上的受重视程度、表彰奖励等）与自己工作的投入（包括自己受教育的程度、经验、用于工作的时间、精力和其他消耗等）的比值与他人的报酬和投入的比值进行比较，也包括员工对他所获得的报酬与自己工作的投入的比值同自己在历史上某一时期内的这个比值进行比较。

每个人都会自觉或不自觉地进行比较。当员工对自己的收支做比较后发现，其收支比率相等时，便会感到受到了公平待遇，因而心理平衡、心情舒畅，便会更努力地工作；如果其认为收支比率不相等时，便会感到自己受到了不公平的待遇，于是产生怨恨情绪，有挫折感、义愤感，甚至产生仇恨心理和破坏心理，影响工作的积极性。少数时候，员工也会因认为自己的收支比率过高，而产生不安的感觉或感激心理。

当员工感到不公平时，可能采取以下几种方式对待，管理者应该有针对性地制定激励措施。调动员工的工作积极性，实现企业目标。

（1）千方百计地进行自我安慰，如通过自我解释和主观上造成一种公平的假象，以减少心理失衡。

（2）采取行动，改变对方或自己的收支比率，如要求把别人的报酬降下来、增加别人的劳动投入或要求给自己增加报酬、减少劳动投入等。

（3）出现发牢骚、讲怪话、消极怠工、制造矛盾或弃职他就等行为。

（4）改变比较方法，更换比较对象，求得主观安慰。

公平理论对企业的管理有非常重要的启示，公平理论为组织管理者公平对待每一个员工提供了一种分析处理问题的方法，对于组织管理有较大的启示意义。

第一，管理者要引导员工形成正确的公平感。

员工的比较客观存在，并且这种比较往往是凭个人的主观感觉进行的，因此管理者要多做正确的引导，多看他人的长处、认识自己的短处，客观公正地选择比较基准，多在自己所在的地区、行业内比较，尽可能地看到自己的发展情况，避免盲目攀比而造成员工心中的不公平感。

第二，员工的公平感将影响整个组织的积极性。

公平感不仅对员工个体行为有直接影响，而且还将通过个体行为影响整个组织的积极性。在组织管理中，管理者要着力营造一种公平的氛围，如正确引导员工的言论，减少因不正常的舆论传播而产生的消极情绪；要经常深入群众当中，了解他们在工作、生活中的实际困难，应及时地帮助他们解决。

第三，领导者的管理行为必须遵循公正原则。

领导行为是否公正将直接影响员工对比较对象的正确选择，如领导处事不公，员工必将选择受领导“关照者”作为比较基准，以致增大比较结果的反差而产生不公平心理。因此，组织管理者要平等地对待每一位员工，公正地处理每一件事情，避免因情感因素导致管理行为的不公正。

第四，报酬的分配要有利于建立科学的激励机制。

对员工报酬的分配，领导者要坚持精神激励与物质激励相结合的原则。在物质报酬的分配上，领导者应正确运用竞争机制的激励作用，通过合理拉开分配差距来体现公平性；在精神上，领导者要采用关心、鼓励、表扬等方式，使员工感到自己被重视，品尝到成功的欣慰与自我实现的快乐，自觉地将个人目标与组织目标整合一致，形成无私奉献的职业责任感。

◎应用案例

美国航空公司的公平激励措施

美国航空公司一度大面积出现员工离职和旷工的现象，公司对此百思不得其解。在激励方面，公司为突出员工对航空公司的贡献率，贯彻了一种旨在降低工资率的显性双轨制度，主要表现在拉开新老员工的工资差距。但对员工的抱怨进行分析后，公司高级管理层发现，原来是这种显性的双轨制工资制度让员工普遍感到恼火，认为这是工资待遇不公平的制度形式。在同一工作岗位上的新老员工，工资差距很大，新员工难以忍受他们的低工资成为公开制度化的管理内容。结果是在公司内部，各个职能和团队的工作都面临巨大的协调困难，员工之间的抵触情绪十分明显，消极怠工现象严重。找到这一原因后，公司果断取消了这种显性工资差距。结果，员工的抵触行为趋于缓和，离职率明显降低。

公平理论也存在着不足之处，即员工本身对公平的判断是极其主观的，这会对管理者施加较大的压力。因为人们总是倾向于过高估计自我的付出，而过低估计自己所得到的薪酬，而对他人的估计则刚好相反。因此，管理者在应用该理论时，应注意实际工作绩效与薪酬之间的合理性。

四、期望理论

◎应用案例

用洋葱替代胡萝卜的尴尬

一家制药业的一项产品刚刚获得了一项评审极其严格的质量产品奖。广大的员工废寝忘食，牺牲了个人的正常生活时间，通过半年多的努力，最终赢得了这个奖项。当评审员宣读获得这个奖项的人员及公司的名称的时候，大家都兴奋不已。公司领导很快就召集全体员工开庆祝会。这之前他们先召开了会议，会议并没有宣布嘉奖事宜。然后，他们把员工召集到自助餐厅开庆祝会，由总裁表达对每位员工的感谢，宣布这个奖项对公司的意义。他总结性地说："为了庆祝这次巨大的成功，大家都会得到一份很有意义的礼物。"

此时，从后面传来一句："现在就发吧！"大家都笑了，那时大家的心情就像过节一样。

CEO点了点头，示意公关部经理揭开了罩在神秘礼物上的帷幕。啊！竟是由无数塑料杯子搭建起的金字塔造型。会场上先是死一般的寂静，接着爆发出震耳欲聋的喊声。员工们几乎被这个场面所震晕，就像他们看到的是一个巨大的发了霉的圣诞水果蛋糕一样。

后来，大家排着队，陆续领走自己的杯子。在员工摇着头，苦笑着领走奖品时，可怜的CEO好像只剩下最后一点呼吸了。其他员工的表情也让他心凉。随后的几个星期里，杯子就成了公司里新的（令人嘲讽和挖苦的）质量的象征品了。

资料来源：http://wlkcgl.kmyz.edu.cn/readinfo.aspx？B1=1396.

案例讨论题：

（1）这次庆功会开"砸了"的原因何在？涉及物质奖励与精神奖励的关系吗？

（2）如何评价用杯子搭成金字塔这种既有纪念意义又省钱的创意？

相比较而言，对激励问题进行比较全面研究的是激励过程的期望理论，又称作“效价—手段—期望理论”。这一理论主要由美国心理学家 V. 弗鲁姆（Victor Vroom）1964 年在《工作与激励》一文中提出，他回答了在组织中经常出现的这样一个问题，即为什么面对同一种需要及满足同一种需要的活动，不同的组织成员会有不同的反应，有的人情绪高涨，有的人却无动于衷。期望理论认为，只有当人们预期到某一行为能给个人带来有吸引力的结果时，个人才会采取特定的行动，而有效的激励取决于个体对完成工作任务以及接受预期奖赏的能力的期望。根据这一理论，员工对待工作的态度依赖于对下列三种联系的判断：

一是努力与绩效的联系，即通过一定的努力而达到工作目标的可能性。如我是否真能在自己的努力下实现自己的梦想？成功的概率有多大？

二是绩效与奖赏的联系，即员工对于达到一定工作目标后便可获得理想的奖励结果的信任程度。如当我如实地达到既定目标后，真的会得到领导许下的承诺吗？

三是奖赏与个人目标的联系，即目标实现后，员工所得到的奖励对他的重要程度。如既定的目标激励效果对我有多大的吸引力？

期望理论的基本内容主要是期望公式和期望模式。弗鲁姆认为，人们采取某项行动的动力取决于其对行动结果的价值评价和预期达成该结果可能性的估计，即激励取决于行动结果的价值评价和其对应的期望值的乘积。用公式可以表示为

$$M = V \times E$$

式中：

M 表示激发力量，是指调动一个人的积极性，激发人的内部潜力的强度。

V 表示效价，是指达到目标对于满足个人需要的价值。

E 表示期望值，是人们根据过去的经验判断自己达到某种目标或满足需要的可能性是大还是小，即能够达到目标的主观概率。

激励过程的期望理论对管理者的启示是：管理人员的责任是帮助员工满足需要，同时实现组织目标。管理者一定要尽力发现员工在技术和能力方面与工作岗位需求之间的对应性，并且应使工作的能力要求略高于执行者的实际能力，即执行者的实际能力略低于（既不能太低，也不能太高）工作的要求。为提高激励水平，管理者可以明确员工的个体需要，界定组织提供的结果奖励，并确保每个员工在组织提供的条件下，通过努力而得到这些结果。

五、强化理论

◎应用案例

诸葛亮挥泪斩马谡

三国时代的诸葛亮与司马懿在街亭对战，马谡自告奋勇要出兵守街亭，诸葛亮心中虽

有担心，但马谡表示愿立军令状，若失败就处死全家，诸葛亮才勉强同意他出兵，并指派王平将军随行，并交代在安置完营寨后要立刻回报，有事要与王平商量，马谡一一答应。可是军队到了街亭时，马谡执意扎兵在山上，完全不听王平的建议，而且没有遵守约定将安营的阵图送回本部。等到司马懿派兵进攻街亭，围兵在山下切断粮食及水的供应，使得马谡兵败如山倒，重要据点街亭失守。事后诸葛亮为维持军纪而挥泪斩马谡，并自请处分降职三等。

资料来源：《三国演义》第九十六回。

案例讨论题：

（1）根据你自己的知识，谈谈马谡是一位怎样的人。

（2）诸葛亮斩马谡为什么会流泪，体现了他什么样的管理理念？

强化理论（reinforcement theory）是由美国当代心理学家伯尔赫斯·弗雷德里克·斯金纳（B. F. Skinner）首次提出的。该理论认为，人或动物为了达到某种目的，会采取一定的行为作用于环境，当这种行为的后果对他有利时，这种行为就会在以后重复出现；当这种行为的后果对他不利时，这种行为就减弱直至消失。观点主张对激励进行针对性的刺激，只看员工的行为及其结果之间的关系，而不是突出激励的内容和过程。因此，管理活动要采取各种强化方式，以使人们的行为符合组织的目标。

根据强化的性质和目的，强化可以分为正强化、负强化和自然消减。

（一）正强化

所谓正强化，就是奖励那些符合组织目标的行为，以使这些行为得到进一步加强并重复出现，从而有利于组织目标的实现。正强化的激励不仅包含奖金等物质激励，还包含表扬、提升、改善工作关系等精神激励。

（二）负强化

所谓负强化，就是惩罚那些不符合组织目标的行为，以使这些行为削弱甚至消失，从而保证组织目标的实现不受干扰。负强化强调的是一种事前的规避。俗语“杀鸡儆猴”就是指对出现了违规行为的“鸡”加以惩罚，而意欲违规的“猴”会从中深刻地意识到组织规定的存在，消除人们的侥幸心理，从而加强对自我行为的约束。

（三）自然消减

对于所不希望发生的行为，除了直接惩罚外，还可以从“冷处理”或“无为而治”的角度使这种行为自然消减。无视行为的产生，行为必然会因为得不到强化而自行消失。

强化理论的不足之处是将凡有结果的行为，都归之于强化的作用，忽视了诸如目标、期望、需要等个体要素，而只注重后果，但强化并不是员工工作积极性存在差异的唯一解释。

六、X 理论和 Y 理论

◎**应用案例**

海尔的“25 分钟班长制”

“25 分钟班长制”就是让班组成员共同参与管理，进一步发挥员工的主人翁作用。就是每天上午 10 分钟，下午 15 分钟的这 25 分钟班长换位，替换班长的员工行使班长职权，其间必须完成保持工位整洁、巡视整个流水线、帮助其他员工、代领物品、到其他工位学技术等一系列工作。实施一段时间后，总体效果不错，员工们亲自参与管理，都感觉收获很大。

首先是班组的总体意识加强了。过去，员工们总认为干好自己的工作就行了，其他一律与我无关，而他们当了 25 分钟班长后发现，必须考虑到整体而不是个人，责任感大大加强，并且通过切身感受，员工能更多地体谅他人的劳动之苦，互帮互助的良好班风逐步形成。

其次是成员之间的沟通加深了。原先，员工们都是流水线操作，各干各的，除自己的技术外，其他工位了解不多。员工在当了 25 分钟班长以后，有机会了解其他人的工作，并通过亲自试验，学到不少技术，经过一段时间的学习后，班组里许多人会干其他工位的活了。这大大激发了员工们的劳动热情。

遗憾的是，并无证据证实某一种假设更为有效，也无证据表明采用 Y 理论的假设并相应改变个体行为的做法，就能更有效地调动员工的积极性。

X 理论和 Y 理论是由美国麻省理工学院教授道格拉斯·麦格雷戈（Douglas McGregor）1960 年在其所著的《企业中人的方面》一书中提出来的。这是基于有关人性的两种截然不同的假设理论：一种是基于消极的 X 理论（theory X）；另一种是基于积极的 Y 理论（theory Y）。

（一）X 理论所基于的假设

（1）人类本性就是懒惰的，只要有可能就会逃避工作。

（2）大多数人缺乏进取心，不愿承担责任，只有在受到强迫、控制、指挥或威胁时，才能做出努力，实现组织目标。

（3）大多数人天生就以自我为中心，不关心组织目标，漠视组织需要。

（4）大多数人习惯于守旧，喜欢安逸，本性反对变革，没有雄心壮志。

（5）大多数人缺乏理性，容易受外界的影响。

（二）Y 理论所基于的假设

（1）要求工作是人的本性，员工视工作如休息、娱乐一般自然。

（2）如果员工对某项工作做出承诺，他们会进行自我指挥和自我控制，以完成任务。

（3）一般而言，每个人不仅愿意承担责任，而且还会主动寻求承担责任。

（4）绝大多数人都具备做出正确决策的能力，并具有解决组织问题的丰富想象力和创造力。

（5）大多数人都认为追求满足欲望的需要与组织需要没有矛盾

麦格雷戈的人性观点对企业管理中激励问题的分析具有重要意义，在马斯洛需要层次的框架基础上进行解释效果最佳：X 理论假设较低层次的需要支配着个人的行为，因此企业管理的唯一激励办法是以经济报酬来激励工作，同时也重视惩罚，认为惩罚是最有效的管理工具。Y 理论则假设较高层次的需要支配着个人的行为，支持将个人目标与组织目标相融合。其激励办法是把人安排到具有吸引力和富有意义的岗位上工作，重视人的基本特征和基本需求，鼓励人们参与自身目标和组织目标的制定，把责任最大限度地交给工作者，用信任取代监督，以启发和诱导代替命令和服从。麦格雷戈本人认为，Y 理论的假设相比 X 理论更实际有效，因此他建议让员工参与决策，为员工提供富有挑战性和责任感的工作，建立良好的群体关系，这都会极大地调动员工的工作积极性。

【案例分析】

黄工程师为什么决定离职

助理工程师黄大佑，是一个名牌大学高才生，毕业后工作已 8 年，于 4 年前应聘到一家大厂工程部负责技术工作，工作勤恳负责，技术能力强，很快就成为厂里有口皆碑的“四大金刚”之一，名字仅排在一号种子——厂技术部主管陈工之后。然而，他工资却同仓管人员不相上下，一家三口尚住在来时住的那间平房。对此，他心中时常有些不平。

黄厂长，一个有名的识才老厂长，“人能尽其才，地能尽其力，物能尽其用，货能畅其流”这句名言，在各种公开场合不知被他引述了多少遍，实际上他也是这样做了。4 年前，黄大佑来工厂报到时，门口用红纸写的“热烈欢迎黄大佑工程师到我厂工作”几个不凡的颜体大字，是黄厂长亲自吩咐秘书部主任落实的，并且交代要把“助理工程师”的“助理”两字去掉。这确实在当时给黄大佑增添了不少得意之气，工作更卖劲了。

两年前，厂里有指标申报工程师，黄大佑属有条件申报之列，但名额却让给一个没有文凭、工作平平的老同志。他想问一下厂长，谁知，他未去找厂长，厂长却先来找他了：“黄工，你年轻，机会有的是。”去年，他想反映一下工资问题，这问题确实重要，来这里的其中一个目的不就是想让工资高一点，以此提高一下生活待遇吗？但是几次想开口，都没有勇气讲出来。因为厂长不仅在生产会上大夸他的成绩，而且，曾记得，有几次外地人来取经，黄厂长当着客人的面赞扬他：“黄工是我们厂的技术骨干，是一个有创新的……”哪怕厂长再忙，路上相见时，总会拍拍黄工的肩膀说两句，诸如“黄工，干得不错。”“黄工，你很有前途。”这的确让黄大佑兴奋，“黄厂长确实是一个伯乐”。此言不假，前段时间，他还把一项开发新产品的重任交给他呢，大胆起用年轻人，然而……

最近，厂里新建好了一批员工宿舍，听说数量比较多，黄大佑决心要反映一下住房问题，谁知这次黄厂长又先找他，还是像以前一样，笑着拍拍他的肩膀："黄工，厂里有意培养你入党，我当你的介绍人。"他又不好开口了，结果家没有搬成。

深夜，黄大佑对着一张报纸招聘栏出神。第二天一早，黄厂长办公台面上压着一张小纸条，纸条内容如下：

黄厂长，您是一个懂得使用人才的好领导，我十分敬佩您，但我决定走了。

黄大佑于深夜

资料来源：http://wwww.ahtvu.ah.cn/jingjiwww/anli.

案例讨论题：

（1）根据马斯洛的理论，住房、评职称、提高工资和入党对于黄工来说分别属于什么需要？

（2）根据有关激励理论和领导理论分析，为什么黄厂长最终没有留住黄工？

任务三　编制激励措施

【案例导入】

微软公司的员工激励措施

巨型公司中（例如，微软公司，它拥有48 000名员工）的软件开发工作的实际状况（工作中必须包括的一部分内容）是：整天从事枯燥乏味的工作，偶尔还会有沉闷的几小时，你基本上把时间耗费在孤独的办公室中编写程序，或者以会议的方式寻找或评价程序中成千上万个缺陷或潜在的缺陷。但是，微软公司在发现并留住软件程序员方面毫无困难。程序员的工作时间之长令人恐怖，而且为了实现产品的目标会达到近乎痴迷的地步。

软件的新员工从上班的第一天开始，就知道自己很特殊而且他们的雇主也很特殊。新雇员都有一个共同的特点——他们都是绝顶聪明的人。公司以此为自豪，它对所有应聘者进行极度令人疲惫的连环面试，在此过程中，求职者要面对未来同事的脑筋急转弯问题，以考察他们的思维水平，只有那些最优秀的和最聪明的幸存者才有资格成为他们的雇员。公司之所以这样做，是因为他们真的相信微软是特殊的，例如，他们能够高度宽容不规范的行为。你会相信一个软件测试员每天穿着维多利亚时代的奢华裙子来上班吗？但是，有一种更深层的信念把每个微软人连在一起。天将降大任于这个公司来改变世界！每个程序员所做出的最不重要的决策，也极其重要，因为它会影响5 000万人所使用的新版本。

微软员工的工作时间长是出了名的。如程序经理所说："在我的第一个5年时间里，我的印象是人们对于微软的刻板形象。维持我生存的是咖啡因、自动售卖机的汉堡包、免费啤酒和每天20个小时的工作。我没有其他生活……我把这幢大楼以外的所有东西都视为邪恶。”现在，情况有了一些变化，虽然在这里有很多人每周工作80个小时，但更普通的情况是大多只工作了60~70个小时，甚至有人仅工作40个小时。

如果不提公司为员工提供十分赚钱的员工优先认股方案，对于微软员工的工作讨论就不够全面了。微软公司比美国历史上任何一家企业都更快地制造出数以万计的百万富翁员工——20世纪90年代末时已超过10 000人，尽管公司显然不是一个获得财富的好地方，不过经营人员还是看到了金钱的作用。一位前任经理声称，人力资源部实际上就是靠公司的股票价格来维持员工满意度的。在歌舞升平的20世纪90年代，微软股票每个月都会翻一番，而且每年都会如大家所愿进行配股。员工不仅参与到微软改变世界的大任中，他们还会在这一过程中致富。但是2002年春季，伴随着整个世界的经济危机，微软的股票价值也一落千丈，微软的成长速度减慢，推动员工继续为这个软件业霸主服务的动机也不那么清晰了。

资料来源：http://www.docin.com/p-459975068.html.

案例讨论题：

（1）如果你是一名程序员，你是否愿意在微软工作？说说你的理由。

（2）这一案例中哪些活动可以与其本体的动机理论联系起来？请列出这些活动以及相关的动机理论，并谈谈如何应用动机理论来说服他们。

（3）微软公司依旧在不断壮大，但它的增长势头已经减弱了，你认为它的管理层会在激励活动方面做出一些调整吗？请具体说明。

一、激励的形式

企业管理活动是复杂多变的，不同的激励对象有着不同的需要、不同的目标和不同的期望水平。要想实现理想的激励效果，管理者就必须根据激励的内在规律和员工的特点，采取灵活恰当的激励方法。激励方式多种多样，从传统的物质奖励到法人管理，激励方式是随着企业发展和社会进步不断发展的，是人类需要不断发展的反映。

（一）物质激励

物质激励是一种最传统的激励方法，是指运用物质的手段使受激励者得到物质上的满足，从而进一步调动其工作积极性、主动性和创造性。其要点就是将绩效与报酬相结合，完全根据个人绩效、部门绩效和组织绩效来决定各种工资、奖金、利润分成和利润分红等的发放。虽然不是要求管理激励活动中仅注重物质因素，但是管理者要认识到：如果物质作为一种刺激手段被取消，那么人们就不会在工作中付出更多努力。

1. 工资奖金和实物奖励

工资奖金的增加可以不断满足人们日益增长的物质、文化与生活需要。实行绩效薪金制能够减轻管理者的工作强度，使员工自发地努力工作。在实施绩效薪金制时，管理者需要注意以下几点：①明确组织、部门和个人在一定期限内应达到的绩效水平；②建立完善的绩效监督、评价系统，以正确评价实际绩效；③严格按绩效来兑现报酬。以绩效为基础的加薪、奖励及其他物质刺激，在决定员工工作积极性上起着重要的作用。近年来，国内外大公司明显加大了实物奖励的力度，如奖励汽车、住房等，有着明显的激励效果，“重赏之下必有勇夫”就是这个道理。

2. 分红奖励

这种激励方式是企业对绩效目标进行的细化。当企业的实际绩效打破了预先确定的目标时，管理者将利润中的一部分分给员工，作用是增强团队精神、提高员工关心企业发展的主动性和自觉性，使全体员工共同为实现组织目标而共同努力。

3. 员工股份和产权激励

这种激励方式是企业给予员工部分公司股权，允许他们分享公司改进的利润绩效，它把员工的切身利益与企业发展紧密结合在一起，员工要负担公司的盈亏，所以在行动上能更加关注公司的前途和命运，更努力工作。

（二）精神激励

精神激励也称“内在激励”，是指精神方面的无形激励，比物质层次重要，也复杂得多。精神激励是在较高层次上满足员工的需要，激励和程度强、维持时间久，是企业管理激励中的研究重点。

1. 目标激励

目标在心理学上通常被称为“诱因”，即能够满足人的需要的外在物。在管理活动中，设置适当的目标，激发员工的动机，以达到调动员工工作积极性的目的，称为“目标激励”。实践表明，当目标明确并具有挑战性时，能更有效地激励个体或团队行动。目标设定要合理、可行，与个体的切身利益要密切相关；要设置总目标与阶段性目标。总目标可使员工有方向感，阶段性目标可使员工感到工作的阶段性、可行性和合理性。

◎应用案例

目标激励方式

某输电线路架设队承担了一处山地架设线路任务。由于山高、路险、石多，整个工程对技术和工期的要求都很高，领导根据大多数员工的家属在农村的情况及工程要求，分别设置了两个与员工利益相关的目标：一个是多劳多得的经济目标；另一个是“麦子黄了就是工期”的时间目标。尤其是后一个目标，对家住农村的员工的心理影响非常大。为此，全队士气高涨，每天工作达15~16个小时，最后整个工期缩短了一半，工程质量全优。全队高质、高效地完成了架设任务，也理所当然受到了领导的奖励。

2. 参与管理激励

参与管理就是让员工在一定的层次和程度上参与企业的经营决策，采纳他们提出的有益建议和意见，以激发员工的主人翁精神，形成员工对企业的归属感和认同感，加强员工之间和员工与管理者之间的联系，进一步满足员工自尊和自我实现的需要。

成功地参与管理激励应当建立在民主管理的基础上，组织内部成员应相互了解、相互支持，团体决策，并且有一个被全体成员所认可的高标准目标。

3. 尊重和关怀激励

领导对下属的尊重和关怀是一种有效的激励手段。在现代企业里，单纯的上下级关系正逐渐被摈弃，关爱尊重主义更受到人们青睐，从尊重员工的劳动成果到尊重员工的人格，从关怀下属的政治进步到帮助解决工作与生活上的实际困难，都能产生积极的心理效应。企业中的管理者对员工的关怀哪怕是微不足道的，只要出自真诚的关心，对员工来说都是无穷的激励。因此，尊重关爱激励法又被人们称为“爱的经济学”，即无须成本投入，只要注意关心、爱护等情感因素，就能获得产出。

◎应用案例

一句话的激励

有一次，玫琳·凯公司的一个业务员在跑营销业务多次失败后对自己的营销技能几乎失去信心。玫琳·凯知道这件事后，很快找到这个年轻的业务员并对他说：“你前任老板告诉我，你是很有闯劲的小伙子。他认为把你从他们公司放走是他公司的一大损失，你是一个有远大前途的年轻人……”这一番话，让这个年轻的业务员心头的希望之火又被重新点燃了。果然，这个年轻的业务员在冷静地分析了自己的缺点以后，对市场做出了合理的判断，终于在自己的营销工作中有了不小的收获，并取得了成功。

4. 形象激励

形象包括组织中领导者、模范人物的个人形象和优秀团队的集体形象等。企业的领导者应把自己的学识水平、品德修养、工作能力、个性风格贯穿于自己的日常工作之中，用自己良好的个人形象对被领导者的思想和行为进行激励。同时，对于在工作中表现突出，且具有代表性的新人、优秀员工、劳动模范以及工作团队等公开进行精神与物质表彰，深入宣传和展现其良好的形象，号召和引导员工学习，满足员工的模仿和学习的需要，引导员工的行为转到组织目标所期望的方向。

5. 感情激励

感情需要是人类最基本的需要，是影响行为最直接的因素之一。感情是人们对外界刺激所产生的喜、怒、哀、乐等心理反应。因此，管理者不仅要注意以理服人，更要强调以情感人。感情激励就是加强与员工的感情沟通，从员工思想、生活、工作等各方面给予诚挚的关怀，想人所想，急人所难，与员工建立平等、亲切的感情，让员工感受到领导的关心和企业的温暖，以此来激发其工作的积极性、主动性和创造性，产生“士为知己者死”的激励力量。

6. 信心激励

有一句广告词是这样说的，“只要有激情，一切皆有可能”。期望理论告诉我们，一个人在工作中受到的激励程度与个人对完成工作的主观评价以及工作报酬对自己的吸引力等有很大关系。如果员工对自己缺乏信心，他们往往不能清楚地认识和评价自己，不清楚自己的优势和劣势，怀疑自己的能力，因而错误判断了实现目标的可能性大小，认为自己无论付出多大的努力都不能完成工作时，其工作的积极性肯定很低。出现这种情况，管理者在相信自己的员工的基础上，及时进行心理疏导，给予充分的鼓励，让他们充分认识到自己的优点和潜力，看到未来的机会和希望，帮助他们树立“我能做好”的信心。员工有了良好的心态、必胜的信念和动力，就能激发出巨大的创造力。

7. 教育培训

在知识经济时代，知识更新速度不断加快，社会对企业和员工提出了更高的要求，员工必须不断学习才能适应企业的发展。教育培训作为一种重要的学习方式，不仅能提高员工的知识水平，适应企业的发展需要，还能使员工以最大的热情奉献企业，实现员工个人的全面发展。因此，培训这种激励方式越来越受到人们的青睐。

实际工作中，激励方法有很多种，上面只是介绍了几种最基本的、最主要的方法。无论是什么激励方法，都不是最有效的或最无效的。有效激励是和需要相联系的，各种激励方法综合运用的结果。在激励工作中，管理者必须坚持以需要作为激励的起点，在物质激励的基础上，重点进行精神激励；必须充分考虑员工的个体差异，坚持以正面激励为主，通过表扬、奖励等激励始终保持员工队伍的蓬勃朝气，形成团结向上、奋发有为、开拓进取的良好局面；必须处理好个体激励与团队激励的关系，在个体激励的基础上，加强对团队的激励，充分发挥个体和团队的积极性、主动性和创造性。

◎ 管理故事

黑熊和棕熊赛蜜

黑熊和棕熊喜食蜂蜜，都以养蜂为生。它们各有一个蜂箱，养着同样多的蜜蜂。有一天，它们决定比赛看谁的蜜蜂产的蜜多。

黑熊想，蜜的产量取决于蜜蜂每天对花的访问量。于是它买来了一套昂贵的测量蜜蜂访问量的绩效管理系统。在它看来，蜜蜂所接触的花的数量就是其工作量。每过完一个季度，黑熊就公布每只蜜蜂的工作量；同时，黑熊还设立了奖项，奖励访问量最高的蜜蜂。但它从不告诉蜜蜂们它是在与棕熊比赛，它只是让它的蜜蜂比赛访问量。

棕熊与黑熊想得不一样。它认为蜜蜂能产多少蜜，关键在于它们每天采回多少花蜜——花蜜越多，酿的蜂蜜也越多。于是它直截了当告诉众蜜蜂，它在和黑熊比赛看谁的蜜蜂产的蜜多。它花了不多的钱买了一套绩效管理系统，测量每只蜜蜂每天采回花蜜的数量和整个蜂箱每天酿出蜂蜜的数量，并把测量结果张榜公布。它也设立了一套奖励制度，重奖当月采花蜜最多的蜜蜂。如果一个月的蜜蜂总产量高于上个月，那么所有蜜蜂都受到不同程度的奖励。

一年过去了，两只熊查看比赛结果，黑熊的蜂蜜不及棕熊的一半。

黑熊的评估体系很精确，但它评估的绩效与最终的绩效并不直接相关。黑熊的蜜蜂为尽可能地提高访问量，都不采太多的花蜜，因为采的花蜜越多，飞起来就越慢，每天的访问量就越少。另外，黑熊本来是为了让蜜蜂搜集更多的信息才让它们竞争，由于奖励范围太小，为搜集更多信息的竞争变成了相互封锁信息。蜜蜂之间竞争的压力太大，一只蜜蜂即使获得了很有价值的信息，如某个地方有一片巨大的槐树林，它也不愿将此信息与其他蜜蜂分享。

而棕熊的蜜蜂则不一样，因为它不限于奖励一只蜜蜂，为了采集到更多的花蜜，蜜蜂相互合作，嗅觉灵敏、飞得快的蜜蜂负责打探哪儿的花最多最好，然后回来告诉力气大的蜜蜂一齐到那儿去采集花蜜，剩下的蜜蜂负责贮存采集回的花蜜，将其酿成蜂蜜。虽然采集花蜜多的蜜蜂能得到最多的奖励，但其他蜜蜂也能捞到部分好处，因此蜜蜂之间远没有到人人自危、相互拆台的地步。

启示：激励是手段，激励员工之间的竞争固然必要，但相比之下，激发起所有员工的团队精神尤显突出。绩效评估是专注于活动还是专注于最终成果，管理者需细细思量。由于乐队指挥者的指挥才能不同，乐队也会做出不同的反响：或者演奏得杂乱无情境，或者表现出激情与才华。

资料来源：http://www.eduzhai.net/gushi/459/gushi_155322.html.

二、激励的基本原则

◎ 管理故事

鲶鱼效应

西班牙人爱吃沙丁鱼，但沙丁鱼非常娇贵，极不适应离开大海后的环境。当渔民们把刚捕捞上来的沙丁鱼放入鱼槽运回码头后，用不了多久沙丁鱼就会死去，而死掉的沙丁鱼味道不好，销量也差；倘若抵港时沙丁鱼还存活着，鱼的卖价就要比死鱼高出若干倍。为延长沙丁鱼的活命期，渔民想方设法让鱼活着到达港口。后来渔民想出一个法子，将几条沙丁鱼的天敌鲶鱼放在运输容器里。因为鲶鱼是食肉鱼，放进鱼槽后，鲶鱼便会四处游动寻找小鱼吃。为了躲避天敌的吞食，沙丁鱼自然加速游动，从而保持了旺盛的生命力。如此一来，沙丁鱼就一条条活蹦乱跳地回到了渔港。

启示：其实用人亦然。一家企业，如果人员长期固定，就缺乏活力与新鲜感，容易产生惰性。尤其是一些老员工，工作时间长了就容易厌倦、疲惰、倚老卖老，因此有必要找些外来的“鲶鱼”加入企业，制造一些紧张气氛。当员工们看见自己的位置多了些“职业杀手”时，便会有种紧迫感，知道该加快步伐了，否则就会被淘汰掉。这样一来，企业自然而然就生机勃勃了。

当压力存在时，为了更好地生存发展下去，惧者必然会比其他人更用功，而越用功，跑得就越快。

适当的竞争也是一种激励，可以最大限度地激发人们体内的潜力。

对员工的激励工作要遵循一些基本原则，才能收到预期的激励效果，实现企业目标。

（一）个人目标与组织目标相结合的原则

在激励中，目标设定必须体现组织目标的要求，否则激励将偏离方向；同时目标还应满足个人需要，否则达不到满意的激励强度。只有把组织目标和个人目标结合好，同时使个人目标的实现离不开为实现组织目标所做的努力，才能收到良好的激励效果。

（二）公平性原则

激励公平原则有：一是要机会均等，即所有员工在获得或争取奖酬资源方面，机会要均等；二是要让所有员工处于同一起跑线上，使其具备同样的工作条件，并对他们使用统一的考核标准；三是奖惩的程度要与员工的功过相一致，奖惩的原因必须是相关事件的结果，并且不能以功掩过，或以过掩功；四是激励措施的实施过程要公正，即要做到过程的公开化和民主化。

（三）按需激励原则

激励起点是要满足员工的需要，但是员工的需要存在着个体差异和动态性，而且有不同层次的需要，因人而异，因时而异，所以进行激励时只有满足最迫切的主导需要时的激励强度才大。作为管理者，必须对员工深入地进行调查研究，了解员工需要层次及需要结构的变化，只有采取针对性的激励方式，才能收到激励的效果。

（四）时效性原则

时效性原则是指激励要选准时机的原则。在管理活动中，什么时机进行激励，什么时机进行哪种方式的激励，犹如军事将领掌握兵力的投入时机一样，直接影响着激励的效果。激励越及时，越有利于将人们的激情推向高潮，使其创造力连续有效地发挥出来。

（五）物质激励和精神激励相结合的原则

世界是先有物质，后有精神。所以在激励时，管理者要先满足员工期望的物质需要，再用精神需求加以刺激，才能达到事半功倍的激励效果。单纯的物质或精神激励，是不能全面满足员工的需要的，甚至会陷入恶性循环中。物质激励能较好地提高员工的工作积极性，而精神激励却可以使员工的工作积极性维持得更长久。物质激励是基础，精神激励是根本，在两者结合的基础上，逐步过渡到以精神激励为主。

（六）正激励与负激励相结合的原则

所谓正激励，就是对员工的符合组织目标的期望行为进行奖励。所谓负激励，就是对员工违背组织目的的非期望行为进行惩罚。正激励是员工所需要和期待的，负激励是员工不希望和恐惧的。在管理激励中，正负激励都是必要而有效的，不仅作用于当事人，而且还会间接地影响其他人。在实际工作中，管理者要以正激励为主、负激励为辅，唤起员工的积极情感，调动他们的积极情绪。

【案例分析】

我们愿意加班

卢小姐在荷兰银行单证部工作，这是银行最繁忙的一个部门，主要从事议付、审单、结汇、开证等烦琐而又单一的工作。虽然分工很细，但业务量很大，每月 1 500 万美元的交易额却只有 7 个人（包括卢小姐）在做，每天案头总是堆满了文件，而做不完的往往得加班 1~2 小时，因此到了星期五，没有人再愿意加班，而是想尽早回家过周末，虽然加班费是平时的两倍。但星期五恰是银行最忙碌的一天，有些事如不在星期五做完，就必须过两个休息日，这样在时间上就耽误了，也影响了银行的声誉。因此，副行长邓先生自然希望员工能自愿留下来加班，把事情做完。

有一次周五，需要结汇的单子并不多，所以员工们想下班后留下来干完，免得星期一案头又堆成一座小山。这一幕被邓先生看见了，其马上盛情邀请加班的员工在附近一家饭店共进晚餐。席上，他先是对员工的加班行为进行表扬，同时希望员工们能继续下去，当然员工们都欣然同意。在以后的几个星期内，员工们在星期五都自愿留下来加班，而邓先生也每两个星期就会请员工们吃一次饭。这样过了一个月，员工们对此开始厌倦，并戏称邓先生的请客吃饭是“鸿门宴”。邓先生及时得到了这一反馈，并签发了一项新规定，凡星期五加班的，加班费按正常时间的四倍计算，累计加班时间满 20 个小时的员工可休假一天。事实证明，该规定非常有效。现在，员工们都愿意在星期五加班了。

资料来源：http://wwww.ahtvu.ah.cn/jingjiwww/anli/.

案例讨论题：

（1）试用你学过的激励理论分析，员工为什么对周五加班从愿意到厌倦，又从厌倦到愿意呢？

（2）如果采用惩罚策略，是否也能起作用？为什么？

【知识检测】

一、单项选择题

1. 激励的过程主要有四个阶段，即（　　）。

A. 需要、动机、刺激、绩效　　B. 需要、动机、行为、绩效

C. 需要、动机、行为、渴望　　D. 需要、绩效、刺激、行为

2. 需求层次理论中，最高层次的需要是（　　）。
   A. 尊重需要　　B. 感情需要
   C. 成就需要　　D. 自我实现的需要
3. 美国心理学家赫兹伯格提出的激励理论是（　　）。
   A. 需求层次理论　　B. 期望理论
   C. 双因素理论　　D. 激励—保健理论
4. 期望理论认为，激励取决于行动结果的价值评价和其对应的（　　）的乘积。
   A. 行为值　　B. 内驱力　　C. 激励效率　　D. 期望值
5. 下列不属于激励公平原则的内容的是（　　）。
   A. 机会均等　　B. 奖惩与功过一致
   C. 尊重关怀并重　　D. 过程公正

二、多项选择题

1. 赫兹伯格认为，激励因素包括（　　）。
   A. 赏识　　B. 成就　　C. 增加工作责任　　D. 人际关系
   E. 挑战性工作
2. 物质激励在现在管理中仍然发挥着不可或缺的重要作用，主要包括（　　）。
   A. 目标激励　　B. 工资奖金　　C. 实物奖励　　D. 适当培训
   E. 股权和红利
3. 形象激励能对员工起到激励作用的形象有（　　）。
   A. 组织中的领导者的形象　　B. 模范人物的个人形象
   C. 明星形象　　D. 优秀团队的集体形象
   E. 国家领导人的形象
4. 激励工作要遵循的基本原则有（　　）。
   A. 公平原则　　B. 按需原则
   C. 时效原则　　D. 正、负激励相结合原则
   E. 个人目标与组织目标相结合原则
5. 精神激励的内容包括（　　）。
   A. 目标激励　　B. 需要激励
   C. 参与管理激励　　D. 感情激励
   E. 教育培训激励

三、名称解释

1. 激励
2. 需要层次理论
3. 精神激励

四、简答题

1. 简述激励的内涵。
2. 精神激励包括哪些方面的激励?
3. 评述马斯洛的需要层次理论。

五、案例应用分析

华东输油管理局的激励措施

华东输油管理局有8 000多名员工，1万余名员工家属，管理着沧临、濮临和鲁宁三条输油管线，担负着华北、胜利、中原三大油田生产原油的输送任务。这样一条地下大动脉，在我国经济建设中有着重要的战略意义。

但在管线建成投产后的一段时间内，出现了员工不安心在泵站工作、劳动纪律松懈等问题。基层单位的领导常常花费很大气力做思想工作而收效并不大。通过调查、分析，相关负责人找出了问题的原因。从客观原因上看，输油生产有着与其他企业不同的点多、线长和分散等特点。在4个输油公司和20多个输油泵站中，有70%以上被建在了远离城镇的乡村。正是这种特殊性，给生产第一线的员工带来了一系列困难，如购粮买菜、子女上学、幼儿入托、家属就业等不方便，食堂伙食花样少且质量差，以及业余文化生活单调等。从主观原因上看，一些单位的领导片面地强调“先生产，后生活”，甚至把生活后勤工作和生产对立起来，这样，就形成了落后的生活后勤和广大员工及家属生活方面的需要不能相适应的矛盾，并逐渐上升为影响员工思想情绪、影响生产的主要矛盾。例如，在几个问题比较突出的泵站，有20%以上的员工向领导提出了请调报告；有的由于食堂办得差，50多个员工竟有30多个煤油炉，做小锅的人数远远超过了在食堂就餐的人数；有的由于吃菜困难，员工中脱岗买菜的现象时有发生；有的为了买一斤盐、一支牙膏也要跑几里路。华东输油管理局着重把握住员工及其家属主导需求的满足，采取一系列措施，要求各单位必须把员工的生活后勤工作纳入议事日程；利用各泵站站内的空闲土地发展蔬菜生产，解决员工吃菜难的问题；选送了几批炊事员外出进行技术培训，提高烹调技术水平；选送了一批具有高中、初中文化水平，且有一定特长的青年员工到师范学校培训，充实教师队伍，为各幼儿园、托儿所配备了必需的教具、玩具和用品，解决了入托难的问题；组织各单位的员工家属兴办集体福利是事业，为员工生活提供方便；积极联系生活物资送货到基层；各单位积极进行绿化，为员工创造优美、舒适的工作、学习和生活环境；同时还积极丰富基层的文化生活，逐步解决基层业余文化生活单调、枯燥的问题。通过这一系列措施的落实，原来存在的问题陆续得到了不同程度的解决，从而调动了员工的积极性、促进了工作、保证了生产。

资料来源：http://www.mba.cn/mbabbs/viewthread.php? tid=1040.

案例讨论题：

（1）请分析华东输油管理局员工不安心工作的原因。

（2）根据需要和激励理论分析华东输油管理局的行为。

【技能训练】

学习任务　影响员工工作积极性的因素及员工激励措施的编制

1. 学习目标

（1）学习管理案例，领会激励理论，学会运用激励理论分析案例；

（2）围绕模拟岗位的工作内容，学会分析影响员工工作积极性的因素；

（3）学会依据影响员工工作积极性的因素，设计模拟公司的员工激励措施。

2. 学习内容

（1）小组统一安排时间对目标企业（团队）实地访问，获得第一手管理类信息资料；

（2）分组学习讨论激励理论，并运用这些理论分析相关案例；

（3）立足模拟公司的工作实际，分组讨论影响员工积极性的因素，并设计员工激励措施。

3. 角色扮演

每组推选两名同学分别展示影响模拟公司员工工作积极性的因素和模拟公司调动员工工作积极性的激励措施。

4. 互动与点评

（1）其他组同学可以对非本组影响员工积极性的因素和激励措施进行现场提问；

（2）各小组之间可以进行交流；

（3）由教师与学生对各组的课堂表现进行评估打分。

5. 评价标准

（1）管理激励理论的内容、影响员工工作积极性的因素和员工积极措施等基本内容，占40%；

（2）口语表达能力，占20%；

（3）回答问题能力，占20%；

（4）组织能力发挥，占20%。

学习情境六　监督控制

【学习任务】

◇ 立足管理四大职能，认知管理控制职能。

◇ 通过案例讨论分析，认知控制的过程和控制的内容。

◇ 针对模拟公司的工作性质，分别运用传统的控制方法和现代的控制方法设计相应的控制措施。

【关键术语】

控制；控制类型；确立标准；衡量成效；纠正偏差；控制方法；预算控制。

【引言】

最“人道”的船主

澳大利亚从前只有土著人住，后来英国把澳大利亚当作流放犯人的地方，这些犯人代代繁衍，就建成了今天的澳大利亚国。而在运送犯人的途中，发生了这样的一个故事：承担运送犯人任务的是私人船主，他们接受政府委托，自然也收取相应的费用。

开始时，英国政府按上船人数付给费用。于是，船主们为了牟取暴利，想尽种种办法虐待犯人，克扣犯人食物，甚至把犯人活活扔下海，导致运输途中犯人的死亡率最高达到94%。

后来英国政府改变付款规则，按照活着到达目的地的人数付费。于是，船主们又想尽办法让更多犯人活着到达澳大利亚，甚至有船主还聘请随船医生，犯人的死亡率最低降到了1%。

在管理实践中，管理者都深切地体会到，没有控制就很难保证每个计划的顺利执行，而如果各个计划都不能顺利执行，那么组织的目标就无法实现。因此，控制工作在管理活动中起着非常重要的作用。

尽管不同层次的管理人员控制的范围不同，但他们都应有完成计划的责任，所以控制工作是从高层管理者到基层管理者在内的各管理人员的职能，而绝不只是组织中高层管理者的责任。本章的主要学习任务是学会察觉企业的风险因素，并运用科学的方法和规范的程序加以控制。

任务一　认知控制职能

【案例导入】

令出必行

《左传》记载：孙武去见吴王阖闾，与他谈论带兵打仗之事，说得头头是道。吴王心想“纸上谈兵管什么用，让我来考考他”，于是便出了个难题，让孙武替他操练妃子宫女。孙武挑选了100个宫女，让吴王的2个宠姬担任队长。

孙武将列队演练的要领讲得清清楚楚，但正式喊口令时，这些女人笑作一堆，乱作一团，谁也不听他的。孙武再次讲解了要领，并要两个队长以身作则。但他一喊口令，宫女们还是满不在乎，两个当队长的宠姬更是笑弯了腰。孙武严厉地说道：“这里是演武场，不是王宫；你们现在是军人，不是宫女；我的口令就是军令，不是玩笑。你们不按口令操练，两个队长带头不听指挥，这就是公然违反军法，理当斩首！”说完，便叫武士将两个宠姬杀了。

场上顿时肃静，宫女们吓得谁也不敢出声，当孙武再喊口令时，她们步调整齐，动作划一，仿佛真正成了训练有素的“军人”。孙武派人请吴王来检阅，吴王正为失去两个宠姬而惋惜，没有心思来看宫女操练，只是派人告诉孙武：“先生的带兵之道我已领教，由你指挥的军队一定纪律严明，能打胜仗。”

孙武没有说什么废话，而是从立信出发，换得了军纪森严、令出必行的效果。

案例讨论题：

（1）孙武当众斩杀了吴王两位不听指挥的宠姬，体现了孙武怎样的管理思想？

（2）该案例对现代企业管理具有怎样的借鉴意义？

一、控制的内涵

（一）控制的含义

所谓控制，就是监督管理活动的各项活动，以保证它们按计划进行纠正各种偏差的过程。具体来说，作为管理职能之一的控制工作就是指，为了确保组织的目标以及为此而拟定的计划能够实现，各级管理者根据事先确定的标准或因发展需要而重新拟定的标准，对下级的工作进行衡量、测量和评价，并在出现偏差时进行纠正，以防止偏差继续发展或今后再度发生；或者，根据组织内外环境的变化和组织发展的需要，在计划执行过程中，对原计划进行修订或者制订新的计划，并调整整个管理工作的过程。控制就像一艘船上的舵，使组织朝着正确的方向行进。它不时地以工作绩效的形式将组织的实际方位和预期方位进行比较。控制为组织提供了一种有效的机制，在工作偏离了不可接受的范围时调整行进的路线，确保高效、高速地到达终点。

控制工作涉及组织的方方面面，是每个员工的职责。无论哪一个层次的主管人员，不仅要对自己的工作负责，而且还必须对整个计划的实施和目标的实现负责。因为他们本人的工作是计划的一部分，他们下级的工作也是计划的一部分。因此，各级主管人员都必须承担实施控制工作的责任。

◎应用案例

控制有多重要

经过长达 15 年的精心准备，耗资 15 亿美元的哈勃（Hubble）太空望远镜终于在 1990 年 4 月发射升空。但是，美国国家航天管理局（NASA）仍然发现望远镜主镜片存在缺陷。由于直径达 94.5 英寸的主镜片的中心过于平坦，导致成像模糊。望远镜对遥远的星体无法像预期的那样清晰地聚焦，结果造成一半以上的试验和许多的观察无法进行。

更让人觉得可悲的是，如果有更好的控制，这些是完全可以避免的。镜片的生产商 Per kings-Elmer 公司使用了一种有缺陷的光学模板来生产如此精密的镜片。具体原因是，在镜片生产过程中，进行检验的一种无反射校正装置没有设置好。校正装置上的 1.3 毫米的误差导致镜片被研磨、抛光成了错误的形状。但是没有人发现这个错误。具有讽刺意味的是，这个项目和许多其他的 NASA 项目不同的是，这一次并没有时间上的压力，有充分的时间发现镜片上的缺陷。事实上，镜片的粗磨早在 1978 年就开始了，直到 1981 年才抛光完成；由于“挑战者号”航天飞机的失事，完成后的望远镜又在地上待了两年。

美国国家航天管理局中负责哈勃项目的官员，对望远镜制造过程中的细节根本就漠不关心。事后一个由 6 人组成的调查委员会的负责人说：“至少有 3 次有明显的证据说明问题的存在，但 3 次机会都失去了。”

资料来源：罗宾斯所著的《管理学》（第四版）中译本，由中国人民大学出版社于 1997 年出版的第一版。

案例讨论题：

（1）从管理学角度，分析为什么经过长达 15 年的精心准备的哈勃太空望远镜没有达到预期的效果？

（2）你认为可以采取什么办法可以防止此类事情不再发生。

（二）控制的意义

法约尔曾经指出，控制必须施之于一切的事、人和工作。这是因为即使有完善的计划、有效的组织和领导，都不能保证组织目标的自然达成，而需要进行强有力的控制与监督。罗宾斯指出，有效的管理始终是督促他人、控制他人的活动，以保证应该采取的行动得以顺利进行，以及他人应该达到的目标得以实现。控制的重要性可以从以下两个方面来理解：

一是控制的普遍性。控制职能普遍存在于任何组织、任何活动当中。因为在现代管理系统中，人、财、物、信息等要素的组合关系是多种多样的，时空变化及环境的影响很大，内部运行和结构有时变化也很大，加上组织关系错综复杂，随机因素很多，预测不可能完全准确，制订出的计划在执行过程中不仅会出现偏差，而且还会发生未曾预料到的情况。这时，控制工作就起到了执行和完成计划的保障作用，以及在管理控制中产生新的计划、目标和控制标准的作用。所以说，控制是一项普遍而广泛的管理职能。

二是控制的全程性。控制职能作为实现目标及改进工作的有效手段存在于管理活动的全过程中。尽管计划可以制订出来，组织结构可以调整得非常有效，员工的积极性也可以调动起来，但这些仍然不能保证所有的行动能按计划执行，不能保证管理者追求的目标一定能达到，管理者必须依靠控制工作在计划实施的各个阶段通过纠正偏差的行动来实现。因此，控制职能存在于管理活动的全过程中，它不仅可以维持其他职能的正常活动，而且在必要的时候还可以改变其他管理职能的活动。

（三）控制与其他管理职能的关系

控制是管理职能环节中的重要一环。控制以计划、组织、领导等职能为基础，并对其有积极的影响。

首先，它与计划的关系相当密切，两者相互依存。计划起指导性的作用，而控制是为了保证组织的产出与计划相一致，控制到什么程度、怎么控制都取决于计划的要求；计划预先指出了所期望的行为和结果，而控制是按计划指导实施的行为和结果，有时会导致计划的改变；制订有效的计划需要信息，而这些信息多数是通过控制得到的；一些有效的控制方法，如预算、政策、程序、规则等，同时也是计划方法或计划本身。

其次，明确的目标与计划、合理的组织机构与形式、英明的领导及有效的指导，都最大限度地发挥出员工的积极性和潜力，这一切是实施控制的基础和保障。同时，在控制的过程中，管理者可能会根据内外环境或其他因素的变化，导致对目标与计划的修改、组织机构的改革、人员配备的调整以及对领导方式方法做出重大改变等，这实际上是开始了新一轮的管理过程。

◎ 知识链接

"蝴蝶效应"和"马蹄铁效应"

控制的重要作用之一是限制偏差的累积。小的差错和失误并不会立即给组织带来严重的损害，然而时间一长，小的差错就会得以累积放大，并最终变得极为严重。

1979年美国学者洛伦兹在华盛顿召开的美国科学促进会的演讲提出这样的观点：一只蝴蝶在巴西扇动翅膀，就有可能在美国的得克萨斯州引起一场龙卷风。自此"蝴蝶效应"的说法不胫而走。

"马蹄铁效应"是这样说的，断了一枚钉子，掉了一只蹄铁；掉了一只蹄铁，折了一匹战马；折了一匹战马，摔死了一位将军；摔死了一位将军，吃了一场败仗；吃了一场败仗，亡了一个国家。

一只蝴蝶扇动翅膀可能引发一场龙卷风，一枚马蹄铁钉子可能毁灭一个国家，一颗雪球可能引发一场雪崩，一根火柴可以点燃整个森林……"千里之堤，溃于蚁穴"，安全管理正是如此。在每一起事故背后总有无数个隐患存在，遗憾的是，许多人对此都置若罔闻、放任自流，以至于最终使这些事故苗头和隐患演变成一次次事故。

二、控制的类型

为了有效地进行控制，就要研究控制的类型。管理控制从不同角度、按照不同的标准可以划分为多种类型。

◎ 管理故事

扁鹊三兄弟

魏文王问名医扁鹊说："你们家兄弟三人都精于医术，到底哪一位最好呢？"

扁鹊答说："长兄最好，中兄次之，我最差。"

文王再问："那么为什么你最出名呢？"

扁鹊答说："我长兄治病，是治病于病情发作之前。由于一般人不知道他事先能铲除病因，所以他的名气无法传出去，只有我们家的人才知道。我中兄治病，是治病于病情初起之时。一般人以为他只能治轻微小病，所以他的名气只及于本乡里。而我扁鹊治病，是治病于病情严重之时。一般人都看到我在经脉上穿针管来放血、在皮肤上敷药等大手术，所以以为我医术高明，名气因此响遍全国。"

文王说："你说得好极了。"

事后控制不如事中控制，事中控制不如事前控制，可惜大多数的事业经营者、管理者均未能体会到这一点。

（一）按照控制时机不同划分

1. 预先控制

预先控制也称“事前控制”或“前馈控制”，是在组织开展管理活动之前进行的控制，其是防止问题的发生，而不是当问题出现后再补救的一种管理方法。控制的内容包括检查资源的筹备情况和预测其利用效果两个方面。

为了保证管理活动的顺利开展，管理者必须在活动开始之前检查组织是否具备开展此项管理活动的各类资源，如果预先检查的结果是资源在数量或者质量上无法保证，那就必须修改组织的管理计划和目标，使其符合实际。利用预测方法对结果进行事先描述，并使之与组织的需要相对照，也是事先预测的一个内容。如果预测的结果符合组织的需要，那么组织的管理活动就可以按照原定的程序进行；如果预测的结果不符合组织的需要，则需要改变组织管理的运行过程及其投入。

预先控制有许多优点。首先，预先控制是在工作开始之前进行的控制，因而可防患未然，避免事后控制对于已铸成的差错无能为力的弊端。其次，预先控制是针对某项计划行动所依赖的条件而进行的控制，不针对具体的人，不会造成心理冲突，易于被员工接受并付诸实施。但是，实施预先控制的前提条件也比较多。它要求管理人员拥有大量准确、可靠的信息，对计划行动的过程有一个清楚的了解，懂得计划行动本身的客观规律，并要随着行动的进展及时了解新情况和新问题，否则就无法实施预先控制。因此，在管理实践中，管理者不能完全依赖预先控制，还必须依靠其他控制方式。

2. 过程控制

过程控制也称“事中控制”“现场控制”和“同期控制”，是在组织管理活动过程开始以后，对活动中的人和事进行指导和监督，以便管理者在问题出现时及时采取纠偏措施的一种管理方式。其纠正的重点是正在进行的工作。

过程控制的职能是对进行的活动予以指导和监督，以保证活动按规定的政策、程序和方法顺利进行。指导是管理者针对管理活动中出现的问题，根据自己的经验指导下属改进工作，或与下属商讨纠正偏差的措施，以便使下属能正确地完成规定的任务。监督是按照预定的标准检查正在进行的工作，使管理者及时发现下属在管理活动中与计划相偏离的地方，阻止问题的扩散。

最常见的过程控制手段是管理人员亲临现场，指导、监督下属人员活动，包括向下级指示恰当的工作方法和工作过程；监督下级的工作以保证目标的实现；发现不符合标准的偏差时能立即采取措施纠正；等等。一般来说，对于简单劳动或标准化程度很高的工作，采取严厉的监督可以导致好的结果；对于创造性的劳动，控制可以转向创造良好的工作环境。过程控制有助于提高工作人员的工作能力和自我控制能力。但是，过程控制的应用范围较窄，而且运用这种管理方法容易受管理者的时间、精力、业务水平的制约，因此只能适用于那些问题易于辨别、成果便于衡量的重要工作上。

3. 事后控制

事后控制也称“成果控制”或“反馈控制”，是指在一个时期的管理活动已经结束后，对本期的资源利用情况及其结果进行总结的一种管理方式。事后控制是控制工作中最传统也是最主要的方式。

事后控制的实质是信息反馈发生在系统运行结果产生之后，纠正的重点是分析工作的执行结果，预测未来的变化，找出已发生作用的因素和潜在的影响因素，采取措施以控制下一个过程的变化。管理者应当明确，事后控制不仅是指出问题后采取补救措施，而是根据实际运行结果与标准的偏离情况，应用科学的方法和手段进行分析，及时发现可能发生的问题并有效地控制。如对产品的检验，尽管全部合格，但它的平均值可能偏高或偏低，这反映了生产过程可能存在失控状态，这时就应采取措施，做好预防工作。因此，事后控制也有较好的预防性。

图 6-1 揭示了三种管理控制的类型及其关系。在实际控制过程中，我们应根据工作的重要性，结合不同控制的特点，选择恰当的方式。控制并不是管理的最后环节，它伴随着计划的执行、生产或服务活动的展开而展开，并且控制将上一次活动的信息反馈给下一次的工作，从而开始新一轮的管理控制。

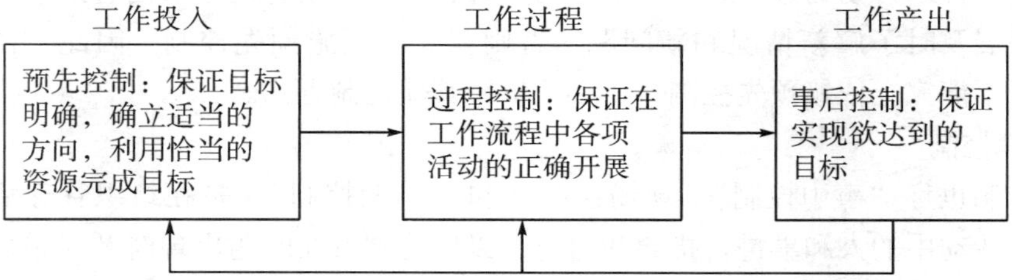

图 6-1　三种管理控制的类型及其关系

可以看出，这三种控制方式的控制重点各不相同：预先控制重在资源，包括人、财、物等；过程控制重在进行的活动，多为工作过程；事后控制是对已结束工作的资源投入、工作过程进行评价，用于对下一次活动的开展进行控制。

（二）按控制的手段划分

1. 间接控制

间接控制是指预先确立控制标准，依据标准衡量工作与计划之间的偏差，分析产生的原因，并追究当事人责任，采取相应措施改进未来工作的一种控制方法，多见于上级管理者对下级人员工作过程的控制。间接控制的优点在于它能纠正管理人员由于缺乏知识、经验和判断力所造成的管理上的失误和偏差，并能帮助主管人员总结吸取经验教训，增加他们的知识经验和判断能力，提高他们的管理水平。

间接控制的方法是建立在以下五个假设中的：①工作成效是可以计量的；②人们对工

作成效具有责任感；③追查偏差产生原因所需要的时间有保障；④出现的偏差可以预料并能及时发现；⑤有关责任单位和责任人积极采取纠正措施。

而这些假设有时却不能成立，如有许多管理工作的成效是很难计量的，就像是主管人员的决策能力、预见性和领导水平等；责任感的高低也是难以衡量的；有时主管人员可能不愿意花费时间和费用去调查分析造成偏差的事实的真相；有许多偏离计划的误差并不能预先估计并及时发现；有时即使发现了误差产生的原因，但由于大家相互推卸责任而没有人愿意采取纠正措施。

故间接控制并不是普遍有效的控制方法，它还存在很多不完善的地方，在实际工作中我们常常采取直接控制的办法。

2. 直接控制

直接控制是控制者与被控制对象直接接触进行控制的形式。直接控制是相对于间接控制而言的，它着眼于培养更好的主管人员，使他们能熟练地应用管理的概念、技术和原理，能以系统的观点来进行和改善他们的管理工作，从而防止出现因管理不善而造成的不良后果。因此，直接控制的原则也就是：主管人员及其下属的质量越高，就越不需要进行间接控制。

直接控制的优点包括：①在对个人委派任务时能有较大的准确性；②直接控制可以促使主管人员主动地采取纠正措施并使其更加有效；③直接控制还可以获得良好的心理效果；④提高了主管人员的质量，降低了偏差的发生概率，节约了开支。

这种控制方法的合理性是以下列四个较为可靠的假设为依据的：①合格的主管人员所犯的错误最少；②管理工作的成效是可以计量的；③在计量管理工作成效时，管理的概念、原理和方法是一些有用的判断标准；④管理基本原理的应用情况是可以评价的。

与间接控制相同，这些假设条件不是在任何情况下都成立的，直接控制也有失效的时候。在管理控制工作中，间接控制和直接控制不是对立的，而是相互补充、相互促进的，他们的最终目的都是纠正实际工作与计划的偏差，实现组织目标。

【案例分析】

天安公司的管理创新

天安公司是一家以生产微波炉为主的家电企业。2005 年该公司总资产达 5 亿元，而五年前，该公司只不过还是一个人员不足 200 人，资产仅 300 万元且濒临倒闭的小厂。五年间，公司之所以有了如此大的发展，主要得益于公司内部的管理创新。

第一，生产管理创新。公司对产品的设计设立高起点，严格要求；依靠公司设置的关键质量控制点对产品的生产过程全程监控，同时，利用 PDCA 和 PAMS 方法，持续不断地提高产品的质量；加强了员工的生产质量教育和岗位培训。

第二，供应管理创新。天安公司把所需采购的原辅材料和外购零部件，根据性能、技术含量以及对成品质量的影响程度，划分为A、B、C三类，并设置了不同类别的原辅材料和零部件的具体质量控制标准，进而协助供应厂家达到质量控制要求。

第三，服务管理创新。公司通过大量的市场调研和市场分析活动制定了售前决策，进行了市场策划，树立了公司形象；与经销商携手寻找最佳点共同为消费者提供优质服务；公司建立了一支高素质的服务队伍，购置先进的维修设备，建立消费者投诉制度和用户档案制度，开展多形式的售后服务工作，提高了消费者满意度。

资料来源：http://jpkc.ccnu.edu.cn/xj/2009/glxyl/Html/info.asp?.

案例讨论题：

（1）案例中的控制类型有哪些？请分别指出，并说出各自的特点。

（2）天安公司“设置不同类别的原辅材料和零部件的具体质量控制标准”属于哪类控制标准？为什么？

（3）案例中“公司所设置关键质量控制点”，体现了有效控制原则中的哪一项？为什么？

任务二　鉴别控制过程

【案例导入】

100个土豆是如何变成40个的——效益出自过程

苏联高度计划经济时期，有人问过苏联专家：地里收获100个土豆，送到厨房的有多少个？回答是：由于挖土豆的机械质量不好，要挖烂20个；运到城里卸车时不小心要损失30个；仓库保管不好，又要损失10个；最后进入厨房的只剩下40个。在这里，60%的土豆被“过程”吞噬了。这个过程变成了生产低效率的机器。

“过程”是细小的、平凡的，而卓越的终极成果恰恰出自“过程”。美国联邦航空局（FAA）在质量管理方面实行严格的“过程”控制是很有名的，他们认为好的质量和批量生产的稳定性，必须以有效的中间“过程”控制为保障。中美联合生产“麦道-82”大型客机时，申请生产“麦道”整机许可证的上海航空工业公司，就着实领教了FAA代表的严厉。例如，铆接工序用的铆钉，工艺要求是淬火后放入冰箱保存，在规定时间内取出使用。在一次检查中，FAA代表发现一枚铆钉被随意丢在一个盛水的碗里，而原始记录又表明这批铆钉已全部用完。为此，FAA毫不留情，毅然中断认证检查回国。其理由是这枚铆钉的不明不白和公然违反规程的放置，已经很难使人相信“上航”生产的、需要飞行5万小时的高级客机的质量。正是FAA这种一丝不苟的“过程”管理，才使上航在后来终成“正果”。

“只问结果，不问过程”，这是我们许多领导者的管理信条，在这些领导者看来，抓住了“终极产品”就可以万事大吉，殊不知，不讲过程控制的“终极产品”是难以保证质量的。就如房子建好后，验收结果是优良工程，但是时隔一年半载，墙体就出现了裂缝。也许这不是验收人员的失职，因为任何检验手段都无法将全部“过程”一览无余，很多“过程”是终极产品形成后难以发现的，很多上游“过程”的缺陷都可能被下游“过程”暂时掩盖。那些搞工程的人，就是钻了这个空子。因此，消灭“豆腐渣”工程，建设精品工程，就是要保证每一个“过程”都处于严格规范的监控之下，使每一个“过程”都成为最后辉煌的铺垫。

资料来源：东北师范大学管理学精品课程教学案例库的相关资料。

案例讨论题：

（1）谈谈过程管理在企业管理中的作用。

（2）管理过程控制的工作内容有哪些?

控制是在计划的要求和基础上，结合对内部环境和外部环境的预测，设立衡量的标准和控制手段，然后进行检查考核，以确立组织活动的偏差及其程度。在此基础上分析偏差的原因，并针对性地采取必要的纠正措施，以确保组织目标的顺利实现。控制是一个不断循环往复的管理过程，但就一次控制活动来说一般可以分为三个基本环节。

一、控制的过程

（一）确定控制的标准

控制标准是根据计划制定的，用以检查和衡量工作及其结果的规范或尺度。没有一套完整的标准来衡量成果，纠正偏差就失去了客观依据，就无法实现控制。计划是控制的依据，但计划不等于控制的标准。这是因为，首先，计划只是控制的一个标准，也就是说计划正确，执行有偏差，计划就是控制标准；而如果计划本身就有偏差，需要进行调整和修改，那么计划就不能作为控制的标准。其次，各种计划的详尽程度是不一致的，有些计划已经制定了具体的可作为考核的指标，这些指标就可以直接作为控制的标准，但很多计划是相对较抽象的，不是很具体，这时需要将计划目标转换为更具体、可测量和考核的标准，以便对所有的行为结果加以测评。因此，控制的第一个环节就是制定标准。

根据控制对象的不同，建立控制标准的方法各不相同。常用的制定企业控制标准的方法有三种：①统计方法，相应的标准称为统计标准。它是根据企业的历史数据记录或是对比同类企业的水平，运用统计方法来确定预期结果的。这种方法简便易行，但制定的标准可能低于行业的平均水平，从而影响企业对竞争能力的控制。因此，在根据历史性统计数据制定控制标准时，要充分考虑到行业的平均水平和竞争企业的经验，进行综合分析和判断。②工程方法，相应的标准称为工程标准。它是以准确的技术参数和实测的数据为基础，在客观的定量分析的基础上建立的标准。严格来说，它也是一种用统计方法制定的标准。例如，工人操作标准是在劳动研究人员对构成作业的各项动作和要素的客观描述与分析的基础上，经过消除、改进和合并而确定的标准作业方法。③经验估计法，它是由有经验的管理人员凭经验确定的，一般作为统计方法和工程方法的补充。不是所有的工作质量与结果都能够通过统计数据来表示，不是所有的工作方法都能够通过工程方法来测定，对于无法获取统计数据和实测数据进行分析的情况下，就要根据管理人员的经验、判断和评估来为之建立标准。管理人员的经验、判断与评估能力对标准的合理性有着重要的影响作用。

控制的常用标准一般有四类：一是时间标准，如工作时间、交货日期、提前期等；二是数量标准，如产量、材料消耗量、劳动力人数等；三是质量标准，如产品合格率、报废率等；四是成本标准，如单位产品的生产成本、管理费用、销售费用、财务费用等。

◎应用案例

农夫山泉"质量门"事件

饮用水、生活饮用水、包装饮用水、瓶装水、纯净水等在农夫山泉的"标准门"中，多种水的标准"打架"让普通公众越看越糊涂。

2013年4月17日，央视《东方时空》报道称，农夫山泉采用地方标准是因为"农夫山泉属于地表水，国家对此类饮用水没有相应的国家标准和行业标准"。对此，国家卫生计生委于2013年4月16日表示，目前的国家标准基本涵盖所有包装饮用水，该说法并不准确。

2013年4月16日，国家卫生计生委详细梳理了我国的饮用水管理框架。在我国，饮用水主要包括生活饮用水和包装饮用水。前者指供居民生活的饮用水和生活用水，对应的是《生活饮用水卫生标准》(GB5749-2006)规定(自来水标准)。包装饮用水则指的是采用瓶、桶包装的饮用水，目前按照食品管理。

尽管包装饮用水由于加工、运输、储存不同于生活饮用水，因此不完全适用于《生活饮用水卫生标准》，但国家卫生计生委指出，《生活饮用水卫生标准》是最基本的国家饮用水标准。《食品安全法》规定，食品生产经营用水应符合《生活饮用水卫生标准》。

同时，国家卫生计生委指出，我国包装饮用水标准涉及国家、地方和企业标准，包括食品质量标准和卫生标准。其中《瓶(桶)装饮用水卫生标准》(GB19298-2003)适用于饮用天然泉水、饮用矿物质水、其他天然饮用水和其他包装饮用水。

农夫山泉在其包装上明确表示，其瓶装水属于饮用天然水，因此必须符合《瓶(桶)装饮用水卫生标准》。

经过梳理，可以明确，"农夫山泉属于地表水，国家对此类饮用水没有相应的国家标准和行业标准"的说法并不准确。国家卫生计生委表示，目前的国家标准基本涵盖所有包装饮用水，因此生产企业应当执行现行国家标准的规定。

在此次农夫山泉“标准门”中，农夫山泉所执行的浙江标准（DB33/383）在砷、镉等指标限值上均宽松于《生活饮用水卫生标准》和修改后的《瓶（桶）装饮用水卫生标准》。

对于这样一个国标和地标矛盾并存，且地标宽松于国标的情况，国家卫生计生委明确表示，按照《食品安全法》规定，国家制定食品安全国家标准；没有国家标准的，可以制定食品安全地方标准；但地方标准在相应国家标准公布实施之后，即行废止。

国家卫生计生委表示，目前我国的包装饮用水的国家标准是明确的，企业生产的包装饮用水应当符合国家标准规定，其执行的地方标准不应当与国家标准相矛盾。

资料来源：http://zj.sina.com.cn/news/s/2013-04-19/110874199_2.html.

案例讨论题：

（1）农夫山泉再次陷入舆论危机的根本原因是什么？

（2）你认为作为农夫山泉股份有限公司，解决此问题的根本之道是什么？

（二）对照标准，衡量实际绩效

控制的第二个环节就是衡量实际绩效。衡量实际绩效就是根据第一个环节制定的控制标准对实际情况进行检查、分析并做出相应的判断。其目的是发现实际工作中存在的问题和缺陷，是控制的中间环节。

衡量实际绩效要注意必须确定好衡量的主体。衡量的主体可以是上级职能部门，也可以是同级其他人员，还可以是工作人员本人。衡量的主体不同，控制工作也有所差别。比如，目标管理可以认为是一种“自我管理”“自我控制”，因为工作执行者又是工作成果的衡量者。另外，必须清楚衡量的项目。控制管理者应该针对决定实际好坏的重要项目进行衡量，不能只衡量易于衡量的项目，而忽视那些不易衡量、不太明显但相当重要的项目。比如，对生产过程的衡量，不能仅限于产量，更应当注意新产品质量、劳动生产率、设备利用率、材料节约率等方面的衡量，只要是绩效重要特征的指标都应当进行衡量。衡量的时间可以是定期，也可以是不定期，具体要根据衡量项目和控制要求来定，频率不能过高也不能过低。如果频率过高，一方面会增加控制成本，另一方面可能会引起有关人员的不满，产生负面影响；如果频率过低，就不能及时发现偏差，措施也不能及时落实，就会影响控制的效果，造成不必要的损失。

（三）分析原因，纠正偏差

在衡量实际绩效后，如果没有偏差发生，或者偏差在规定的范围之内，则该控制过程的前两个阶段即可完成。但如果在衡量绩效时发现偏差，且超出了范围，则应该采取措施加以纠正。一般而言，解决问题时要先找出问题产生的原因，才能有的放矢。

1. 分析偏差产生的原因

偏差产生的原因一般有两种：一是计划脱离实际，标准定得太高，根本无法执行；二是努力不够。但这只是粗略的原因，管理者必须深入加以剖析，找出主要的原因。例如，利润明显下降，其原因往往比较复杂，可能是收入下降，也可能是成本上升，或两者皆是；成本上升，可能是材料费、人工费、管理费或其他费用的上升；材料成本上升，可能是价格、消耗量提高，也可能是利用率降低；等等。如果判断不准确，纠偏措施就难以奏效。

制定纠偏措施是以偏差原因的分析为主要依据的。而同一偏差可能由不同的原因造成，这就要求管理者要理性分析找出偏差的根本原因，并加以解决。例如，销售利润的下降既可能是因为销售量的降低，也可能是因为生产成本的提高。前者既可能是因为市场上出现了技术更为先进的新产品，也可能是因为竞争对手采取某种竞争策略，或是自身产品质量下降；后者可能是原材料、劳动力消耗的增加，也可能是由于原材料价格的上涨。不同的原因要求采取不同的纠偏措施。

2. 选择恰当的纠偏措施

产生偏差的原因找到后，下面一项工作就是针对偏差的主要原因，制订调整方案，纠正组织管理活动中的偏差。管理者可以选择的措施有三种：

一是不采取行动。当工作绩效与控制标准之间不存在偏差时，理所当然的不会采取任何行动。还有就是当偏差虽然出现，但未超过允许的偏差范围时，管理者也可以不采取任何行动。这种小范围的偏差有时可以通过组织的自适应控制来校正；还有一种可能是，通过成本—效益分析，管理者发现，如果采取纠偏行动，其费用可能会超过偏差带来的损失，此时最好的方案也许就是不采取任何行动。

二是改进工作绩效。如果偏差是由于工作产生的，且偏差已超出了允许的范围，则需要采取纠偏措施，以改进工作绩效。具体采取的方式涉及各方面的管理工作，通常包括改进生产技术、改进流程、改进管理方式、调整组织结构、改进激励措施、重新配置人力物力资源、调整培训计划等。

三是修订控制标准。关于修订控制标准，管理者可以采用提高标准和降低标准两种方式。如果标准脱离实际，导致多数员工、多数部门无法实现控制目标，管理部门应适当降低标准；相反，如果实际工作绩效已远远超过了标准，则应在充分肯定工作的情况下，适当提高标准。标准的修订在管理控制中是不可避免的，这是由于在组织管理中一些不确定因素的影响往往难以预测，同时，管理环境的变化会导致管理目标和标准的变化。从某种意义上说，管理控制就是一个不断制定标准、实施标准、修订和完善标准的过程。值得注意的是，在修订标准时，应从实际情况分析出发，强调标准的客观性，避免管理人员主观因素的消极影响。

从上面的介绍不难看出，控制实际上是一个连续的过程，它使管理工作成为一个闭路系统。在多数情况下，实施控制既是管理过程的终结，又是一个新的管理过程的开始。控制绝不是仅限于衡量计划执行中出现的偏差，控制的目的在于通过采取纠正措施，把那些不符合要求的管理活动引到正确的轨道上来，使管理系统实现预定目标。控制的过程见图 6-2。

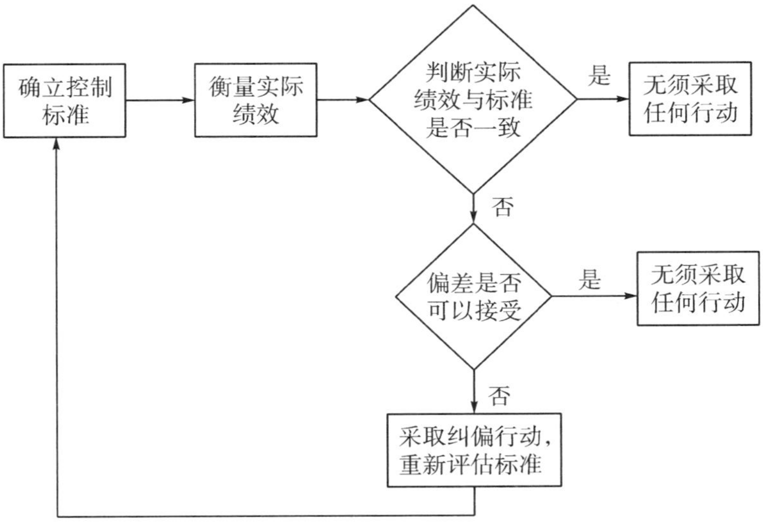

图 6-2　控制的过程

二、控制的内容

控制的内容是指管理者的主要控制对象。组织结构、组织信息、人员行为、财务活动和组织绩效等都是管理者控制的主要内容。

（一）组织结构

组织结构在整个管理系统中起着“骨架”作用，科学合理地设置组织内部机构与岗位、确定机构与岗位职责以及各个机构、各个岗位间的相互关系，是对人员、物资、信息流实现有效控制的基本前提。只有具备了符合本组织实际情况的组织结构，才有可能使所有资源科学合理地流通，实现组织的目标。恰当的组织结构的确定，应当以本组织的产业及生产经营特点、组织的规模、组织所处的成长阶段、组织员工的素质、组织所处的文化背景及本组织文化状况、组织最高管理当局的管理哲学与经营战略、组织的外部环境及其不确定状况等因素为依据；应当在分析这些因素的基础上，合理设置组织体系。组织结构是在综合考虑组织内外部诸多因素的基础上确立的，也应当随着组织内外部条件的不断变化而及时做出必要的调整。

（二）组织信息

准确充分获取和运用来自组织内外部与本组织有关的技术、市场、管理等诸方面的信息，是实现有效内部控制的前提。实现对有关信息的优良管理，就必须对这些信息及时予以识别、获取和加工，并采用便于组织及其员工使用的形式。要做到这一点，最高管理者应向全体员工提出各自的信息管理职责必须得到认真履行的明确要求。每个组织和员工应当了解自己在信息管理系统中的地位和作用，每个组织和员工应当具有搜集、处理、传递有关信息的明确责任和条件，整个组织应当具备纵向与横向传递信息的有效途径。只有如此，才能及时准确地为有关管理者和员工建立和完善内部控制制度提供依据。

（三）人员行为

组织的全体员工分别是本组织内部控制有关方面的执行者，员工的敬业精神、业务知识与工作技能、创新能力等素质是控制是否有效的决定因素。泰罗曾经给“管理”下定义，就是确切地知道你要别人干什么，并要他使用最好的方法去干。所以，管理者的一项重要工作就是保证员工理解其期望并按照其期望的方法进行工作。为做到这一点，管理者通常使用最直接、最简明的控制手段，现场巡视，即管理者亲临工作现场指导员工的工作并纠正员工偏离目标的行为；绩效评估，即管理者根据激励理论定期对员工的绩效给予系统评估，并根据评估结果给予报酬。除此之外，还有如下一些行为控制手段，如通过甄选，识别和录用那些态度和个性符合管理者期望的人；通过正式培训向员工传授期望的工作方法；让员工了解规定了何种行为是可接受的或不可以接受的规章制度；让老员工对新员工传授“该知道和不该知道”的规则；让员工接受具体目标后，并且用目标指导和限制其行为；通过合理的工作设计方式，限制员工的工作节奏、活动方式和相互作用；组织使用报酬手段强化期望行为并消除不期望的行为；通过故事、榜样和仪式等方式，传递含有组织期望行为的组织文化。

（四）财务活动

为保证企业获取利润，维持企业正常的运作，管理者必须进行财务控制。控制财务活动是传统的控制内容，其目的就是降低成本、减少费用、提高资金利用率，使资源得以充分利用。组织的管理者可能会查阅每季度的收支报告，以发现多余的支出；也可能对重要财务指标进行计算，以保证有足够的资金支付各种费用，保证债务负担合理。预算是最常用的财务控制标准，因此也是一种有效的控制工具。

（五）组织绩效

组织绩效是组织上层管理者控制的对象，组织目标的达成与否都从这里反映出来。管理者想要有效实施对组织绩效的控制，关键在于科学地评价、衡量组织绩效。一个组织的整体效果很难用一个指标来衡量，控制组织绩效的指标有很多，涉及市场的有市场份额、销售量等；涉及收入的有利润、资金周转率、收入的稳定性等；涉及生产或服务的有产量、生产率、管理效率等；涉及员工的有士气、满意度、旷工率、流动率等；涉及组织成长的有稳定性、适应性、变革力、研究与发展能力等；涉及外部关系的有投资人、供应商、顾客、政府代理部门等的满意程度。这些指标都从不同侧面反映了组织绩效，无疑都是衡量组织整体绩效的重要指标，所以管理者对组织绩效的控制手段应该是多样性的和综合性的，对组织绩效的控制思想要根据组织完成目标的实际情况并按照目标所设定的标准来衡量组织的绩效。

【案例分析】

格力的有效控制与经营成功

格力[①]耗时8年与春兰[②]争夺业界第一，终于在1997年分出胜负。1998年8月底，格力出售了150万台空调，产销量、出口量和市场占有率均全国第一，比1997年增长了30%。然而，格力却以广告宣传低调著称。对于格力获胜的原因，众说纷纭，某报记者深入格力集团发现：除了专业化经营和科学营销网络外，最重要的是格力的质量控制体系。

变频空调在世界空调器中已占70%的份额。中国在这方面刚刚起步，却已有不少厂家推出。而作为业界老大的格力却迟迟未见动静。总经理朱江洪认为，目前变频空调变频时会有噪音，而且受电磁波干扰，容易造成麻烦。格力终于在2000年10月攻克这一技术难题，才推出格力变频空调与消费者见面。"一定不能拿消费者做试验品"朱江洪认为：推出不成熟的新产品，也许会在短期内占领市场，但让消费者付出代价，即市场反馈后再做改进的代价，往往得不偿失，企业损失更大。

格力并不是一开始就重视质量控制问题。到1993年时，格力和其他国产空调一样存在着噪音等问题，当时格力对此争论也颇多，其中有一种意见认为，格力和同行业的其他公司比，其质量并不差，没有必要在这个问题上花更大的力气，应该在规模上、价格上向同类对手发起冲击。朱江洪亦认为，质量改进是慢慢进行的过程。但一件小事改变了格力人的看法，当时一个意大利公司进口的20台格力空调全部遭退货，原因是其中一台室外机的外壳在使用3个月后出现了一个锈斑。格力人认识到在国际市场有一个更高的标准存在。格力必须把质量控制放在国际与未来市场的标准上来重新考虑这个问题。朱江洪不仅把国内空调普通使用的和轧钢板全部换成镀锌钢板，而且考虑构筑格力的质量体系。1995年3月，格力成立了独一无二的筛选工厂，600人的工厂不产生效益，只负责对进货的所有零件进行100%的筛选，然后提供给组装车间。这看似是对人员和财力的极大浪费，格力人却有自己的见解。朱江洪认为只要有1%的零部件不合格，那么生产出来的整机便100%不合格。尽管是"笨方法"，筛选工厂的钱省不得——因为即使一部整机一个零件出问题，你再怎么维修好，再怎么服务好，消费者心中都会有抹不去的阴影与不舒服感。

筛选工厂对格力的质量控制起了很大作用，也为格力在1996年的扩大规模以及获得国内空调界第一名而打下了基础。目前，格力空调在社会上的保有量已达600万台。如果一旦1%出问题，其维修量是其他厂家的3倍多，而筛选工厂正可以保证格力在质量得到严格控制条件下，迅速轻松地扩大规模。

格力以零缺陷工程著称，试图把问题消灭在最初的环节。朱江洪搞技术出身，制定了

① 格力即珠海格力电器股份有限公司。

② 春兰即春兰（集团）公司。

严格的 18 条总裁禁令。其中一条甚至专门规定海棉条贴法，称：要两头按好，中间一抹，这样才服帖，才能减少噪音。禁令规定任何工人少这一抹，发现两次就会立即开除。在格力车间，工人因朱江洪的严厉质量要求，称其为“质量宪兵队队长。”

在格力，其管理分工非常明确，董明珠副总经理负责销售，另一位副总经理冯先生负责生产，而朱江洪亲自负责质量控制和产品开发。格力认为质量控制不仅包括产品品质的稳定，还包括新产品开发过程的控制。格力新产品开发以“开发一代、预研一代、生产一代”为标准。1994 年，格力彻底解决了空调噪音问题，现在格力不仅有彩色空调，还有移动式分体空调等 300 个新品种。主抓质量与开发的朱江洪认为，格力只做空调，而且目前是空调行业唯一的专业厂，没有退路可言，逼得格力只有在空调技术开发上下功夫，今后 10 年市场才有保证，正是专业化的劣势促成了专业化的优势。朱江洪谈空调不仅滔滔不绝几个小时，有“疯魔”状态，而且是空调业中最懂技术的厂长。鲜为人知的是，格力 1/3 的技术专利是朱江洪发明的。诸如格力灯箱式空调的专利来源于朱江洪的灵机一动。朱江洪最大的特色是好动，往往是单独一个人拎着一个包就出发，去到全国各地考察产品、市场。全然不像每年上交 2 亿利税的公司老总，对空调产品质量与反馈一清二楚，在日本考察的 10 天，朱江洪就有 7 天泡在日本厂车间，3 天在日本市场。格力已投资 2 个亿兴建科技大楼，其中模拟环境实验室将有助于解决空调 -20℃ 开机运作问题，一旦解决，格力可望在东北市场加长空调使用时间，从而促进销售。格力在市场宣传方面从无炒作新闻之类的想法，连其广告语也是平淡无奇——“好空调、格力造”。格力认为，一个好企业不可能像一个事件或一个策划来发展、来渲染，只能在每个管理细节中下功夫。格力在广告投入上远远低于其他企业。1998 年中央台招标，董明珠给自己定下了 1 000 万/季度的界限，超过不做，结果只拿了一个季度的小标。在地方媒体中，格力也只对地方报纸感兴趣。

朱江洪认为，每一个产品就是最好的广告。在近 8 年，格力既没有发起过一次价格战，也没有一次广告攻势，却稳稳坐上了中国空调老大的宝座。目前，格力价格仍高于同类产品。

案例来源：http://www.cmo.org.cn.

案例讨论题：

（1）请分析格力采用的控制方式。

（2）格力对质量控制的标准和做法有什么特点？

任务三　精选控制方法

【案例导入】

三鹿奶粉事件

石家庄三鹿集团生产的三鹿奶粉拥有“国家免检产品”“中国名牌产品”“中国驰名商标”等多项殊荣，奶粉产销量15年位居全国第一。与新西兰“恒天然”合资后，乳品科研制造能力达到世界先进水准。三鹿生产的婴幼儿奶粉质量检测被视为行业标杆。然而不幸的是，就是这样一个创造辉煌的企业爆出了令人发指的三鹿奶粉事件。

早在2008年3月份左右，三鹿集团收到投诉，说生产的产品有问题，食用过的婴幼儿出现过尿结晶和肾结石的现象。但是三鹿集团不仅没有引起重视，及时调回市场上有问题的产品，还以各种理由狡辩，只为保护公司的名誉和形象。与此同时，石家庄市政府没有采取有力措施，导致事件的危害越来越大。

2008年6月28日，兰州市的解放军第一医院收治了首宗患“肾结石”病症的婴幼儿。家长反映，孩子从出生起，就一直食用河北石家庄三鹿集团所产的三鹿婴幼儿奶粉。7月中旬，甘肃省卫生厅接到医院婴儿泌尿结石病例报告后，随即展开调查，并报告卫计委。随后短短两个多月，该医院收治的患婴人数迅速扩大到14名。9月11日，除甘肃省外，中国其他省（自治区、直辖市）都有类似的案例发生。经相关部门调查，高度怀疑石家庄三鹿集团的产品受到三聚氰胺的污染。三聚氰胺是种化工原料，可导致人体泌尿系统产生结石。

2008年9月13日，党中央、国务院对严肃处理三鹿牌婴幼儿奶粉事件做出部署，立即启动国家重大食品安全事故Ⅰ级响应，并成立应急处置领导小组。时任卫计委党组书记高强在“三鹿牌婴幼儿配方奶粉”重大安全事故情况发布会上指出，“三鹿牌婴幼儿配方奶粉”事故是一起重大的食品安全事故。三鹿牌部分批次奶粉中含有的三聚氰胺，是不法分子为增加原料奶或奶粉的蛋白含量而人为加入的。

2008年12月31日，石家庄市中级人民法院开庭审理了三鹿集团股份有限公司及田××等4名原三鹿集团高级管理人员被控生产、销售伪劣产品案，庭审持续14个小时。因为在经营过程中不负责任的行为，三鹿集团最终受到法律的起诉，并于2009年2月宣告破产。

在这场风波中，还有很多的集团因为不合格的产品而被曝光，中国的乳业也受到了一次巨大的冲击，失去了在世界市场的诚信。

资料来源：http://doc.mbalib.com/view/ff224.html.

案例讨论题：

（1）三鹿奶粉事件给管理者的启示是什么？

（2）在管理中，要如何避免此类事情再次发生？

一、控制的原则

控制的目的是保证组织活动符合计划的要求，以有效地实现组织的预定目标。但是，并不是所有的控制活动都能达到预期的目标。无效的控制会导致计划无效和组织目标无效。有效的控制必须遵循一定的原则。下面介绍几种主要的控制原则：

（一）全局性原则

控制绝非忙于处理当前所面临的问题，而应当高瞻远瞩，具有战略眼光，具有全局观念。所谓全局观念，就是要从全局的利益出发进行控制，要将各个局部的控制目标协调一致。在实际工作中，应当提醒全体员工，在工作中不能将目光只停留在本部门、本活动的控制目标上，而忽视了组织的总目标。要引导全体工作人员照顾全局，使各方的目标协调一致。

（二）客观性原则

控制是对组织的管理活动进行检查、监督和衡量，它必须是客观、实事求是的。所谓客观，就是管理者不能凭借自己的主观、经验或直觉去判断，而是采取科学的方法，去观察、分析和判断。因为控制工具具有对下级的监督作用，并且和考评、评比、奖励、晋升有密切关系，容易出现弄虚作假、报喜不报忧的现象，所以控制工作应当引导人们客观、实事求是地面对现实，而不是滋长好大喜功的心理。管理者无论检查或者衡量工作都要客观、公正、真实，只有这样才能发现偏差，获得可靠有效的信息；还要尽量采用客观、量化的考核方法，用具体的数据来衡量工作成果。

（三）关键性原则

控制的关键性原则是指管理人员把有限的精力投入对计划的执行和完成关键性的问题上，尽可能地选择计划的关键点作为控制的重心。即要求管理者在进行控制工作时，将控制环节进行有效的筛选，找出关键的环节加以控制，提高控制工作的效率。同时，在关注关键性问题的同时，还要关注例外情况。例外情况是指在一个职责分明的组织机构中，每个问题应有相应的职能部门或管理者去处理，最高管理者处理各部门权限之外的问题。

（四）经济性原则

讲究经济效益既是实施控制的基本要求，也是进行控制活动的最终目的。管理者通过控制使组织获得一定的经济效益，并把实施控制所获得的成果同实施的支出相比较，选择出投入少、效益好的、经济合理的控制方案。在控制中，管理者应考虑两种基本类型的成本：一是为了获取信息所花费的成本；二是纠正偏差所花费的成本。

（五）灵活性原则

一项任务从计划到实现往往有一定的时间差，在这个时间段里，无论是组织的内部环境还是外部环境，都会在不同程度上发生变化，因此控制过程一定要灵活应对环境的变化。灵活性是指控制系统适应内外部环境的变化，持续地发挥作用，控制工作应当是动态的、具有弹性的，否则环境发生变化了，仍按部就班、一成不变，控制就会失效。

二、控制方法

要对组织中的各项管理活动进行全面的控制，管理者就必须借助各种各样的控制方法。在管理实践中有多种控制方法，总的来说，我们可以将其分为两大类，即传统控制方法和现代控制方法。

（一）传统控制方法

传统控制方法是管理者在具备管理知识、能力和素质的基础上，凭借经验和智慧进行的。尽管随着控制方法和技术的发展，现代化的控制手段已经被普遍采用，但是在许多情况下，传统的控制方法仍被使用。

1. 视察

视察是指管理者本人根据职务的要求，深入员工的工作现场对员工的工作情况进行检查，以掌握工作的进展情况和及时发现工作中可能存在的问题。这是一种比较有效的检查方法。在使用这种方法时需注意，当管理者在第一线进行观察时，要对发现的情况进行认真的分析研究，避免过早地做出判断。发现问题时，管理者不是采取简单的批评的方法，而应当帮助下属找到产生问题的原因，寻找对策。这种方法的缺点是费时、费力，可能不能观察到真实的情况。适合一些面向观众提供服务的组织。

2. 报告

报告是指下属用书面或者口头报告的形式向管理者报告工作情况，要求下属在报告时要全面、系统地阐述计划的进展情况、存在的问题及原因，以及采取了哪些措施、收到了什么效果、预计可能出现的问题等。管理者可以凭借这些信息采取必要的纠偏措施。这种控制方法适用于内部机构较多、工作地点较分散的组织。作为管理者，应要求下属汇报工作简明扼要，突出重点。

3. 抽样检查

抽样检查是指管理者对下属员工的工作效果或者工作态度进行有选择的控制方法。在工作量比较大而工作质量又比较平均的情况下，管理者可以通过这种方法来衡量工作，即随机抽取一部分工作进行深入细致的检查，以此来推测全部工作的质量。这种方法最典型的应用是产品质量检验。在产品数量极大或者产品检验具有破坏性时，这是唯一可以选择的衡量方法。此外，对一些日常事务性工作的检查来说，这种方法也非常有效。

（二）现代控制方法

在管理实践中，常见的控制方法有审计、目标控制、预算控制和比率分析。

1. 审计

审计是一种常用的控制方法，财务审计与管理审计是审计控制的主要内容，近年来还推行以保护环境为目的的清洁生产审计。所谓财务审计，是以财务活动为中心内容，以检查并核实账目、凭证、财务、债务以及结算关系等客观事物为手段，以判断财务报表中所列出的综合的会计事项是否正确无误，报表本身是否可以依赖为目的的控制方法。所谓管理审计，是检查一个单位或部门管理工作的好坏，评价人力、物力和财力的组织及利用的有效性的控制方法。此外，审计还有外部审计和内部审计之分，外部审计是指由组织外部的人员对组织的活动进行审计；内部审计是组织自身专门设有审计部门，以便随时审计本组织的各项活动。

2. 目标控制

目标控制是通过组织中的工作人员一起来确定共同的目标，并通过全体员工来对所确定的目标进行具体化，在实施目标中及时检验和评价结果。目标控制着眼点不在于过程，而在于结果。过去，管理者习惯于“危机管理”和“压迫式管理”。所谓“危机管理”，是指管理者只有在组织发生意外事件之后，才去处理。由于管理中没有预见性，出现危机事件也必然越来越多。所谓“压迫式管理”，是指管理者紧盯着下属，迫使下属围着领导的指挥转，导致管理者与被管理者之间的严重对立。无论是“危机管理”，还是“压迫式管理”，都很难适应现代社会复杂情况下的管理工作。因此，目标控制这种全新的管理方法就应运而生了。目标控制是以人为主体，以目标实现为宗旨，领导者把责任交给下属，使其有责任感，同时还赋予下属相应的权力。下属有了责任和权力以后，就会尽心尽力、想方设法地去完成工作目标。

由于目标控制重视员工的自主性，是一种自我控制，能够最大限度地调动组织内员工的积极性，以共同实现整体目标。

3. 预算控制

◎应用案例

宏祥机械制造有限公司预算管理

宏祥机械制造有限公司（以下简称“宏祥公司”）是一家以加工定制零件为主业的小型机械加工企业。凭着质优价廉的产品和良好的信誉，宏祥公司深得几家大型机械制造商的青睐。2011 年年底，宏祥公司接到了一单大生意，2012 年全年为公司的一位老客户——某大型机械制造商生产某种专用备件 4 600 件。宏祥公司的经理估计，如果接下这份订单，公司将再无剩余生产能力生产其他产品。

根据合同规定，该专用备件的价格是 1 200 元/件，宏祥公司需按季度向客户交货，四个季度的供货量分别为 800 件、1 100 件、1 500 件和 1 200 件。合同规定的付款方式为：各季度的货款应在当季支付 60%，其余 40%在下季付讫。目前，该客户尚欠宏祥公司 50 万元货款，预计将在 2012 年第一季度付清。宏祥公司 2012 年度销售预算见表 6–1。

表 6–1　宏祥公司 2012 年度销售预算

季度	第一季度	第二季度	第三季度	第四季度	全年
预计销售量/件	800	1 100	1 500	1 200	4 600
预计单价/元	1 200	1 200	1 200	1 200	1 200
销售收入/元	960 000	1 320 000	1 800 000	1 440 000	5 520 000
预计现金收入/元					
期初应收账款	500 000	—	—	—	500 000
第一季度	576 000	384 000	—	—	960 000
第二季度	—	792 000	528 000	—	1 320 000
第三季度	—	—	1 080 000	720 000	1 800 000
第四季度	—	—	—	864 000	864 000
现金收入合计	1 076 000	1 176 000	1 608 000	1 584 000	5 444 000

宏祥公司预计，为保证供货的连续性，预算期内各季度的期末产品库存量应达到下期销售量的 20%。同时，根据与客户的长期合作关系来看，公司预算年末的产品库存量应维持和年初相一致的水平（大约为 200 件），能够保证及时为客户供货。据此，宏祥公司编制了 2012 年度生产预算（见表 6–2）。

表 6–2　宏祥公司 2012 年度生产预算

季度	第一季度	第二季度	第三季度	第四季度	全年
预计销售量/件	800	1 100	1 500	1 200	4 600
加：预计期末产品存货	220	300	240	200	200
减：预计期初产品存货	200	220	300	240	200
预计生产量/件	820	1 180	1 440	1 160	4 600

资料来源：根据 http://www.doc88.com/p-97448933612.html 提供的相关信息改编。

案例讨论题：

（1）宏祥公司编制 2012 年度销售业务等预算对公司管理起了什么作用？

（2）中小企业采取预算控制方法通常情况下要编制哪些项目预算？

预算是计划的数量表现，是用数字（财务数字或非财务数字）来表示组织预期结果的活动计划。作为一个组织，需要通过预算来估计和协调计划，保证各部门和各项活动在完成组织目标的过程中合理、有效地利用资源，达到控制的目的。

对于一个组织来说，预算的种类和层次较多，既有整个组织的预算，又有部门、个人的预算；既有短期预算，又有长期预算。一般来说，预算的种类可以分为收入预算、支出预算、现金预算、资本支出预算和总预算。预算的编制由管理者负责，根据组织的发展计划制定，采取“自上而下”和“自下而上”相结合的过程。管理者通过预算帮助自己掌握全局，控制整体活动，有效配置资源，提高资金的使用率。在预算的编制中应当注意以下几个方面：

第一，要正确处理组织总预算和部门分预算之间的关系。

在编制预算时，应当正确处理组织总预算和部门分预算之间的关系。在组织管理与控制的过程中，不仅需要各部门、各项活动的分预算，还需要编制组织的总预算。分预算是按照部门和项目来编制的，它主要说明相应部门及活动的收入与支出标准。而总预算是在对所有部门及项目的分预算进行平衡的基础上编制完成的，它概括了组织一定时期内的总体目标。只有编制了总预算，管理者才能进一步明确组织内部各部门的任务、目标，以及相互制约的条件，为正确、客观地评价各部门的工作提供依据。

第二，要用统一的数字形式来表述组织内部的各类预算。

任何预算都需要用统一的数字形式来表达，组织内的总预算更应如此。在组织的各种预算中，全面预算应当用统一的货币单位来表示，而分预算则不一定使用统一的货币单位。对一些具体的项目而言，用时间、长度、重量等单位来表示能够提供更多的信息。如在负责材料的部门预算中，用货币金额来表示原材料预算，则我们只能知道原材料的总费用标准，而不知道使用材料的种类和数量。

第三，要避免预算过于烦琐。

预算编得过于烦琐是有危险的。如果一个预算详细地列出了各种细枝末节的费用，则有可能占用管理者管理本部门其他工作所需要的时间，影响工作的主动性和创造性。

第四，要避免预算目标取代组织目标。

编制和执行预算过程中的另一个危险倾向，是把预算目标置于组织目标之上。如为了实现预算规定的支出标准，而在某些涉及组织发展的活动中节省经费，有可能影响组织目标的实现。在预算执行过程中，管理者一定要把组织目标放在第一位，正确处理局部目标和全面控制目标之间的矛盾，形成相互配合、全面协作的组织文化。

4. 比率分析

比率分析就是将企业资产负债表和收益表上的相关项目进行对比，形成一个比率，从中分析和评价企业的经营成果和财务状况。利用财务报表提供的数据，我们可以列出许多比率，常用的有财务比率和经营比率。

（1）财务比率

财务比率包括流动比率、速动比率、负债比率和盈利比率。

流动比率是企业的流动资产与流动负债之比，它反映了企业偿还需要付现的流动债务的能力。一般来说，企业资产的流动性越大，偿债能力就越强。

速动比率是流动资产和存货之差与流动负债之比。当企业有大量存货且这些存货周转率低时，速动比率比流动比率更能精确地反映客观情况。

负债比率是企业总负债与总资产之比，它反映了企业所有者提供的资金与外部债权人提供的资金比率关系。

盈利比率是企业利润与销售额或全部资金等相关因素的比例关系，它反映了企业在一定时期从事某种经营活动的盈利程度及其变化情况。常用的盈利比率有销售利润率和资金利润率。

（2）经营比率

经营比率包括库存周转率和固定资产周转率。

库存周转率是销售总额与库存平均值的比例关系，它反映了与销售收入相比库存数量是否合理，表明了投入库存的流动资金的使用情况。

固定资产周转率是销售总额与固定资产之比，它反映了单位固定资产能够提供的销售收入，表明了企业资产的利用程度。

【知识检测】

一、单项选择题

1. 管理控制和一般控制同是一个（　　）。

A. 信息反馈过程　　B. 信息接收过程

C. 管理过程　　D. 控制过程

2. 控制的根据是（　　）。

A. 计划工作　　B. 组织工作

C. 人员配备工作　　D. 领导工作

3. 从输入端提取信息达到对受控对象的控制，是（　　）。

A. 现场控制　　B. 反馈控制　　C. 前馈控制　　D. 直接控制

4. 现场控制工作的重点是（　　）。

A. 把注意力集中在历史结果　　B. 正在进行的计划实施过程

C. 在计划执行过程的输入环节上　　D. 控制行动的结果

5. 下列说法正确的是（　　）。

A. 反馈控制是控制工作的基础

B. 反馈控制的纠正措施往往是预防式的

C. 反馈控制的工作重点是把注意力集中在历史结果上，并将其作为未来行为的基础

D. 反馈控制要注意避免单凭主观意志进行工作

6. 有学者对卫生系统、高技术企业、轻重工制造业、商业及服务部门等许多组织的一线管理者进行了实地调查，经过归纳分析后发现，这些一线管理者所看重的10项最重要职责按重要性排序如下：①工作安排和日常的工作计划；②安排和分派工作；③控制质量和成本；④沟通政策和程序；⑤激励和指挥员工；⑥纪律约束；⑦训练员工；⑧评价员工的工作成果；⑨维护设备，保证各项补给品的供应；⑩保证安全。上述各项中属于管理者的控制职能的工作主要是（　　）。

A. ③　　B. ②③和⑨

C. ③⑥和⑧　　D. ③和⑥

7. 国家强调法制，制定较详细的法律条文并大力宣传，这种控制属于（　　）。

A. 前馈控制　　B. 预先控制　　C. 过程控制　　D. 预防性控制

二、多项选择题

1. 控制的基本步骤包括（　　）。

A. 确定标准　　B. 衡量执行情况　　C. 纠正偏差　　D. 修改目标

2. 在经验控制中，最重要的是经验的可靠性，这包括两层意思，即（　　）。

A. 有用性　　B. 必然性　　C. 真实性　　D. 连续性

3. 按照控制信息的性质划分控制类型，可分为（　　）。

A. 预防性控制　　B. 前馈控制　　C. 程序控制　　D. 反馈控制

4. 要进行有效的控制，就必须（　　）。

A. 制订计划　　B. 有组织保证

C. 配备合适的人员　　D. 有一定的技术手段

E. 给予正确的领导

三、判断题

1. 企业管理中的控制针对企业的正式组织而言。至于非正式组织，不是我们控制的对象。（　　）

2. 组织中个人的自我控制依赖于其自身的素质，因而是不可靠的。有效的控制系统往往放弃组织成员的自我控制。（　　）

3. 管理中控制的作用非同一般，再好的资源，再好的计划，没有好的控制就不能为企业带来效益。因而，企业要在控制工作上大投入、多投入，这样才能保证控制的有效性。（　　）

4. 计划与控制相互依存，没有计划就没有控制。（　　）

四、简述题

1. 控制的类型有哪些？
2. 简述控制的一般过程。
3. 控制的方法有哪些？

五、案例应用分析

39 滴焊料

1 滴焊料虽然不起眼，但是“石油大王”洛克菲勒却曾为之做足了文章。一次，洛克菲勒视察美孚石油公司一个包装出口石油的工厂，发现包装每支油管要用 40 滴焊料。他注视良久，对工人说：“你有没有试过用 38 滴焊料?”经过当场试验，用 38 滴不行。偶尔会有漏油的现象，但用 39 滴焊料滴封的油罐却没有一只漏油，于是，洛克菲勒当即决定，39 滴焊料是美孚石油公司各工厂每只油罐的统一规格。

可别小瞧这一滴焊料，涓滴成河，聚沙成塔，日积月累，便是一大笔财富。更为重要的，是从这件事可以看出，洛克菲勒从严管理、节俭治业的精神。他一生信奉“勤俭生财”的准则。平时，他除了筹划企业的经营方略之外，就是到处巡视，寻找公司管理上的问题和漏洞，对公司的账簿特别留心，必须亲自过问。他能抓住某些细节提出质问或出些省钱的主意。洛克菲勒不愧为一个精打细算的人。

中国有句古话：成由节俭败由奢。居家过日子如此，办企业、搞建设又何尝不是如此。经营和管理是事业成功的双翼，缺一不可。在企业深化改革、建设现代企业制度的关口，精于管理，杜绝“跑、冒、漏”的现象，减少内耗，显得尤为重要。高效的管理不仅应该体现在管理机制上，而且还应该从生产优化、科技创新、增收节约等“细处”着手，努力挖潜降耗。

一滴焊料虽小，却蕴藏着“大管理”。

资料来源：https://www.51xuexiaoyi.com/timu/9ea8ba0a718d4dae.html.

案例讨论题：

1. 洛克菲勒所找到的关键控制点是什么？
2. 关键控制点的标准有哪些？

【技能训练】

学习任务　风险预测及管理监督控制措施的设计

1. 学习目标

（1）通过联系前面几个学习任务，了解管理的控制职能；

（2）通过案例讨论与分析，了解管理控制职能的重要性；

（3）通过小组分析与讨论，把握控制的过程和控制的内容；

（4）模拟公司的工作内容，理清模拟公司日常工作可能存在的风险，并设计相应的监督控制措施。

2. 学习内容

（1）小组统一安排时间对目标企业（团队）实地访问，获得第一手管理类信息资料；

（2）利用课余时间自主学习控制职能的基本知识；

（3）围绕模拟公司的工作内容，罗列日常工作可能存在的风险；

（4）通过小组讨论，设计模拟公司保障正常运营需要进行监督控制的措施。

3. 角色扮演

每组推选两名同学分别展示模拟公司日常运营存在的风险和保障公司正常运营的监督控制措施。

4. 互动与点评

（1）其他组同学可以对非本组的控制标准、控制内容以及控制方法和控制措施进行现场提问；

（2）各小组之间可以进行交流；

（3）由教师与学生对各模拟公司的风险预测、控制过程和控制措施进行评估打分。

5. 评价标准

（1）风险因素、控制过程和控制措施三项基本内容，占40%；

（2）口语表达能力，占20%；

（3）回答问题能力，占20%；

（4）组织能力发挥，占20%。

学习情境七 管理创新

【学习任务】

◇ 从管理创新的内涵、基本内容以及管理创新的必要性等角度认知管理创新。
◇ 熟悉管理创新主体的特征，识别管理创新的过程。
◇ 领会管理创新的基本条件，探究管理创新的方法。

【关键术语】

创新；管理创新；目标创新；组织创新；环境创新；创新主体；制度创新；技术创新。

【引言】

微信之父张小龙谈微信的创新空间

微信之父张小龙在接受新华社关于“中国梦专题”的采访中，谈到关于微信创业与创新的话题，发表了三个自己的观点，也许对正准备使用或者已经在用微信创业的你来说会有所启示。

1. 如何化繁为简

如何化繁为简？张小龙常用的方法就是分类。很多产品都包含了数百上千项功能，如何在手机如此小的屏幕内让用户便捷地找到这些功能，就是分类所要起的作用。

另外，究竟是靠产品本身驱动用户还是靠运营手段去拉动用户？太多人把精力放在后面这个方向了，做个产品马上就通过运营或者营销的方法把用户拉动起来，而张小龙更希望先把产品本身做好，让用户自己驱动用户。

2. 微信启动的是点对点的革命，对传统企业是个利好

每个企业都有自己的客户，它们需要一种通信或者连接的能力，与其消费者关联起来，这种关联在以前也可以通过很多方式建立，如短信和电话，但体验并不好。张小龙认为，微信提供了一种体验更好、内容更丰富、交互更多样化的方式。目前，这个平台非常

开放，张小龙及团队十分欢迎所有的企业接入进来。

3. 微信将成为个人或机构的第一 ID

电话号码曾经是一个身份证之外的个人 ID，也曾经是运营商最大的资源所在。但移动互联网时代，这个 ID 可以解决生活中越来越多想不到的问题。比如，以前你有一个餐馆的电话，你只会在需要的时候打电话过去，功能单一，同样的场景转移到微信中后，餐馆和个人可以在公众号里进行交互，虽然不再需要打电话，但沟通的内容比电话更为丰富。这是新的生活方式、新的潮流。

让用户自己驱动用户，是互联网思维的第一抓手，你能发动它吗？

资料来源：王彦长等主编的《管理大视野——管理案例、习题集》。

案例讨论题：

1. 微信与 QQ 之间是一种什么样的关系？
2. 微信作为一种创新产品，它如何能让用户驱动用户？

弗朗西斯·培根说过：智者将创造更多机会。组织、领导、控制是企业管理中保证计划目标的实现所不可能缺少的，从某种角度来讲，它们是管理的“维持职能”，任务是保证系统按预定的方向和规则进行。而管理是在动态环境中生存的社会经济系统，仅维持是不够的，只有不断调整系统活动的内容和目标，才能适应经济环境变化的要求。本章的主要学习任务是管理创新的内涵、内容和作用，进而对管理创新的主体进行阐述，最后对管理创新的方法做了详细的叙述。

任务一　认知管理创新

【案例导入】

华为、小米创新模式大比拼

在“大众创业、万众创新”的浪潮下，创新成为推动我国经济转型升级的重要支撑。在自主创新的过程中，企业如果获得成功，将为其带来巨大的经济效益和社会效益，但创新失败的风险也令很多企业对创新望而生畏。

1. 创新模式各有不同

相关数据显示，在 2014 年全球手机品牌排名前十位的企业中，中国手机厂商占据了半壁江山，除了中兴通讯、华为、酷派、联想外，还有小米。以华为为代表的传统创新模式和以小米为代表的新兴创新模式孰优孰劣？

华为的核心竞争力是对技术孜孜不倦的追求，技术创新是华为不断增强自身竞争力的关键。过去10年，华为的研发投入累计超过1 900亿元。咨询机构Strategy发布的一项全球研发费用报告显示，华为2015年的研发投入与大众、三星、英特尔等行业巨头相差无几。

在坚持自主创新的同时，华为还善于借助外部资源不断完善自己的产品。华为由内向外的转变实际上是由封闭式创新向开放式创新演进。因此，华为不仅自主量化生产手机芯片，而且还积极在竞争对手研发的前沿技术的基础上进行再创新。经过十几年的积累，华为形成了以核心技术和标准专利为核心的竞争资源。

小米起步较晚，但其以“互联网+手机”的模式一举打破了中兴通讯、华为、酷派、联想相对稳定的市场结构。2014年前，小米的专利授权量较少，因此小米采取了与华为完全不同的创新模式。从“粉丝经济”到“饥饿营销”，小米的创新更多是集中在品牌和营销方面，而互联网的宽容和开放又为小米的商业模式创新插上了翅膀。这种全新的商业模式为小米带来了巨大的商业价值，事实证明，相比技术创新的贡献度，小米的商业模式创新对自身发展同样具有巨大贡献。

2.“中国式创新”的思考

华为和小米代表着两种不同的创新模式，华为是技术创新的模范，而小米则是商业模式创新的榜样。两种模式本身没有优劣之分。技术创新和商业模式创新两者相互独立，商业模式成功并不一定需要以技术创新成功为基础，但是两者却可以同时采用。技术创新较强的企业可以尝试新的商业模式，而商业模式创新较成功的企业可以以市场领先反哺技术创新。

华为与小米的商业模式创新各有所长，从市场的占有情况来看，两者都取得了成功。技术创新固然重要，但是技术创新需要持续的资金投入，并且技术创新的回报受限于较长的研发周期。初创公司在创业初期可能难以将太多的资源投入技术研发。从这个层面来看，小米的商业模式值得国内企业借鉴。

资料来源：https://www.sohu.com/a/18325462_130004.

案例讨论题：

(1) 华为与小米在成长过程中的创新模式有何差异?

(2) 根据案例呈现的背景材料谈谈企业管理创新的意义有哪些?

一、管理创新的内涵

“创新”一词最早是美国经济学家熊彼特在他的德文著作《经济发展理论》中提出的，他认为“创新”就是把生产要素和生产条件的新组合引入生产体系，即“建立一种新的生产函数”，其目的是获取潜在的利润。在经济高速发展、科技不断进步、消费者需求不断变化的现代社会中，有越来越多的企业发现，仅有良好的生产效率、足够高的质量已经不足以保持市场竞争的优势，管理创新才是企业生存与发展的不竭源泉和动力。管理创新是提高企业素质和竞争力的关键，是企业持续快速发展的动力和源泉。“创新，就是对 1 000 条创新说‘不’。你必须精挑细选，要拒绝数以百计的其他好创意。”苹果原 CEO 史蒂夫·乔布斯（Steve Jobs）说过。

管理创新（management innovation）是指管理者借助于系统的观点，利用新思维、新技术和新方法，创造一种新的、更有效的资源整合范式，以促进企业管理系统综合效益的不断提高，达到以尽可能少的投入获得尽可能多的产出综合效益的目的的具有动态反馈机制的全过程管理。有“商界教皇”之称的美国管理学家汤姆·彼得斯在《管理的革命》一书中告诉我们：“你要想永远独领风骚，那你只有不断创新、不断推翻旧的东西。”创新是一个企业生存、发展的内在动力和基本形式，也是一个企业不断适应环境、实现自我超越的必然过程。

管理创新一般包括以下 5 种情况：一是提出一种新经营思路并加以有效实施；二是创建一个新的组织机构并使之有效运转；三是提出一个新的管理方式方法；四是设计一种新的管理模式；五是进行一项制度的创新。由此可以看出，管理创新涉及的面非常广泛，内涵也非常丰富。但无论哪一个方面或哪一类的管理创新，其目的都是做强企业，使其适应市场，赢得竞争。因此，管理创新必须紧紧跟随经营环境的变化，紧紧把握管理理论的发展，紧紧扣住企业发展战略，不断培育企业的核心能力。

不难看出，在市场经济条件下，企业要想在竞争中取胜，就必须按照市场竞争的要求，不断变革和创新管理，并使其成为驾驭市场、把握竞争的核心能力。因此，我们说管理的灵魂在于创新，企业的活力也在于创新。

二、管理创新的理论依据

在激烈的市场竞争中，企业面临着的环境也是千变万化的，由于条件的改变，企业将面临新的挑战与机会，而且企业的竞争地位会受到巨大的威胁。这些机会与威胁将给企业的创新带来机遇，创新机遇将为企业进一步发展提供可能性。要有效地进行管理创新，企业就必须依照自身的特点和基本规律，因此管理创新要依据以下 3 个基本的理论：

（一）企业本性论

企业是现代社会的经济主体，是社会政治、经济和文化生活的基本单元。企业生存的目的就是追求利润，企业怎样体现自身意义，又怎样追求自身的价值，这是企业进行管理创新首要的和基本的理论依据。管理者在管理中要努力改善“创新式”人员及其思想结构，注重企业对创新价值观的维护，形成“创新式”的思想意识，将创新意识贯彻到企业文化中去，同时要渗透到管理的全过程，以保证创新决策全过程的顺利进行。

（二）管理本性论

实现企业的经营目标必须靠科学的管理。管理者通过不断加强基础管理和提高专业管理水平，保证企业所提供的产品质量的提高、产量的增加、成本的下降和利润的增长。所以说，管理本性论是企业管理创新的又一依据。

（三）员工本性论

实现企业各项目标要靠科学的管理，根据环境的变化，有效地整合企业内部资源，提高生产率，满足不断发展的市场需求，是管理创新的内容。但这些还不够，还必须明确管理的主体。在构成企业的诸多要素中，人是最积极、最活跃的主体要素，企业的一切经营活动必须靠人来实现。人是生产力的基本要素，也是管理的主体。这是企业活力的源泉所在，决定着管理能否成功的关键。

◎应用案例

日立公司的圆形会议桌

据美国最具权威的经济杂志《FOC》发表的调查结果：日立制作所20世纪60年代在世界百家大公司中仅名列第46位，70年代列第16位，股东50万人，技术关系部门有350位博士，员工有8万多人，净利660亿日元。现在是名副其实的日本最大重工机电公司。

有人总结日立公司高速发展最主要的原因是在他们举行会议时的桌子。日立公司的会议桌是圆形的，人们坐在哪里都可以，没有职位高低之分。如果是四角形的桌子，那么，列席的人员就会有职位的意识，会介意自己的职位。地位较低的人当然有被压迫的感觉，不能够随心所欲地发表意见，就不能同心协力成为一体，为公司效力了。这种圆形会议桌对团结公司上下起到了很好的效果。

资料来源：http://www.doc88.com/p-5320155897.html.

三、管理创新的作用

管理创新是现代管理一项重要的职能，对于组织甚至对整个社会都具有十分重要的意义。管理创新有着极其重要的作用，主要体现在以下几个方面：

（一）管理创新是使组织保持活力的力量源泉

组织在其生存与发展过程中，会逐步地形成自己特有的组织文化。这种特有文化的形成，势必会束缚人们的思想，排挤不符合文化的行为，久而久之会导致组织管理陷入僵化。管理创新就是对原有文化的一种破坏，消除存在于组织成员中的惰性，为使整个组织充满生机和活力，促使组织成员不断地审视过去，积极探索新的行为模式。此外，管理创新能使企业更具生命力，促进组织不断完善内部管理，使组织有效地适应环境的变化。

◎应用案例

洛杉矶奥运会的创意

始于1896年的奥运会是4年一度的体育盛会，由于规模大、奢华、浪费，在1984年前，主办城市都严重亏损，1976年加拿大主办蒙特利尔奥运会，亏损达10亿美元。

但在1984年，商界奇才尤伯罗斯接手主办，首次创下奥运会历史上巨额赢利的纪录。他将经济理论引入体育事业。

一抓节流，即宣传奥运精神，引来万名志愿者，节省千万美元；二抓开源，即使用现成场馆，大大节省建设费用。

具体内容如下：

①出售奥运圣火接力权，于希腊点燃后，在美国接力达15 000千米，愿意举上火炬者跑上每千米则付费3 000美元。

②规定赞助商数量，提高赞助单位的赞助数额。精选几十家，得款1.17亿元。

③转让独家电视转播权，得2.25亿元。

④售商标等。

最后，除去开支，赢利达到2.5亿美元，是原计划的10倍。

（二）管理创新是组织适应环境变化的根本保证

人类的生存能力取决于人对自然环境和社会环境的适应能力，而组织对环境变化的应变情况直接影响着企业的生存与发展。一个组织只有对内部条件进行改革和有效创新，才能适应环境的变化，所以如果没有组织机构和管理制度的完善，没有生产技术的进步、产品的革新和新产品的开发，没有资源配置的调整等管理创新，适应环境变化就只是一句空话，组织的发展目标也是不能实现的。

（三）管理创新是组织发展的客观要求

只有组织的生存空间不断扩大，以及资产的不断增值，才能实现并壮大组织的发展。这在客观上要求组织不断拓展新的业务范围（地域范围和产品品种范围），不断运用先进的生产技术更新产品、提高产品质量、降低成本，不断根据内外部环境的变化调整自己的管理观念、手段和方法等，而这些只能通过管理创新来实现。

（四）管理创新是推动社会进步的重要力量

熊彼特在关于创新的著作中指出：社会的发展，主要依赖于管理的创新这一内在因素。马克思也说过：人类文明发展史实际上是一部生产力的发展史。而推动生产力发展最直接、最主要的动因，就是管理创新。任何管理创新都将对社会发展产生推动作用。此外，管理创新虽然是针对企业进行的，但它的辐射作用势必会带动整个社会管理水平的提高，以及新技术的普及运用，从而极大地推动社会进步。

四、管理创新的基本内容

管理创新是管理者利用新思维、新技术和新方法，为企业创造出一种新的更有效的整合方式。使各种生产要素有机结合，资源得到优化配置，生产效率不断提高，从而保证企业产品的质量和企业的竞争能力，推进企业管理系统效益的不断提高。

（一）目标创新

目标创新是在企业创新思想指导下，设定预期目标，并通过创新活动为企业解决实际问题，由市场调研确认的创新机会推论出对企业创新活动应达到的理想状态。企业创新活动就是根据理想状态与现有状态的差距付诸创新行动，实现由现有状态到理想状态的转化。企业的每一次调整都是一次目标的创新，因而要善于进行目标设定、目标调整和目标替代。如生产产量与规模的调整；用户战略定位目标的变化与调整；在确定战略目标时，有时还要采取“抢先一步、占据高点”的办法。

（二）技术创新

技术创新主要包括要素创新（材料创新、设备创新、人力资源创新）、要素组合创新（包括生产工艺与生产过程的组合）和产品创新等。高新技术渗透到商品产、供销各个环节，谁率先进行技术创新，拥有先进技术，生产出成本更低、效用更大、更能满足消费者需要的新产品，谁就会在竞争中处于不败之地。因此，企业一方面要通过降低成本以提升价格竞争优势；另一方面要通过增加用途、完善功能、改进质量、突出特色，从而提高企业的综合竞争力。

（三）制度创新

制度是组织运行的规章制度。制度创新是指在人们现有的生产和生活环境条件下，通过创设新的、更能有效激励人们行为的组织制度、规范体系来实现企业的持续发展和变革的创新。所有创新活动都有赖于制度创新的积淀和持续激励，通过制度创新得以固化，并以制度化的方式持续发挥自己的作用。制度创新主要包括产权制度创新、经营制度创新、管理制度创新等内容。

（四）组织创新

组织创新是指组织机构和结构的创新。组织机构创新是指企业系统的正常运行必须有与之相适应的组织形式。随着内外环境的变化，组织形式也必须做相应的调整和创新。不同的机构设置，要求不同的结构形式；组织机构完全相同，但是机构之间的关系不一样，也会形成不同的结构形式。不同的企业，有不同的组织形式；同一企业，在不同的时期，随着经营活动的变化，也要求组织的机构和结构不断调整。组织创新就是要求不同企业在不同组织结构形式上进行创新。组织创新的目的在于更合理地协调管理人员的努力，提高管理劳动的效率。

◎ **知识链接**

西门子：创新是怎样组织出来的

小王是西门子的一名设计师，同其他员工一样，有过一个印象深刻的经历。新加盟公司时，他与大家最重要的一节培训课就是观看一部别出心裁的电影——影片以科幻故事的形式穿越时空，回到西门子创业的最初。当中有一幕：1840 年，维尔纳·西门子先生是一名普通的军官，因为参与一次斗殴而被监禁。但即使蹲在牢房冰冷潮湿的地板上，仍在痴迷地捣鼓着他心爱的小发明。监禁期间的“地下研究”竟然让他发明了电镀镀银和镀金技术。创业之初，西门子先生播下的创新火种在日后一个多世纪里仍不断地照亮世人的眼睛。

多年来，“西门子”几乎成了科技创新的代名词，在它创新的纪念碑上镌刻着像指针式电报机、发电机、第一辆电力机车和高纯硅这样划时代的发明。仅在 2001 年，西门子投入 68 亿欧元和 57 000 多名研究人员共搞出 9 060 项发明，提交了 6 330 项专利申请，成为德国乃至欧洲最大的专利申请者。

是什么力量支撑着西门子的永续创新，并让创新精神在一个多世纪里薪火相传，并逐渐发展成西门子的企业精神的呢？如何将创新有效执行下去？西门子的答案是：必须落实到具体的组织体系之中。

建立规模化创新组织。在如何建立规模化组织的问题上，曾经产生过“分散”还是“集中”的争议，最后西门子决定，在保留各分公司各自的研发机构的基础上，在母公司成立一批更高级别的研发中心，每个中心承担某一领域的基础研究工作，把研究成果提供给全公司所有相关部门利用。

西门子遍布全球的研究机构，是规模化创新型组织的最好证明。小王是在上海研发中心工作的设计师，他这样描述这种“全球协同”的工作：德国设计师的理念，上海的机械设计，北京的软硬件结合，加上南美工厂的生产，每一环都紧密相扣，每天的进度，都要通过 SAP 系统与德国、北京保持同步。碰到进度很急的时候，还得马上调设计师到德国去沟通，或者让德国派人过来。他深切体会到：“在西门子搞设计，其实只是全球团队的一个成员！”

通过建立全球化的创新组织，既保证了产品的普遍适用性，又极大地降低了创新的各项成本及故障率。

资料来源：http://www.ceconline.com/operation/.

（五）企业战略创新

企业为了谋求长期稳定的发展以实现长远的发展目标，必须制定具有独创性的经营战略。独创性是经营战略的基本特征，企业战略创新是取得成功的重要保证。企业战略创新就是围绕提高竞争力这个核心，针对企业经营发展中的突出问题，用新的管理思想、新的管理理念、新的管理手段，新的管理方法去改革旧的管理方式，创造出适应企业竞争和发展要求的新方法。

（六）环境创新

环境创新是指企业通过积极的创新活动去改造、去引导环境朝着有利于企业发展的方向变化；通过企业公关活动影响社区、政府政策的制定；通过技术创新，影响社会技术进步；通过企业文化建议影响社区、社会文化；通过引导消费，创造市场和营销观念变更与发展。

【案例分析】

乔布斯与苹果时代

史蒂夫·乔布斯辞职了。一个产品创新的奇才、一个商品推广的奇才、一个将文化与哲理物化于产品的奇才、一个力求“改变世界”的奇才，将淡出他的一线工作平台。

乔布斯是一位重症病人，他以羸弱之躯，为世界奉献了许多富含奇思妙想的产品。在他淡出之际，世界各地的人们对他表示了近乎崇拜的敬意，甚至超过了微软的比尔·盖茨。

美国媒体称：乔布斯和苹果改变了我们“玩”的方式，是个“将现有的创意变为主流应用”的大家。因为乔布斯通过苹果创造的不仅是技术革新，而且还有文化革命。乔布斯能把“聪明代码和极致美学专注结合在一起”“带来改变生活的体验”“让产品成为心理学、行为科学和哲学等各领域的前沿结晶”。这是很到位的评价。

当今的时代是一个商品经济的时代，商场如战场，时时上演“一将功成万骨枯”的剧目。当苹果辉煌崛起，市值超越微软之际，下面则横亘着诺基亚、摩托罗拉等成名手机生产商的“尸骨”。在商场上，“一招鲜，吃遍天”是永恒的法则。

当今的时代是一个商品竞争的时代，与之相对应的，是某种商品拜物的意识形态。人们追新求奇，欲壑难填，从而驱动了商品生产与更新的大轮。不久前看到一则消息，一位青年为购买苹果手机，不惜卖肾筹资，不禁让人感到痛楚。人是社会动物，当对时尚的追求走火入魔，某一商品便会化为一种人的自尊的标志，从而导致非理性行为。

乔布斯隐退了，世界开始议论“后乔布斯时代”。有人认为，乔布斯的品位、方法和哲学已深深植根于苹果公司的血脉之中，“苹果仍将是苹果”。然而，另一个确切的事实是：在乔布斯的第一次隐退后，苹果公司便坠入相当长的一段“艰难时刻”。巨人的身后往往有真空。

乔布斯的特点是特立独行，苹果公司干什么都是“另搞一套”，自成体系。这是引领成功的秘诀，也可能成为导致失败的软肋。有的做法，天才能玩儿，别人不能玩儿，画虎不成反类犬。乔布斯是唯一的，但世界不应该只有唯一的乔布斯。人们在品尝了“苹果”的美味之后，也可以去品尝其他的各种美味，如不妨去品尝一下中国的“小米”。

资料来源：http://news.xinhuanet.com/zgjx/2011-09/02/c_131093869.htm.

案例讨论题：

（1）相对于诺基亚、摩托罗拉，是什么成就了苹果的辉煌？

（2）从此案例中可看出市场经济中企业坚守长期发展的利器是什么？

任务二　识别创新过程

管理创新是一项高度复杂的管理活动过程，要受环境、人员、政策多方面因素的影响。因此，管理创新要获得成功，不仅要依据科学的管理创新方法，还必须分析管理创新的主体，了解和掌握创新活动的过程，对管理创新进行科学的管理。

一、管理创新的主体

（一）什么是创新主体

主体是实践活动的承担者。主体具有三个特征：一是主体具有由需要激发的进行对象性活动的能动性；二是主体具有在为我目的推动下的创造性；三是主体具有对自身活动进行自我控制和自我调节的自主性。

创新是人类独有的活动，是人类所进行的能动的创造性活动，是人之所以为万物之灵的一大基本特征。动物是没有创新的，蜜蜂把它们的蜂房建造得再精密、再完美也不是创新，而只是其一种本能性活动。创新主体是具有创新能力并实际从事创新活动的人或社会组织。创新主体是自始至终参与管理创新全过程，即有自己的创意并成功地将其付诸实施的人。

（二）创新主体的分类

熊彼特在创立其创新理论时，创新主体主要是指企业家，范围显然过于狭窄。实际上，创新领域是广阔的，创新主体是多元的，我们可以用不同的标准对创新主体进行分类：

①按照创新主体在进行创新活动时所采取的形式来分类，可以分为个体主体、群体主体和国家主体；

②按照创新主体所完成的创新内容来分类，可以分为理论创新主体、技术创新主体、制度创新主体和文化创新主体等。

不同的创新主体应该具备不同的创新素质，而创新素质的高低又往往直接决定其创新能力的强弱。因此，研究创新主体的问题，努力提高不同创新主体的素质，成为提高自主创新能力的关键性因素。

（三）创新主体的特征

相应地，在创新领域中，创新主体应满足以下几方面特征：

①创新主体具有对创新活动自主的决策权；

②创新主体具有进行创新活动所要求的知识技术等相应的能力；
③创新主体要承担创新活动的一定的责任和风险；
④创新主体有权利获取创新活动的一定收益。

二、管理创新的过程

管理创新活动的内容不同、创新方法不同，创新活动的过程也有所差异。一般而言，管理创新活动主要经过以下几个阶段：

（一）准备阶段

要想进行有效的管理创新，要求创新者必须有创新性思维，而创新性思维是人类智能活动的最高表现。一般来说，创新者要做好以下几方面准备，才具备创新条件：

1. 知识和经验的积累

知识和经验的积累是进行创新的基本条件。不管进行哪种创新或革新，都必须对创新对象有全面深入的了解。创新不是无中生有，而是在已有知识和经验基础上的升华。因此，没有知识和经验的积累，创新只能是空想。

2. 客观压力

客观压力主要是指组织生存与发展的需要。所有成功的创新都是建立在需要基础上的，这个需要越迫切，它所产生的动力就越大，越能促使人们进行创新。

3. 主观压力

主观压力是创新者发自内心的创新愿望和动机。主观意愿支配着创新者的行为，而主观意愿的迫切性在很大程度上决定着创新者行为的积极性与坚韧性。没有创新主体的主动性、积极性、自觉性，就不会有持续创造性。只有有了主观的压力，创新者才可能在创新过程中不畏艰险，知难而上，不屈不挠地去争取创新的机会。

4. 敏锐的观察力

观察力是指引人们走向未知领域的一种重要力量，是发现机会、引发创新的重要因素。有了敏锐的观察力，人们才会洞察出生活、工作中出现的各种不协调现象，并深入研究这些不协调产生的原因。随着知识的不断积累，以及对某一领域的深入了解，人们会萌生出解决不协调现象的愿望，从而进一步引发创新。

创新准备是一个漫长的过程，但却对创新活动有着重要的影响。创新者必须加强自身的完善，才能够及时有效地把握创新的机遇。

（二）寻找机会

寻找机会阶段就是看组织内外部的环境变化是否有可能为创新提供重大的契机，如技术、人口、经济环境、文化与价值观、生产经营中的瓶颈、企业意外的成功与失败。创新是对原有模式的一种破坏。因为其组织内外存在着或出现了某种不协调的现象，这些不协调现象对组织的发展提供了机会或造成了某种威胁。管理创新往往就是从密切注视、系统分析组织在运行过程中出现的不协调现象开始的。组织内外的不协调，为管理创新提供了契机。通过对这些不协调现象的深入分析，我们就可以抓住管理创新的机会。

◎**应用案例**

洛克菲勒的眼光

第二次世界大战刚结束，战胜国决定在美国纽约建立联合国。战后，各国经济困难重重，无人捐款，硬性摊牌也不合适，正当各国正要一筹莫展时，美国著名的洛克菲勒财团决定投下一笔巨资，在纽约买下一大片土地，无偿捐赠给联合国，同时，将这块土地四周的地面都买了下来。

几年后，联合国大厦建立起来了，那块土地很快变成全球的一块热土。四周地价不断上升，结果洛克菲勒财团所购的低价赢得的利润相当于所赠土地价值的百倍。

（三）提出构想

发现组织内外的创新机会只是创新活动的开始，我们还必须在此基础上认真分析和预测不协调现象的未来发展变化趋势，估计它们给组织带来的积极影响或产生的消极后果，运用各种创新的方法，如头脑风暴法、特尔菲法、哥顿法、检查提问法等，提出各种解决问题的构想，并综合分析和评价各种构想的可行性、风险指数及效益性，从中选择出真正解决问题的办法。创新构想是创新过程的行动方案，是对创新活动的内容、程序、人员安排等所做的总体规划。科学、合理、可行的创新构想，是创新活动成功的基础。

（四）实施构想

由于创新活动具有很大的不确定性和风险性，有许多突发情况是我们无法事先预料的。所以，构想也只有建立在行动的基础上才能体现出它的价值，“没有行动的思想会自生自灭”，这一句话对于创新活动具有十分重要的意义。每一种构想可能都是不完善的，这需要我们在实施过程中不断调整、修正。创新成功的一个非常重要的因素就是迅速行动。找准最恰当的时机进行创新构想，才能实现成功的创新。而一味地追求完美，以减少受讥笑、受攻击的机会，就可能坐失良机，把创新的机会拱手让给竞争对手，或丧失创新的大好时机，造成创新失败。

◎**应用案例**

站在巨人肩上，借势借力，提升核心竞争力

孙子云：用兵之道，以正合，以奇胜。面对严峻的市场形势，名不见经传的蒙牛乳业迅速发展成为人尽皆知的知名企业，就是它巧妙借势借力的伟大成果，借伊利第一之势，创内蒙古乳业第二。

内蒙古乳业的第一品牌是伊利，这是人尽皆知的事实，蒙牛没有选择与之直接抗衡，而是将蒙牛的目标定位第二，巧妙借助第一的态势为自己造势。经过长期的计划，蒙牛购得了300多块路牌广告的发布权，期限为3个月，精心把广告牌做成醒目的红色，突出奇兵。在1999年4月1日早上，从睡梦中醒来的人们纷纷发现所有主街道的广告牌都带上红色的“礼帽”，高书金黄色大字“蒙牛，创内蒙古第二乳业”。真是不鸣则已，一鸣惊人。蒙牛的这一举动一石激起千层浪，夺目的广告吸引了无数探寻的眼睛。人们纷纷议论，蒙牛是谁的企业，怎么没听说过，工厂在哪儿。

随后，蒙牛又干了一件非同寻常的事，他们在一夜之间悄悄把自己的广告牌砸得粉碎。于是，蒙牛又一次成为媒体和社会各界关注的焦点，内蒙古几乎所有的媒体都参加了报道。如《谁砸了蒙牛的招牌?》《路牌广告惨遭损毁》等报道、图片见诸报端，纷纷飞入千家万户，蒙牛“创内蒙古乳业第二品牌”的理念以疾风暴雨之势，迅速深入人心。

（五）坚持不懈

创新活动是一个反复尝试、反复失败、不断提高的过程，同时也是有巨大风险的极其复杂的活动，马到成功的现象是极为罕见的。因此，在开始进行创新活动之前，我们就要做好反复进行的准备，创新活动开始后，一定要坚定不移地继续下去，不断总结经验教训，不断修正和调整创新的行动，决不能半途而废，否则就会前功尽弃。正如伟大的发明家——爱迪生所说：“我的成功是在一路失败中取得的。”所以，作为一个创新者，必须具备足够的自信，具有坚忍不拔、愈挫愈勇、永不放弃的精神，也许管理创新成功就在于“最后五分钟”的坚持。

【案例分析】

通用公司的创新

1916年，随着联合汽车公司并入通用，阿尔弗雷德·斯隆出任通用副总裁。作为通用副总裁的斯隆，发觉到通用管理上存在的问题。他先后写了3份分析通用内部管理弱点的报告。但是，总裁杜兰特只是赞赏，不予采纳。到了1920—1921年的经济危机期间，通用在经营管理上的问题彻底暴露出来了。公司危机四伏，摇摇欲坠。这时杜兰特引咎辞职，皮埃尔·S. 杜邦兼任总经理。斯隆在他的支持下，开始了改革的进程。这场改革从1921年起一直持续了10年。

斯隆分析了通用公司的弊病，指出公司过去将领导权完全集中在少数高级领导人身上，他们事无巨细，大包大揽，反而事与愿违，造成了公司各部门失去控制的局面。他认为，大公司较为完善的组织管理体制，应以集中管理与分散经营两者之间的协调为基础。只有在这两种显然相互冲突的原则之间取得平衡，把两者的优点结合起来，才能获得最好的效果。由此他认为，通用公司应采取“分散经营、协调控制”的组织体制。根据这一思想，斯隆提出了改组通用公司的组织机构的计划，并第一次提出了事业部制的概念。

1920年12月30日，斯隆的计划得到公司董事会的一致同意。次年1月3日这个计划开始在通用公司推行。

斯隆以后的10年中，改组了通用汽车公司。斯隆将管理部门分成参谋部和前线工作部（前者是在总部进行工作，后者负责各个方面的经营活动）的做法很为大家熟悉，这种分组在19世纪较大的铁路公司里已经成形。现代军队，特别是普鲁士军队也率先使用了这种组织形式，许多概念同时在工业公司里获得发展。斯隆也确实用过军事方面的例子来说明他正要在通用汽车公司里干什么。

斯隆在通用汽车公司创造了一个多部门的结构。他废除了杜兰特的许多附属机构，将力量最强的汽车制造单位集中成几个部门。这种战略现在人们已经熟悉，但在当时是第一流的主意并且出色地执行了。多年后斯隆这样说明：我们的产品品种是有缺陷的。通用汽车公司生产一系列不同的汽车，聪明的办法是造出价格尽可能各有不同的汽车，就好像一个指挥一次战役的将军希望在可能遭到进攻的每个地方都要有一支军队一样。“我们的车在一些地方太多，而在另一些地方却没有。”优先要做的事情之一是开发系列产品，在竞争出现的各个阵地上对付挑战。

斯隆认为，通用汽车公司出产的车应从卡迪拉克牌往下安排到别克牌、奥克兰牌最后到雪佛莱牌。这是其20世纪20年代早期的产品阵容。以后有了改变，即1925年增加了庞蒂艾克牌，以填补雪佛莱和奥尔兹莫比尔的中间缺口；奥克兰被淘汰了，增加了拉萨利，后来它也被淘汰了。

每个不同牌子的汽车都有自己专门的管理人员，每个单位的总经理相互之间不得不进行合作和竞争。这意味着生产别克牌的部门与生产奥尔兹莫比尔牌的部门都要生产零件，但价格和式样有重叠之处。这样，许多买别克牌的主顾可能对奥尔兹莫比尔牌也感兴趣，反之亦然。这样，斯隆希望在保证竞争的有利之处的同时，也享有规模经济的成果。零件、卡车、金融和通用汽车公司的其他单位差不多有较大程度的自主权，其领导人成功获奖赏，失败则让位。通用汽车公司后来成为一架巨大的机器，但斯隆力图使它确实保有较小公司所具有的激情和活力。

斯隆的战略及其实施产生了效果。1921年，通用汽车公司生产了21.5万辆汽车，占国内销售的7%；到1926年年底，斯隆将小汽车和卡车的产量增加到120万辆。通用汽车公司现在已拥有40%以上的汽车市场。1940年该公司产车180万辆，已达该年全国总销量的一半。相反，福特公司的市场份额1921年是56%，而1940年是19%，不仅远远落后于通用汽车公司，而且次于克莱斯勒公司而成第三位，后者在1921年时甚至还不曾出现。这是美国商业史上最戏剧性的沉浮升降之一。

资料来源：http://www.examw.com/glzx/anli/102028/.

案例讨论题：

（1）创新前通用公司存在着哪些问题？

（2）通用公司是如何进行有效的管理创新的？谈谈你对创新过程的理解。

任务三 探究创新方法

【案例导入】

愚人熬汤

古时候有一个人，在家里熬一锅菜汤。熬得差不多了，他想试试咸淡是否合适，就用一把木勺舀了一勺汤出来尝。这人喝了一口，觉得很淡，就随手把装着剩汤的木勺放到一边，抓了一把盐撒到锅里。这时，锅里的汤已经加上盐了，而木勺里的汤还是原来的汤，他也不重新舀上一勺，又拿起原来的那勺汤来尝。尝过以后，他奇怪地摸了摸脑袋，又皱了皱眉头，自言自语地说："咦，明明加过盐了，这锅汤为什么还是这么淡呢？"于是这个人又抓了一把盐放进锅里，仍旧还是去尝勺里的汤。勺里的汤自然还是淡的，他就以为盐还是不够，于是又往锅里拼命加盐。就这样，木勺里的汤始终没有更换过，他也始终重复着尝一口汤、往锅里加一把盐的过程。一罐盐经他这么一折腾，已经见了底了，可他还挠着头皮，百思不得其解地想：今天真是活见鬼了，为什么盐都快要加完了，锅里的汤却还是咸不起来呢？

资料来源：http://www.chinahrd.net/manage/.

案例讨论题：

（1）从管理创新的角度对本故事所对应的企业管理进行评价。

（2）本故事给予了我们哪些启示？

一、管理创新的基本条件

为使管理创新能有效地进行，我们还必须创造以下的基本条件：

（一）创新主体（企业家，管理者和企业员工）应具有良好的心智模式

这是实现管理创新的关键。心智模式是指由于过去的经历、习惯、知识素养、价值观等形成的基本固定的思维认识方式和行为习惯。创新主体具有的心智模式要远见卓识，并具有较好的文化素质和价值观。

（二）创新主体应具有较强的能力结构

管理创新主体必须具备一定的能力才可能完成管理创新，创新管理主体应具有核心能力、必要能力和增效能力。核心能力突出地表现为创新能力；必要能力包括将创新转化为实际操作方案的能力和从事日常管理工作的各项能力；增效能力则是控制、协调、加快进展的各项能力。

（三）企业应具备较好的基础管理条件

现代企业中的基础管理主要是指一般的最基本的管理工作，如基础数据、技术档案、统计记录、信息收集归档、工作规则、岗位职责标准等。管理创新往往是在基础管理较好的基础上才有可能产生，因为基础管理还可以提供许多必要的、准确的信息、资料和规则，这本身就有助于管理创新的顺利进行。

（四）企业应营造一个良好的管理创新氛围

创新主体能有创新意识，能有效发挥其创新能力，与拥有一个良好的创新氛围有关。在良好的工作氛围下，人们思想活跃，新点子产生得多而快，而不好的 氛围则可能导致人们思想僵化、思路堵塞和头脑空白。

（五）管理创新应结合本企业的特点

现代企业之所以要进行管理上的创新，是为了更有效地整合本企业的资源以完成本企业的目标和任务。因此，这样的创新就不可能脱离本企业和本国的特点。在当前的国际市场中，短期内中国大部分企业的实力比西方企业弱，如果以刚对刚则会失败，若以打太极的方式以柔克刚，则可能是中国企业走向世界的最佳方案。中国企业应充分发挥以“情、理、法”为一体的中国式管理制度的优势和特长。

（六）管理创新应有创新目标

管理创新目标比一般目标更难确定，因为创新活动及创新目标具有更大的不确定性。尽管确定创新目标是一件困难的事情，但是如果没有一个恰当的目标则会浪费企业的资源，这本身又与管理的宗旨不符。

二、管理创新的方法

如何开展企业管理的创新，国内外理论界有着长期的研究，企业界也进行了不懈的探索，而管理是一种实践，其本质不在于理论，而在于实践。所以从实践上讲，企业管理创新的方法有以下几种：

（一）要对企业充满信心，对事业充满激情

管理创新是管理者对落后管理方式方法的改进和创造性的变革，一个对事业没有信心的人绝对没有创造性劳动的激情，一个对企业没有信心的员工同样也不会对管理的变革有兴趣。因此，推进企业管理创新，就是要规划和展示企业未来，在全体员工中建立企业共同的愿景，使员工对企业的发展充满信心。

企业管理既是科学又是艺术，只要能够找准制约企业经营发展的关键环节，我们就找到了管理创新的着力点。无论企业处于什么样的外部环境，遇到什么样的管理问题，都不要畏惧创新，都不要对创新有神秘感，而要有敢于创新的意识。一切旧的、传统的管理模式、管理方法都将受到创新的挑战，都将被创新的管理方法所替代。要使员工对自己充满信心，把管理创新作为自己工作的一部分，就要从本员工作入手，改善方法，提高效能。

很多需要创新的管理工作就在员工的身边，只要有心就能做好。

（二）要求真务实，脚踏实地

管理创新不是目的，而是一种竞争手段，是为提高企业经济效益和竞争力服务的。管理创新对于企业来说，不仅在于知道应该怎么创新，更重要的在于如何正确地把新的管理理念和方法成功的付诸实施，使其能够提高企业竞争能力，真正改善企业的经营业绩。所以，管理创新一定要从实际出发，从解决实际问题入手，以发挥管理效能，提高竞争力为目标，扎扎实实地去做。

（三）要准确把握企业管理的发展趋势

管理创新不仅有一般性的改进，更有整体的、全面的大变革。只有具有一定的前瞻性的创新，才能更为有效地提高企业的竞争力。管理创新的实践表明，为了应对全球范围市场竞争的压力，无论是世界一流的企业，还是许多不为人知的企业都展开了企业的变革运动，以求强化其竞争力。尽管每个企业的变革有其自身特点，但许多企业的变革还是呈现出一些明显的共同趋势。这些趋势可以从企业的经营理念、工作方式和经营方式的变化上体现出来。

（四）要注重组织学习能力的提高

无论管理如何变革与创新，都离不开理论的指导，组织的学习能力是管理创新的基础与保证，没有理论指导创新，很可能会误入不以人们的主观意志为歧途。因此，提高组织学习能力，是增强组织创新力的保证。学习研究的内容主要有以下六个方面：一是要学习和理解现代经营管理新理念；二是要研究和掌握科学管理的理论；三是要学习掌握管理信息化技术；四是要正确掌握创新的思维方法和相关技术；五是要把握好科学的创新程序；六是要注重学习和研究当今企业各种管理创新的实践经验。

（五）注重运用现代科学技术手段

管理创新绝不能只抓管理，随着时代的发展，许多管理问题如果不用现代科学技术是不可能解决的。因此，我们一定要注重运用科学技术手段实现管理的变革与创新。例如，在设备维修管理上，要打破传统的周期检修的传统方法，采用状态维修的新方法，我们就必须解决设备运行状态的监测问题。又如，某集团面对新形势下的竞争，其战略就是以“开发核心技术”为主线，有效地提高企业的竞争力。如果没有技术的力量，就不可能脱颖而出，快速发展。这往往是单纯管理方法不可能做到的。

（六）要培育和开发创新的思维

创新要有创新的思维方式，要不断加强员工的创造性思维的训练。激发的观念或创意越多，获得高质量的问题解决方案的可能性就越大。对于传统管理的方法产生的问题，我们可以通过重新思考、重新组合、重新定序、重新定位、重新定量、重新指派、重新装备，以找出新的解决方案，并加以实施。

（七）要在实践中实现创新的效益

有了创新的思想观念和方式方法，就有了好的开端，创新的过程才刚刚开始。每一个管理创新要想取得实效，就必须把创新的思想观念运用于管理实践，特别是一些全面的、整体的大变革、大创新，必须有强大的创新执行力做保证，才能在实践中取得成功。

【案例分析】

吉利汽车：为了一个美丽的追求

浙江吉利汽车有限公司历经九年成长，已发展成为中国自主品牌汽车制造基地的典型代表，也是吉利控股集团最核心的集整车、发动机、变速器研发、制造为一体的战略发展基地。

“吉利的成功，就在于创新。”总经理安聪慧介绍说，“吉利”始终有一个美丽的追求，就是打造全世界最好的汽车工厂，造最安全、最环保、最节能的好车，让吉利汽车走遍全世界。但公司起点低，又面对着跨国公司的技术封锁和市场垄断，这就决定了“吉利”必须通过创新，为自己开创出一片新天地。

创新，从何入手？面对国内外汽车制造业的实际情况，“吉利”首次导入卓越绩效管理模式，制定了发展目标：从最简单的技术着手，从人才培养着手，从零部件体系建设着手，从标准、规范着手，先把低端市场做好，再进入中级轿车市场，不断形成核心竞争力，最终实现2/3的产品外销。

有了切合实际的定位和发展理念，“吉利”开始一步一个脚印朝着这个方向迈进。经过不懈努力和拼搏，“吉利”在科技创新上已经取得了不少成果：自主开发的4G18CVVT发动机，升功率达到57.2kW，处于“世界先进，中国领先”水平；自主研发的Z系列自动变速器，填补了国内汽车领域的空白；自主研发的EPS，打开了国内汽车电子智能助力转向系统的先河……截至目前，“吉利”已经获得各种专利200项，正在申请的专利有近百项。

汽车是人才密集型和技术密集型的产品，没有一流的人才和技术，造汽车就等于天方夜谭。为此，“吉利”在全世界范围内广泛招贤纳士，并注重培养一线员工素质，为他们提供创业创新的平台。

安聪慧告诉记者，日本丰田公司有一项著名的“创造性思考制度”，认为好产品来自好的设想。该企业就一直通过采用合理化建议制度，激发全体员工的创造性思考。“自进入汽车制造领域，我就一直研究丰田公司的成功之道，发现其制胜核心就在于企业文化充分调动了人的积极性，在企业中形成人人都是丰田主人、人人都代表丰田形象的良好氛围。”

体会到了这一点，安聪慧开始潜心研究适合挖掘吉利人潜在创造性的企业文化。2007年，一个独创的具有“吉利”特色的管理方法——“源动力”工程开始实施。所谓“源动力”工程，就是赋予员工充分的话语权、考评权和监督权，通过领导干部为员工服务，职能部门为一线服务，达到解决实际问题、实施好的建议的目的，从而增强员工的主人翁意识，全面激发广大员工的智慧和力量，推动企业持续发展。

“吉利”的“源动力”工程，为企业发展输送着源源不断的动力。企业内部的“点子大王”越来越多，从2007年6月到2008年6月，公司收到建议有64 735条，累计创造经济效益超过2.5亿元。“现在我们员工年人均有效提案条数已达7.9条。”安聪慧表示，“源动力”工程已成功调动了全体员工创新的积极性和参与性。

资料来源：http://dialog.cnnb.com.cn/.

案例讨论题：

（1）吉利汽车的定位和发展理念是什么？

（2）吉利汽车创新的原动力来自何方？

【知识检测】

一、单项选择题

1.“创新”一词最早是由（　　）提出的。

A. 赫兹伯格　　B. 格拉斯·麦格雷戈

C. 熊彼特　　D. 约翰·斯塔希·亚当斯

2. 自始至终参与管理创新全过程，即有自己的创意并成功地将其付诸实施的人是（　　）。

A. 创新主体　　B. 管理者　　C. 全体员工　　D. 总经理

3.（　　）是人类智能活动的最高表现，它对创新者有很高的要求。

A. 逆向思维　　B. 动机　　C. 创新性思维　　D. 思想

4. 将创新主体分为个体主体、群体主体和国家主体，按照（　　）标准来分类。

A. 创新过程　　B. 进行创新活动时所采取的形式

C. 所完成的创新内容　　D. 创新方法

5. 包括要素创新（材料创新、设备创新、人力资源创新）、要素组合创新（包括生产工艺与生产过程的组合）、产品创新的创新是（　　）。

A. 目标创新　　B. 环境创新　　C. 技术创新　　D. 制度创新

二、多项选择题

1. 下列是管理创新的理论依据的是（　　）。

A. 管理本性论　　B. 需要层次论　　C. 企业本性论　　D. 员工本性论

E. 双因素理论

2. 管理创新的作用有（　　）。

A. 组织保持活力的力量源泉　B. 组织适应环境变化的根本保证

C. 促进历史发展　D. 组织发展的客观要求

E. 推动社会进步的重要力量

3. 管理创新的基本内容有（　　）。

A. 目标创新　B. 技术创新　C. 制度创新　D. 组织创新

E. 环境创新

4. 管理创新的基本条件有（　　）。

A. 创新主体应具有良好的心智模式　B. 创新主体应具有较强的能力结构

C. 企业应具备较好的基础管理条件　D. 管理创新应有创新目标

E. 管理创新应结合本企业的特点

5. 创新主体应满足的特征有（　　）。

A. 对创新活动自主的决策权

B. 进行创新活动所要求的知识技术等相应的能力

C. 要承担创新活动的一定的责任与风险

D. 有权利获取创新活动的一定收益

E. 一定得是高层领导

三、名称解释

1. 管理创新
2. 技术创新
3. 创新主体

四、简答题

1. 简述管理创新的内涵。
2. 简述如何进行管理创新。
3. 简述管理创新的主要内容。

五、案例应用分析

小天鹅的“末日管理”

无锡小天鹅公司（以下简称“小天鹅”）是一家以国有资本为主体的股份制企业。几年来，其在企业内部推行“末日管理”，以建立全球性“横向比较”的信息体系手段，以全员化、立体化、规范化的营销管理体系为支柱，以强有力的人才开发机制为保证，从追求卓越到追求完善，小天鹅人的危机意识已成为全体员工的共同意识。

1. 竞争就是争取消费者

小天鹅运用特殊的比较法参与竞争，将传统的“纵比”改为“横比”，比出了“危机”：其一，与国际名牌比，找出与世界水平的差距，争创国际品牌；其二，与国内同行比，学习兄弟企业的长处，保持国内领先；其三，与市场的需求比，目光紧紧瞄准用户，把握市场命脉；其四，以己之短比人之长，努力避免一得自矜，警钟长鸣。

2. 参与竞争就是提高市场占有率

市场占有率既是企业成功的条件，又是企业成功的标志。占有了市场就是争取了消费者。小天鹅认为，企业出产的不仅是产品，还是质量和信誉，因为是广大消费者给他们发了工资和奖金。今天的小天鹅不仅完成了这个观念上的转变，而且还实现了按订单生产，成了“无仓库企业”。小天鹅又提出“24 小时，365 天运行才是真正经营”的经营理念。实行双班制生产，推行 24 小时热线服务，进一步提高小天鹅的市场应变能力和效率，确保了市场占有率。

3. 建立面对市场的全员化、立体化、规范化的营销管理体系

全员化就是多让员工参与营销。立体化就是企业内部在生产、科技、营销、人事等方面面对市场发扬团队精神，参与市场竞争；规范化就是把行之有效的营销方式制度化，这就包括：①小天鹅的企业精神，即“为国贡献，团结拼搏，进取敬业，全心服务，文明礼貌”。②小天鹅的规范管理，即人事管理推行《员工就业规则》，对员工的权利和义务都做了详尽而明确的规定；财务管理实行《裁决顺序和签字原则》，明确了总经理、副总经理和部长的权限，对公司日常事项的决定做了详细的规定。③实行成品零库存的制度，如果产品三天卖不掉，宁可停产。

4. 注重服务

小天鹅在服务上推出了“金奖产品信誉卡”的承诺，将服务监督权交给用户，把服务公约公布于众，坚持做到“1，2，3，4，5”的特色服务，即“上门服务带一双鞋，进门两句话，带好三块布（一块修机布，一块垫机布，一块擦机布），做到四不准（不准抽用户一根烟，不准喝水，不准乱收费，不拿用户礼品），五年保修，随叫随到，如有逾期甘愿受罚”，并为用户办理了责任保险，坚持“名品进名店”，与全国经联会、贸联会、新联会、华联和交电系统的一百多家商界台柱子商场建立正常友好的业务往来。

5. 实施名牌战略，扩大经济规模，提高竞争力

经营只是今天，创新才是明天，随着市场经济的深入，末日管理又有了新的拓展，推行战略联盟，壮大销售同盟军，也壮大了小天鹅自己。为实现自己的“旭日目标”，小天鹅的做法是：①与同行联盟。小天鹅只有波轮全自动，没有滚筒，也没有双缸，从这点来看，小天鹅要抢占市场份额，确有难度，偏偏上海惠而浦、长春罗兰、宁波新乐有设备、有产品，也乐于接受定牌、扩大批量，小天鹅紧紧抓住这个机遇，与他们成功地进行战略联盟，达到了双赢。②与相关产品联盟。洗衣机和洗衣粉休戚相关，小天鹅与广州宝洁公司建立了伙伴式的营销联盟。宝洁公司在他们生产的“碧浪”洗衣粉包装袋上印上了

"一流产品推荐"的字样，并标明了小天鹅的商标。小天鹅洗衣机也为购买他们产品的顾客准备了宝洁公司出品的碧浪洗衣粉试用样品。③与国外大公司联盟。小天鹅公司与德国西门子公司双向投资，组建了博西威家电有限公司生产滚筒洗衣机，又与松下公司合资生产绿色冰箱，与MOTOROIA、NEC分别结盟成立实验室，使小天鹅的产品始终与世界先进技术保持同步。

资料来源：http://www. 3722.cn/listtaishang.asp? articleid=14762.

案例思考题：

(1) 管理的创新职能在这个案例中体现在什么地方？

(2) 小天鹅的末日管理的最大特点是什么？

【技能训练】

学习任务　管理创新的内容及管理措施的再设计

1. 学习目标

(1) 通过案例分析与讨论，了解创新的含义和重要性；

(2) 通过自主学习和小组互助交流，把握管理创新的过程；

(3) 学会运用管理创新的方法，对模拟公司进行管理措施再设计。

2. 学习内容

(1) 小组统一安排时间对目标企业（团队）实地访问，获得第一手管理类信息资料；

(2) 利用课余时间自主学习管理创新的基本知识；

(3) 围绕模拟公司的工作内容，回顾前面学习任务中设计的管理措施；

(4) 针对前期管理措施存在的不足，对原管理措施的部分内容进行再设计。

3. 角色扮演

每组推选两名同学分别展示前期拟定的管理措施和不足，以及如何进行有针对的管理措施再设计。

4. 互动与点评

(1) 其他组同学可以对非本组管理措施的总结和管理措施再设计进行现场提问；

(2) 各小组之间可以进行交流；

(3) 由教师与学生对各模拟公司的管理措施再设计的创新性进行评估打分。

5. 评价标准

(1) 模拟公司管理措施再设计的内容及其可行性，占40%；

(2) 口语表达能力，占20%；

(3) 回答问题能力，占20%；

(4) 组织能力发挥，占20%。

参考文献

蒋宏，1994. 管理学［M］. 天津：天津大学出版社.

徐国华，1998. 管理学［M］. 北京：清华大学出版社.

许庆瑞，1999. 管理学［M］. 北京：高等教育出版社.

张玉利，1999. 管理学［M］. 天津：南开大学出版社.

王利平，2000. 管理学原理［M］. 北京：中国人民大学出版社.

周三多，2000. 管理学［M］. 北京：高等教育出版社.

郭瑞增，2001. 激励要讲方法［M］. 天津：天津科学技术出版社.

郭跃进，2003. 管理学［M］. 北京：经济管理出版社.

斯蒂芬·P. 罗宾斯，等，2004. 管理学［M］. 黄卫伟，等译. 北京：中国人民大学出版社.

杨孝伟，赵应文，2004. 管理学：原理、方法与案例［M］. 武汉：武汉大学出版社.

杨文士，2004. 管理学原理［M］. 北京：中国人民大学出版社.

张英奎，孙军，2004. 现代管理［M］. 北京：清华大学出版社.

任璐璐，2005. 客户服务案例与技巧［M］. 北京：清华大学出版社.

许庆瑞，2005. 管理学［M］. 2 版. 北京：高等教育出版社.

朱占峰，陈德清，2005. 管理学原理［M］. 武汉：武汉理工大学出版社.

德鲁克，2006. 管理的实践［M］. 北京：机械工业出版社.

王凤斌，李东，2006. 管理学［M］. 3 版. 北京：中国人民大学出版社.

周三多，陈传明，2007. 管理学［M］. 北京：高等教育出版社.

杨文士，等，2009. 管理学［M］. 3 版. 北京：中国人民大学出版社.

曾坤生，2009. 管理学［M］. 北京：清华大学出版社.

尹少华，2010. 管理学原理［M］. 北京：北京大学出版社.

姚志存，刘圣春，2011. 新编管理学教程［M］. 成都：西南财经大学出版社.

郑兰先，2011. 商务沟通实务［M］. 北京：北京大学出版社.

张来顺，2011. 管理学基础［M］. 长沙：湖南师范大学出版社.

叶萍，2013. 管理学基础：“理论·案例·实训”一体化教程［M］. 北京：电子工业出版社.

姚志存，傅宝，刘圣春，2014. 新编管理学教程［M］. 成都：西南财经大学出版社.

王彦长，等，2015. 管理大视野：管理案例、习题集［M］. 长沙：湖南师范大学出版社.

汪延球，旬海鹏，周小平，2018. 管理学项目化教程［M］. 南京：河海大学出版社.